Nordische PULLOVER

ANDREA BRAUNEIS

Stricken in durchgehenden Mustern

Nordische PULLOVER

STRICKMUSTER FÜR FAIR-ISLE PULLOVER, CARDIGANS, PONCHOS UND CO.

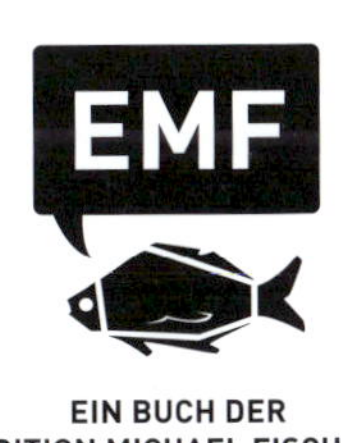

EIN BUCH DER
EDITION MICHAEL FISCHER

INHALT

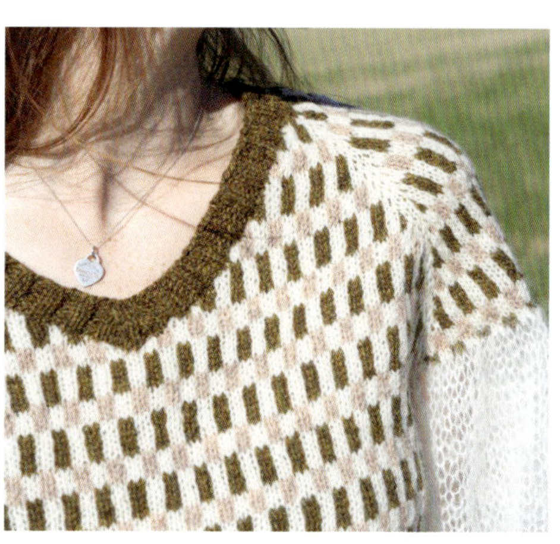

GRUNDLAGEN 9

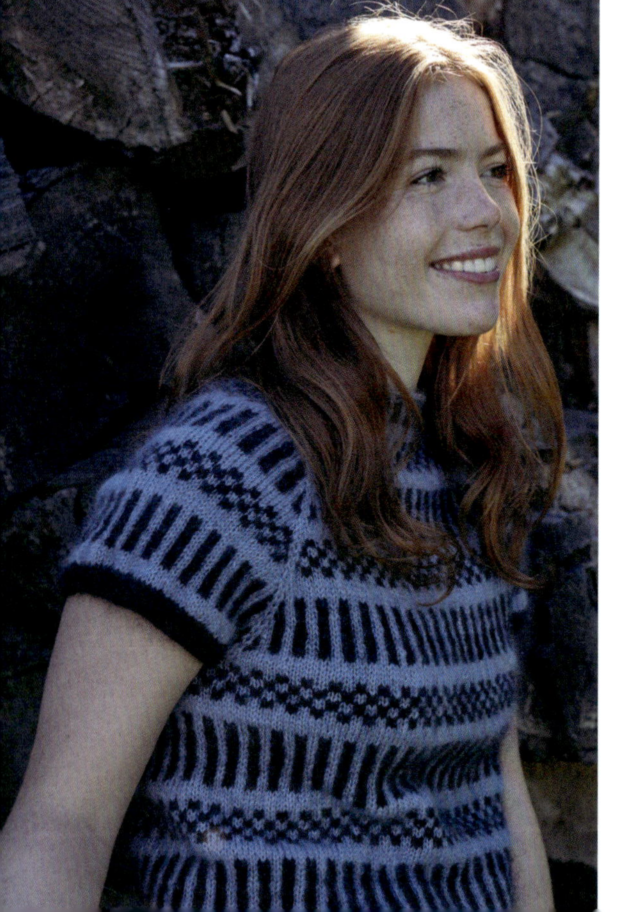

PROJEKTE 27

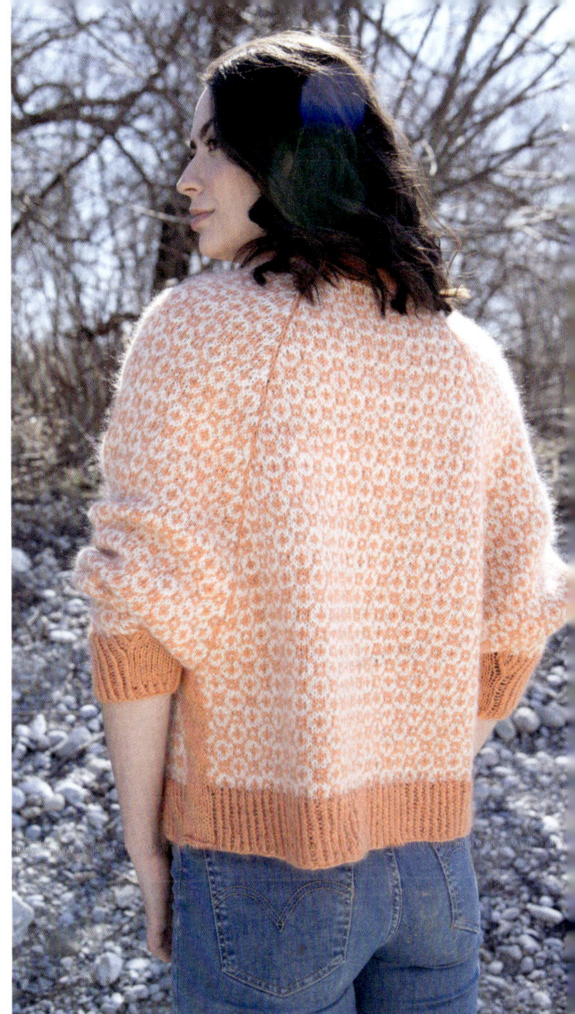

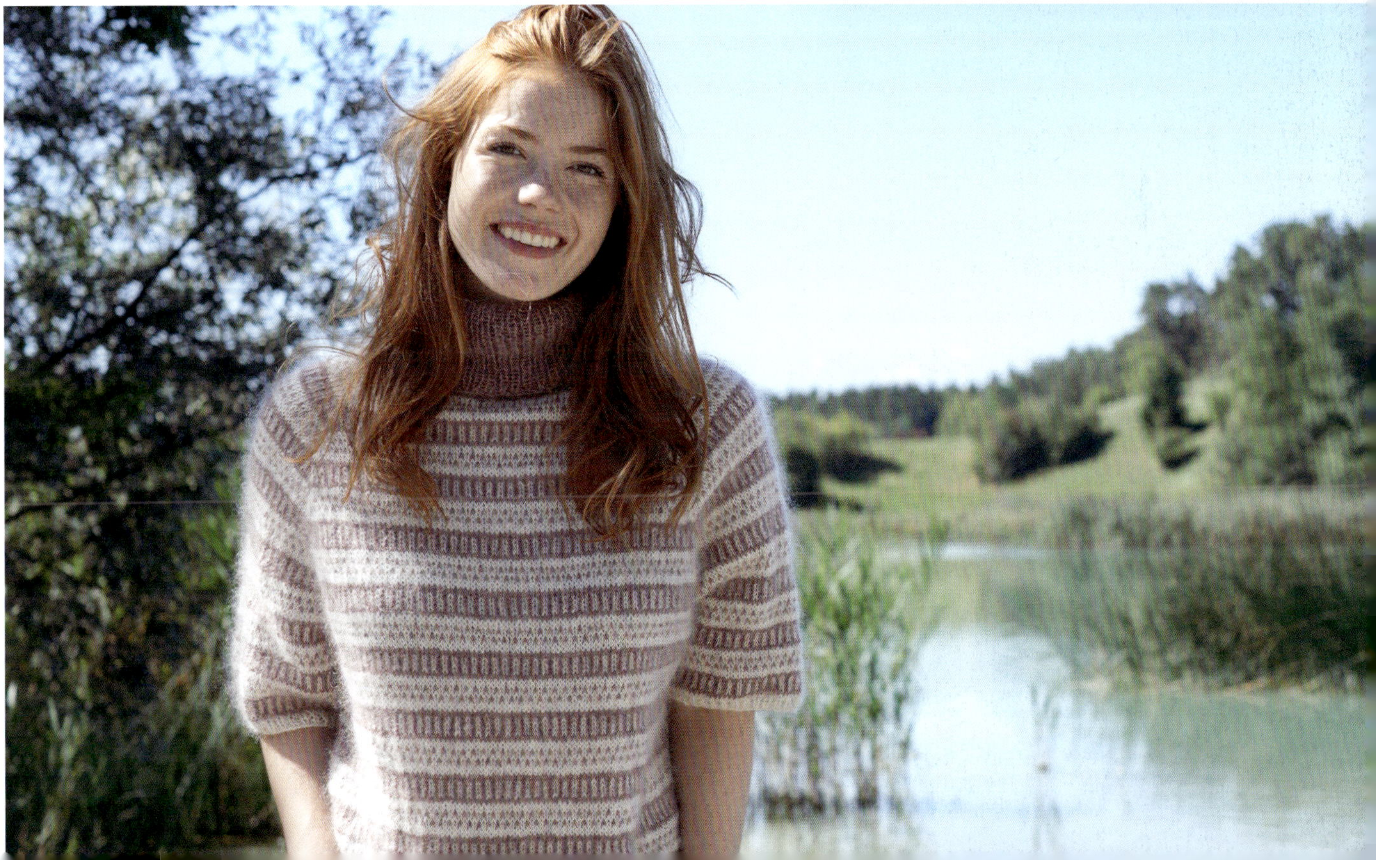

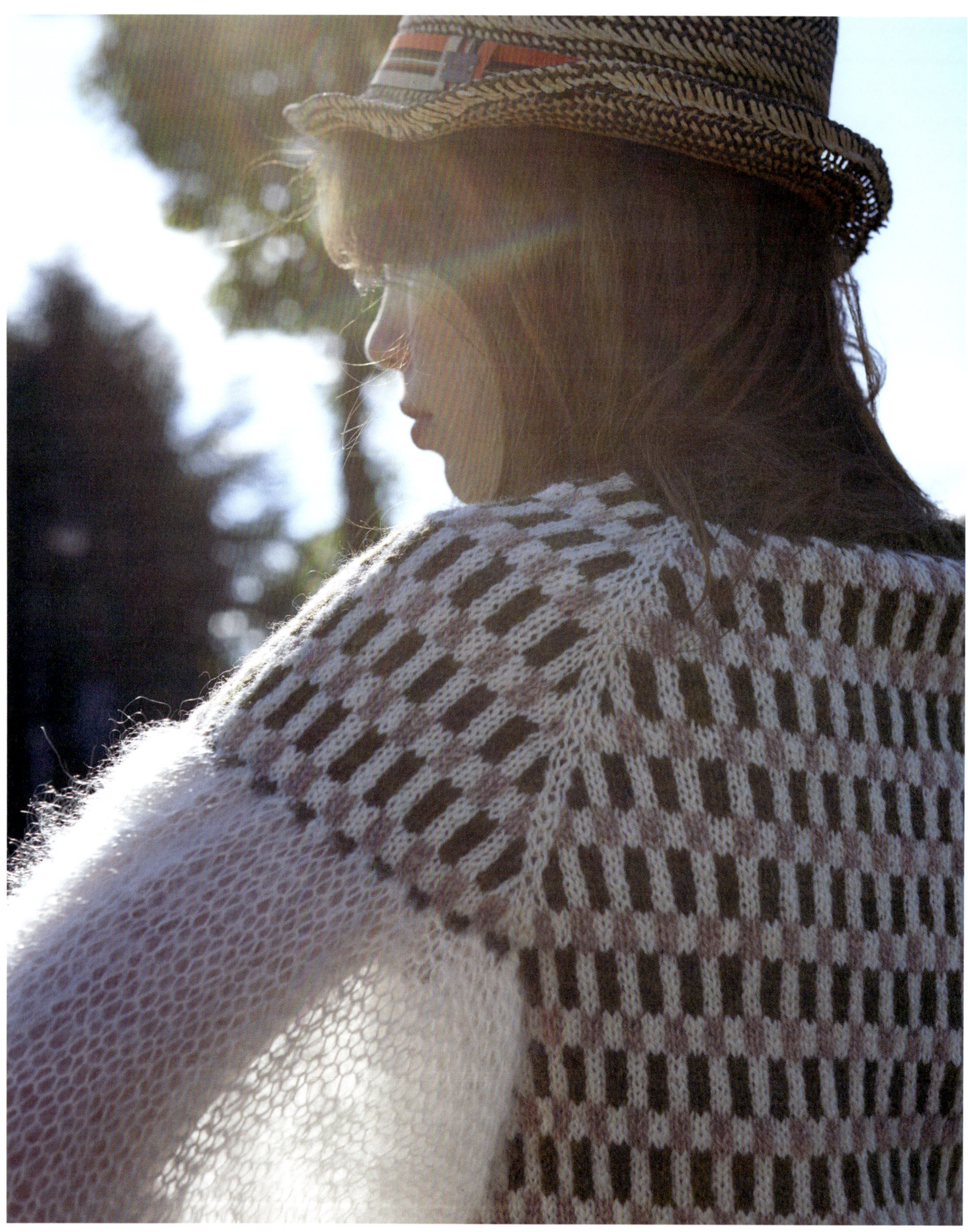

VORWORT

Alles begann auf einer kleinen Insel, namens Fair Isle ...

heute weiß jede*r Strickbegeisterte*r, ganz egal, auf welchem Flecken der Erde man sich gerade befindet, dies ist die hohe Kunst des Strickens, bei der mit zwei oder mehreren Farben in einer Reihe oder Runde wahre Kunstwerke erschaffen werden.

Dieses Buch ist für alle Stricker*innen, die genau so wie ich, diese Technik lieben, aber auch gerne einmal von den traditionellen Techniken und Mustern abweichen.

In diesem Buch finden Sie 17 Modelle, von einfach bis etwas anspruchsvoller. Die Anleitungen sind nicht für Strickanfänger*innen gedacht, da einige Stricktechniken hier vorausgesetzt werden. Dennoch können Fair-Isle-Anfänger*innen hier sehr wohl die Freude an dieser tollen Art und Weise entdecken.

Alle Modelle werden top down in verschiedenen Techniken gestrickt. Ich habe ausgewählte, einfache Muster, mit kurzen Spannfäden, verwendet, damit das Stricken bis zum Ende des ausgesuchten Projektes auch von Freude begleitet wird und das Ergebnis einfach sensationell ist.

So, jetzt habe ich schon fast zu viel verraten. Sie wollen sicherlich durch das Buch blättern, die Modelle und Techniken entdecken und sich Ihr Lieblingsmodell aussuchen.

Haben Sie Spaß beim Auswählen und Stricken und tragen Sie Ihr Modell mit genauso viel Stolz, wie ich es tue!

Herzlichst

Andrea Brauneis

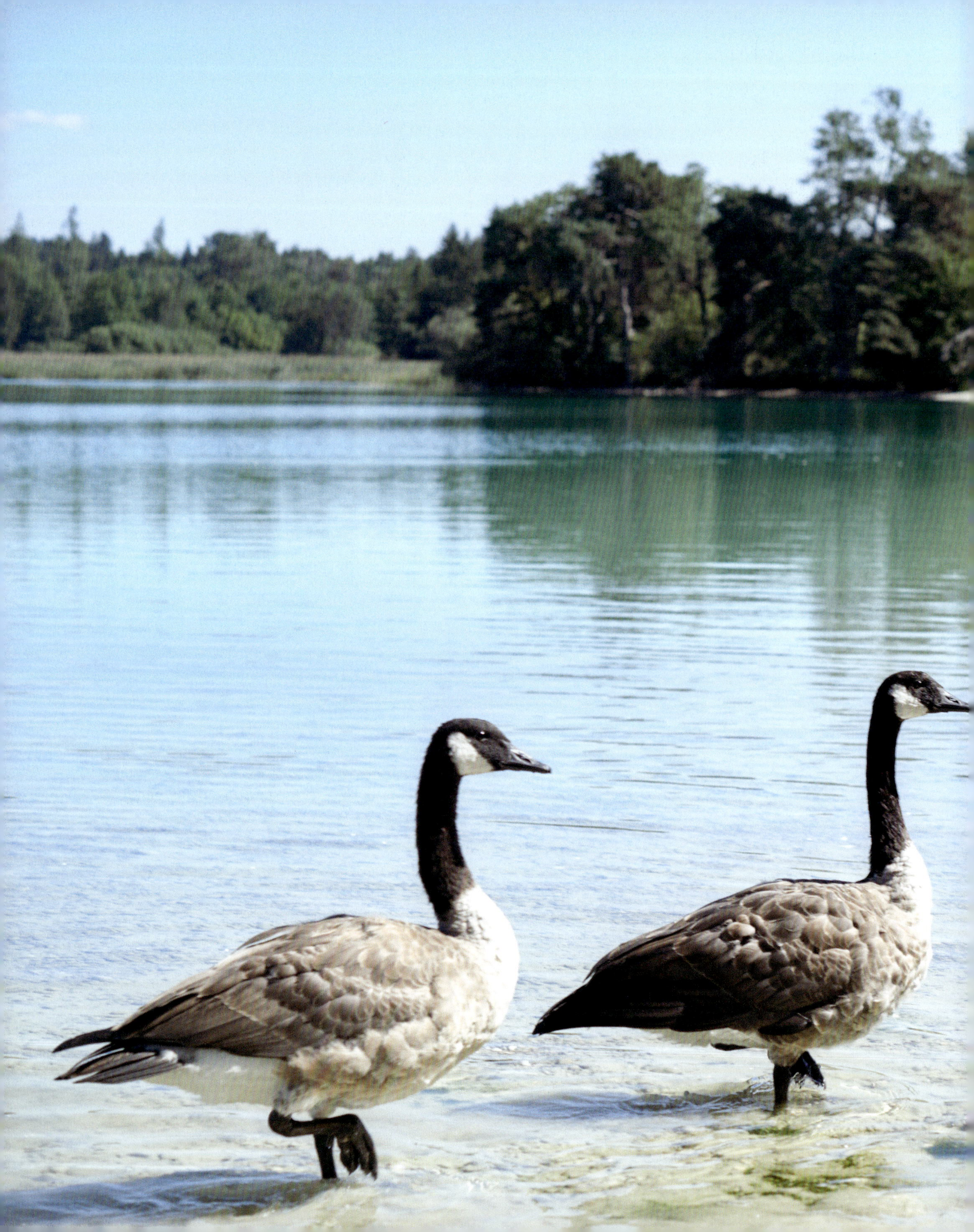

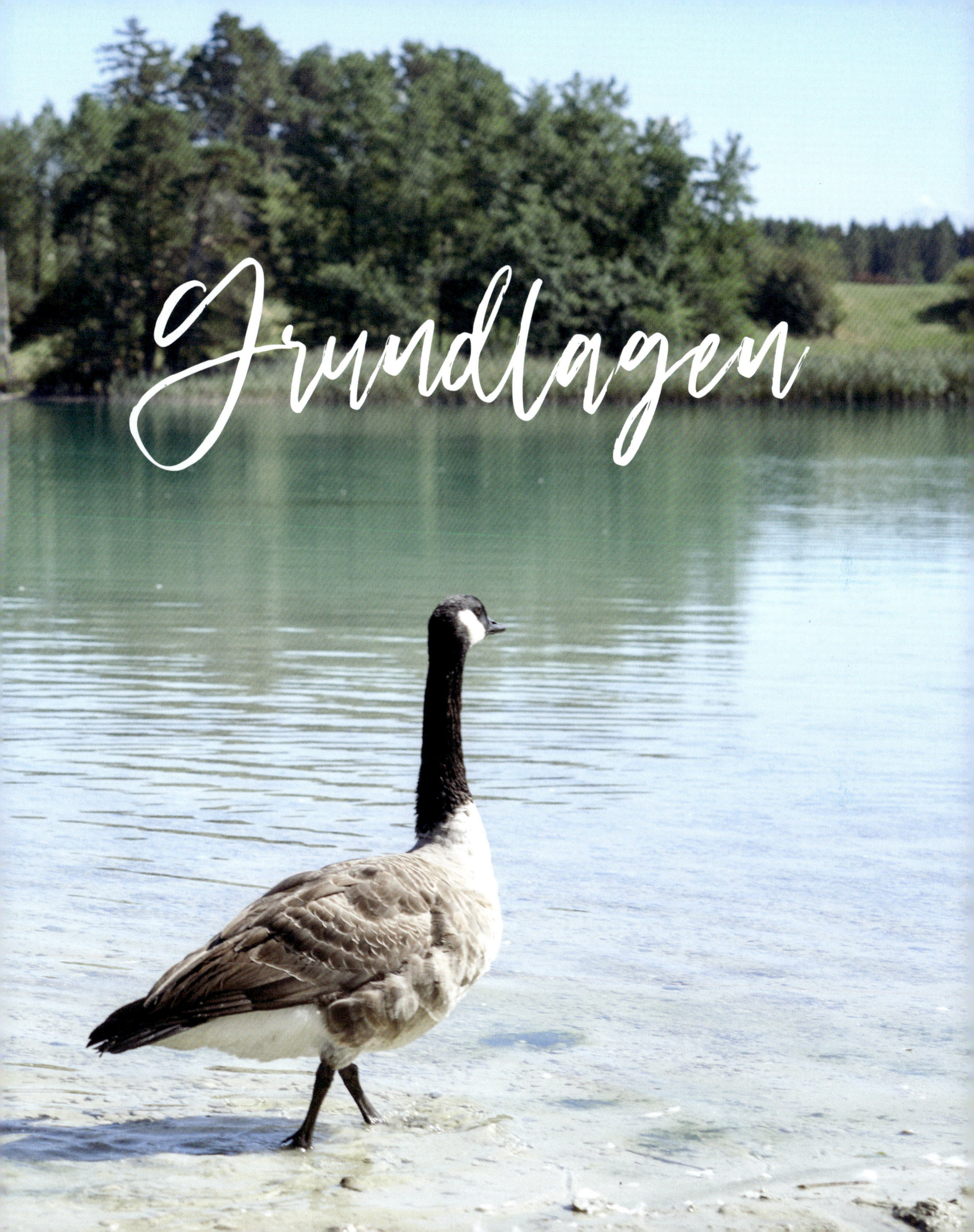
Grundlagen

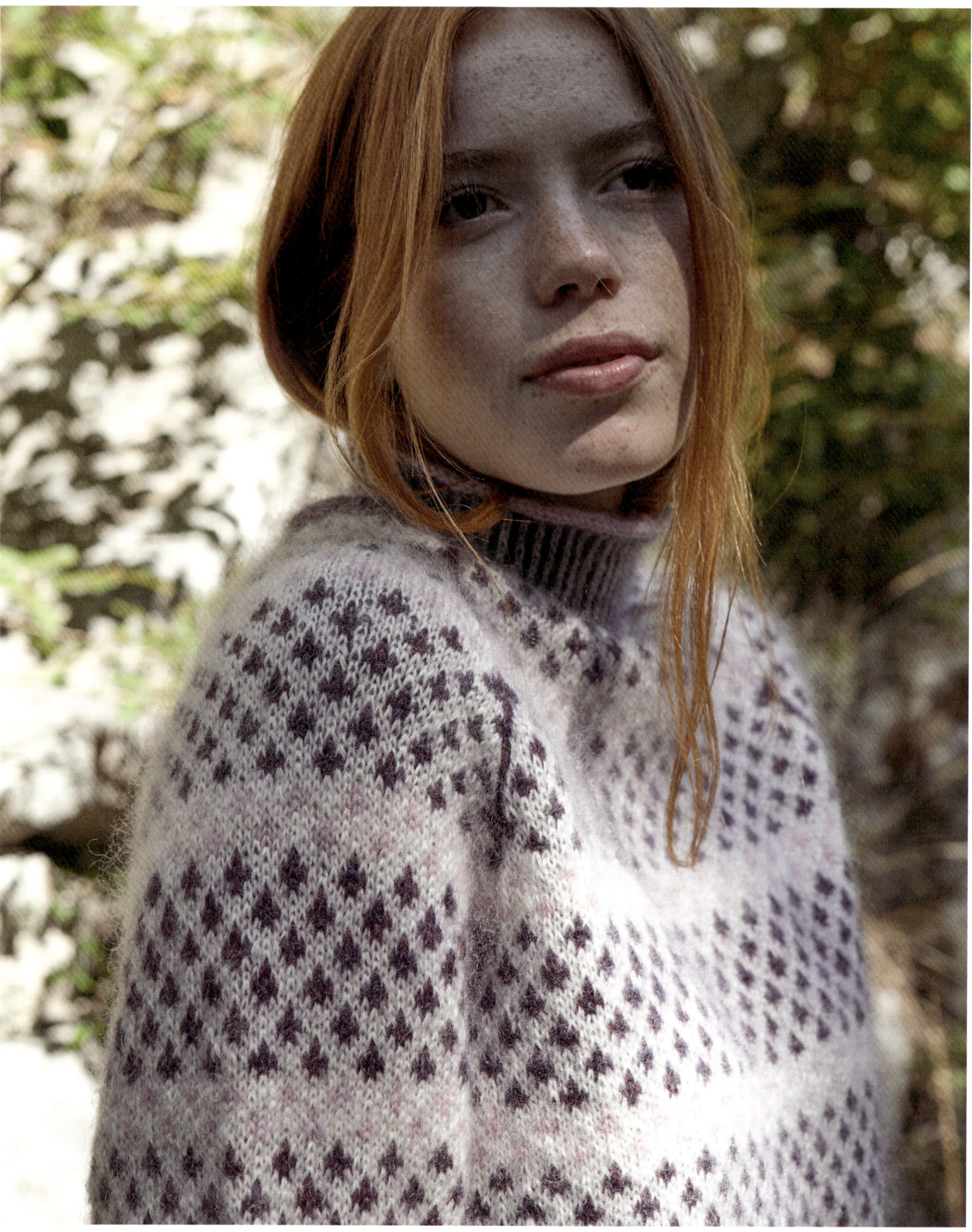

FAIR-ISLE-STRICKEN

Die Geschichte des Fair-Isle-Strickens sowie die vielen Möglichkeiten, die diese tolle Technik bietet, können unmöglich kurz zusammengefasst werden. Das würde der Geschichte, der Entwicklung und der Strickart nicht gerecht werden. Ich möchte Ihnen aber zumindest einen kleinen Einblick geben:

Die Fair-Isle-Technik hat ihren Ursprung auf der gleichnamigen Insel Fair Isle. Diese ist eine schottische Insel, die zu den Shetlandinseln gehört. Mit knapp 8 Quadratmetern und etwa 55 Einwohnern ist sie wohl die kleinste Insel dieser Gruppe und liegt zwischen Orkney und Shetland. Die Legende dazu besagt, dass um 1580 ein spanisches Schiff vor der Insel Schiffbruch erlitten hat und die Seeleute, die auf der Insel Zuflucht bekommen haben, als Dank den Inselbewohnern das gleichzeitige Stricken mit vielen bunten Garnen gezeigt haben.

Auf dieser kalten und armen Insel wurde das Stricken mit dieser Technik, die schnell inseltypisch wurde, die einzige Verdienstmöglichkeit vieler Familien, die sich mit dem Verkauf von Strickwaren auf dem Festland über Wasser hielten. Bis heute stricken die Frauen in dieser Technik und es entstehen wahre Kunstwerke.

Mittlerweile haben die Länder, in denen diese Strickkunst gerne verwendet wird, landestypische eigene Muster entwickelt und man erkennt schon sehr oft an den Mustern, welches Land sich hier präsentiert (ein schönes Beispiel ist der traditionelle Norwegerstern).

TECHNIK

FADENFÜHRUNG

Traditionell werden skandinavische Muster immer mit zwei Farben in einer Reihe/Runde gearbeitet, einige Strickstücke erfordern auch mehrere Farben in einer Reihe/Runde. Ich habe hier jedoch nur Muster ausgewählt, die mit je zwei Farben in den Fair-Isle-Mustern gestrickt werden.

Es gibt einige Methoden der Fadenführung, ich zeige Ihnen hier die einfachste, einmal mit Fadenführer, einmal ohne. Unabhängig davon, wie Sie den Faden halten oder mit welcher Methode Sie stricken, sollte die Position der Fäden beim Stricken nicht mehr verändert werden, um ein gleichmäßiges Strickbild zu gewährleisten. Probieren Sie am besten an einem kleinen Testprojekt aus, welche Methode Ihnen an besten liegt.

In der Fair-Isle-Technik ist immer ein Garn das beherrschende Garn, man spricht hier auch von einer Garndominanz. Das dominante Garn ist immer das Garn, das bis zur nächsten Masche einen längeren Weg zurücklegen muss, somit ist dies immer der im Hintergrund mitlaufende zweite Musterfaden, den man in der Regel links von der Grundfarbe hält. Hier ist es auch nicht wichtig, welche Fadenhaltung Sie bevorzugen, wichtig ist nur: Musterfarbe immer nach links, so kann sie sich auf der Rückseite unter bzw. über der Hauptfarbe einsortieren und die Fadenspannung wird gleichmäßig.

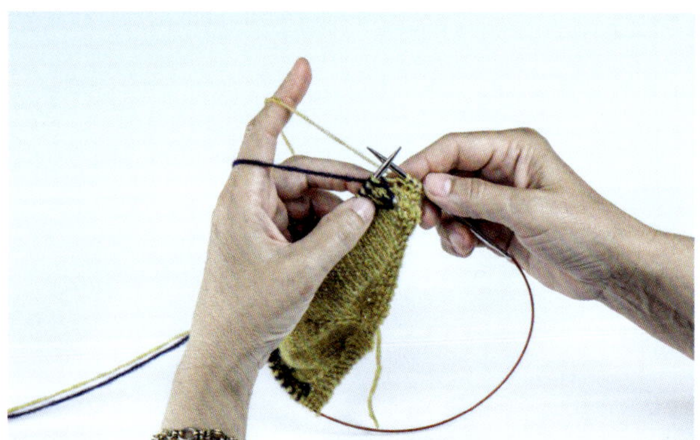

Fadenhaltung über dem linken Zeigefinger

Beide Fäden über dem linken Zeigefinger nach hinten führen, dabei immer den Musterfaden links von der Grundfarbe führen. Die benötigte Farbe mit der rechten Nadel auffassen, die Masche rechts abstricken und von der Nadel gleiten lassen. Halten Sie die Fingerspitzen nah an den Nadeln, so ist die Fadenspannung leichter zu steuern.

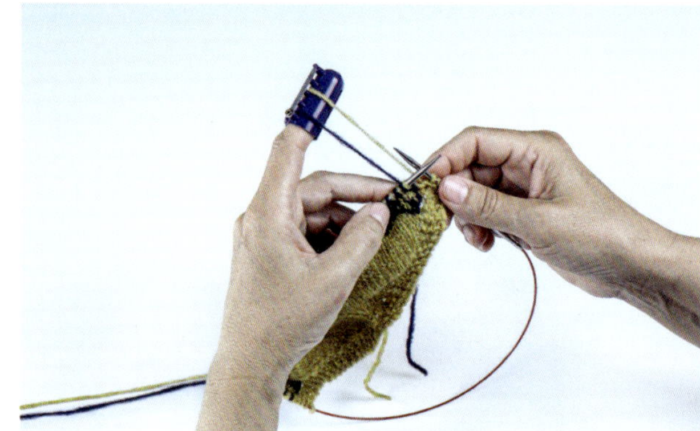

Fadenhaltung mit einem Fadenführer oder Fingerring

Den Musterfaden in den linken Fadenführer des Rings, die Grundfarbe in die rechte Fadenführung legen. Auf dem Bild sehen Sie, wie ich den Ring halte. Hier hat aber jede*r Stricker*in ihre bzw. seine eigene Methode. Stricken Sie die Maschen, wie bei Abbildung 1 beschrieben, ab.

SPANNFÄDEN

Beim Fair-Isle-Stricken wird die zweite Musterfarbe auf der Rückseite als Spannfaden mitgeführt. Damit die vordere Seite schön und glatt wird, sollten die Spannfäden immer unten liegen, die der Grundfarbe darüber. Ein Spannfaden sollte nicht länger als 4 Maschen sein, ein zu langer Spannfaden neigt dazu, straff zu werden und das Gestrick zusammenzuziehen. Schieben Sie während des Strickvorgangs die Maschen auf der rechten Nadel auseinander, so kann sich das mitlaufende Garn von selbst hinter die neuen Maschen legen.

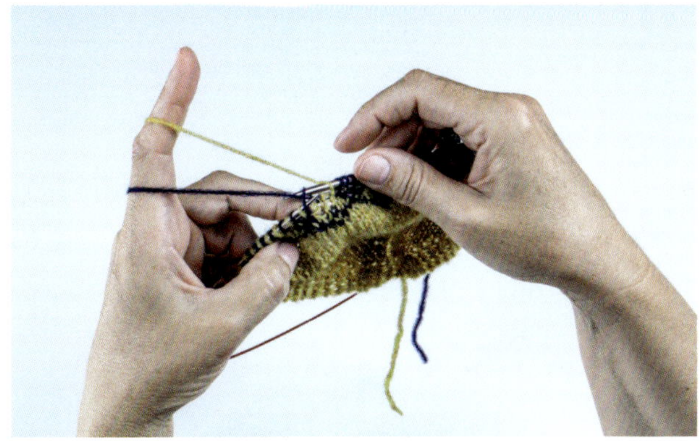

Spannfaden

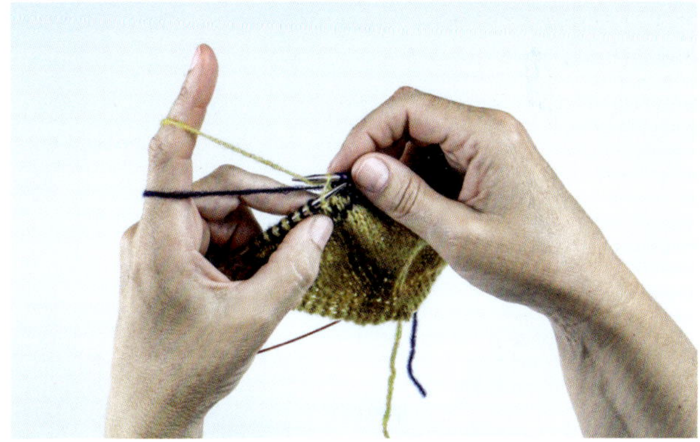

Wechsel von der Musterfarbe zur Grundfarbe

Holen Sie den Faden der Musterfarbe unter dem Faden der Grundfarbe hindurch und stricken Sie die benötigte Maschenzahl.

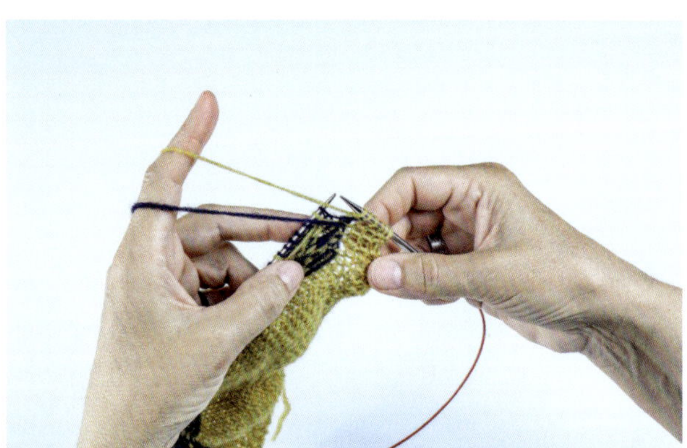

Fadenführung auf der Rückseite

Auf der Rückseite müssen die Spannfäden immer parallel liegen und dürfen nicht miteinander verdreht sein. Um ein gleichmäßiges Maschenbild zu erhalten, muss der Faden der einen Farbe immer konsequent über oder unter dem Faden der anderen Farbe verlaufen.

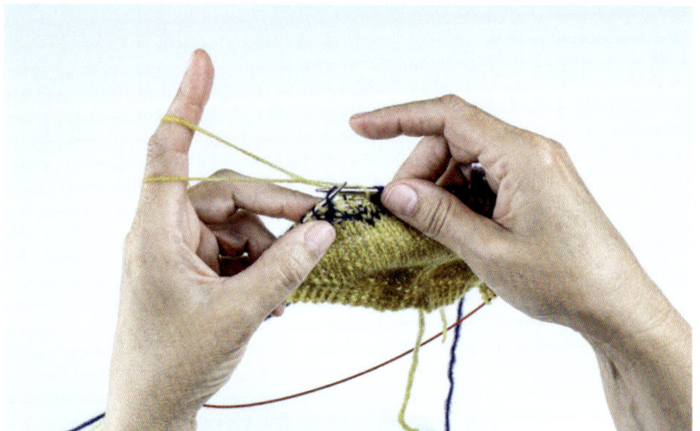

Fäden einweben

Stricken Sie bis zu der Stelle, wo der Faden eingewebt werden soll, und verkreuzen Sie die Fäden auf der Rückseite. Dies ist sinnvoll bei Musterabschnitten über mehrere Maschen, um lange Spannfäden zu vermeiden oder um neue Arbeitsfäden anzusetzen. Hierfür stricken Sie mit beiden Fäden über mindestens 6–8 Maschen und weben den Faden ein, indem Sie ihn abwechselnd unter und über dem einzuwebenden Fadenstück holen und abstricken. Anschließend können Sie die überstehenden Fäden abschneiden. So entfällt am Ende das lästige Fäden-Vernähen.

ZUNAHMEN

1 ZUNAHME (1 ZUN)

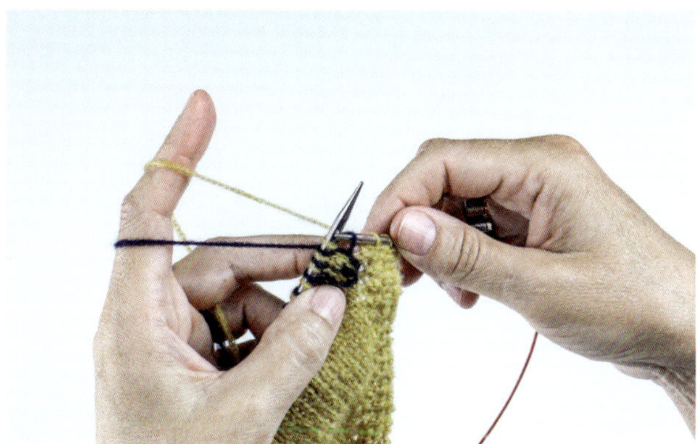

Zunahme rechts geneigt

Stricken Sie bis zu der Masche, vor der die Zunahme erfolgen soll. Nun stechen Sie mit der rechten Nadel von hinten in das rechte Maschenglied der Masche unterhalb der nächsten Masche ein und stricken es rechts ab.

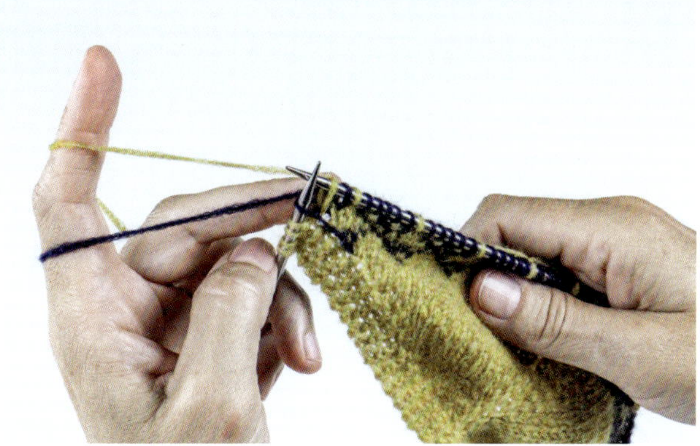

Zunahme links geneigt

Stricken Sie bis zu der Masche, nach der die Zunahme erfolgen soll. Nun stechen Sie mit der linken Nadel von hinten in das linke Maschenglied der Masche unterhalb der zuletzt gestrickten Masche ein, legen es auf die linke Nadel und stricken es rechts ab.

HINWEIS

Bei manchen Garnen kann hier ein kleines Loch entstehen. Sollte dies der Fall sein, stricken Sie die Maschen rechts verschränkt ab.

ZUNAHMEN AUS DEM QUERFADEN (1 M VERSCHRÄNKT AUS QF ZUN)

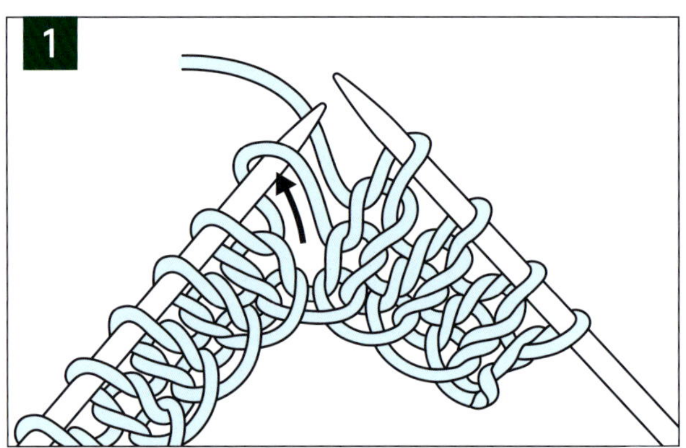

Nehmen Sie mit der linken Nadel den Querfaden vor der nächsten Masche von vorn auf.

(Ohne Abbildung: Ersatzweise können Sie auch den Querfaden vor der nächsten Masche mit der rechten Nadel von hinten aufnehmen – je nachdem, wie Sie lieber arbeiten.)

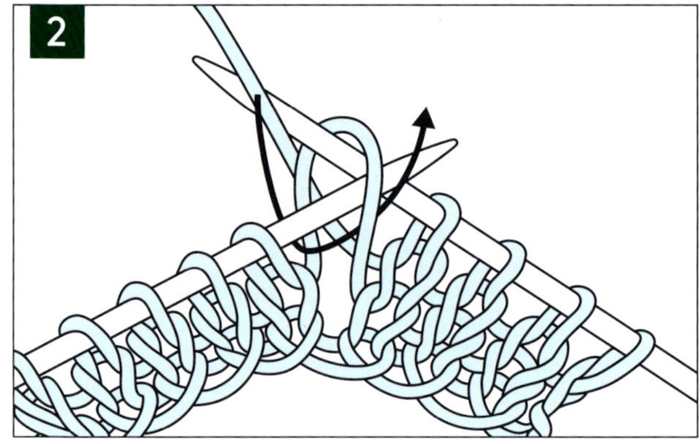

Stricken Sie den Querfaden rechts oder links verschränkt ab (siehe hierzu die Angaben in der entsprechenden Anleitung).

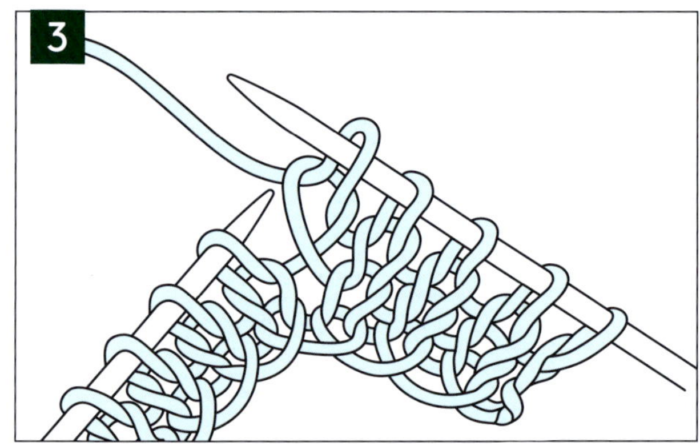

Dies ist die fertige Masche.

ABNAHMEN

2 MASCHEN RECHTS ZUSAMMENSTRICKEN

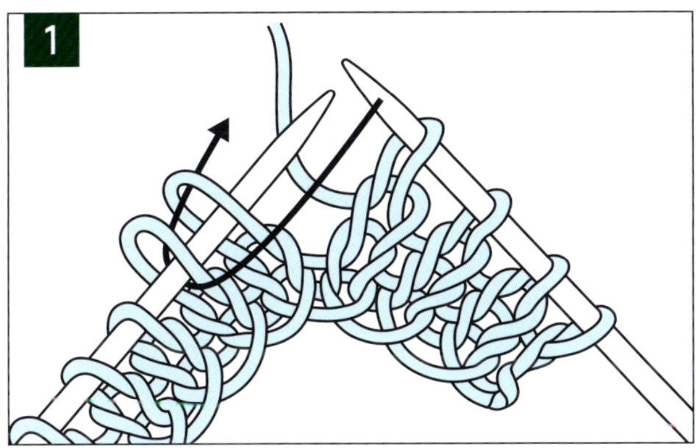

Stechen Sie mit der rechten Nadel von links in die nächsten beiden Maschen der linken Nadel.

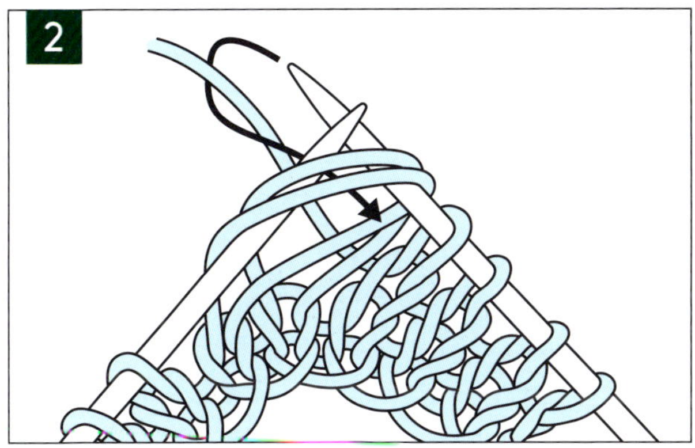

Stricken Sie beide Maschen zusammen rechts ab.

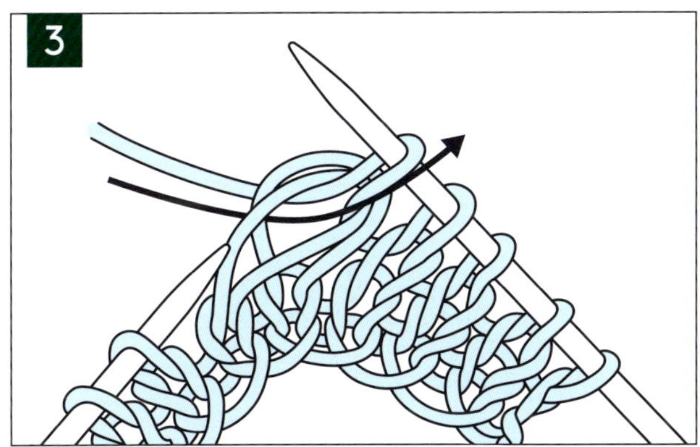

Lassen Sie die beiden Maschen von der linken Nadel gleiten, sie neigen sich nun nach rechts.

2 MASCHEN RECHTS ÜBERZOGEN ZUSAMMENSTRICKEN

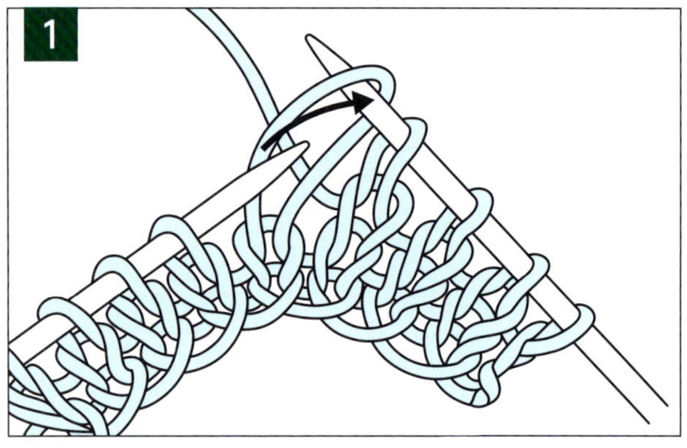

Heben Sie die erste Masche der linken Nadel wie zum Rechtsstricken ab.

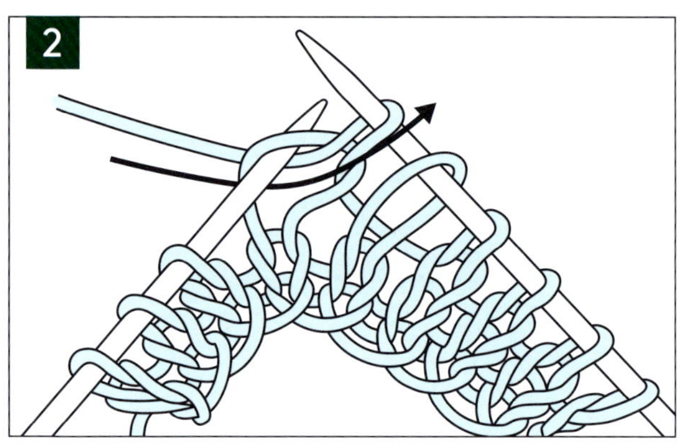

Stricken Sie die nächste Masche rechts.

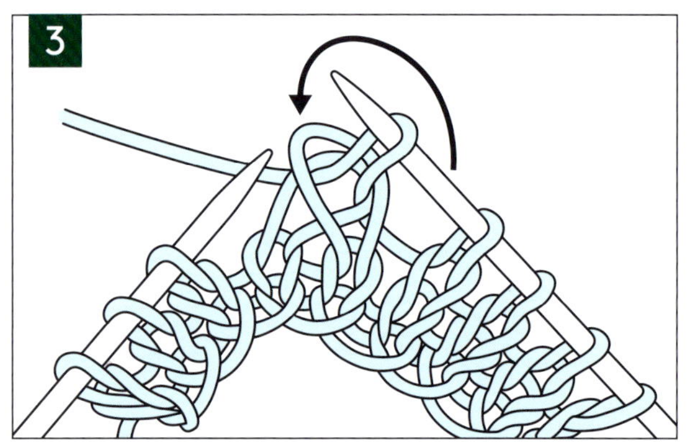

Ziehen Sie nun die abgehobene Masche über die gestrickte Masche.

3 MASCHEN RECHTS ÜBERZOGEN ZUSAMMENSTRICKEN

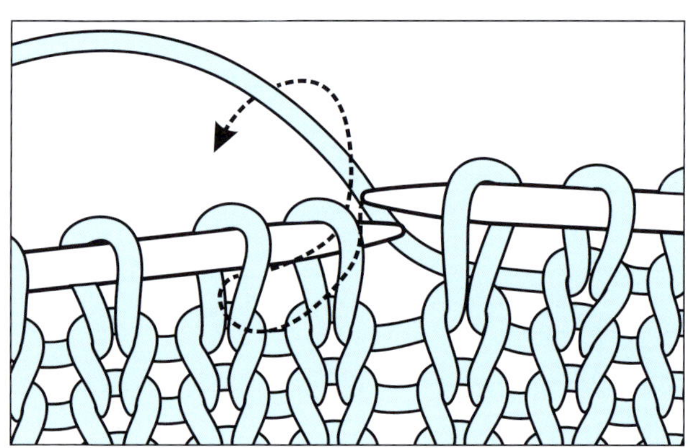

Heben Sie die erste Masche der linken Nadel wie zum Rechtsstricken ab. Stricken Sie nun die nächsten 2 Maschen rechts zusammen und ziehen Sie die abgehobene Masche über die zusammengestrickten Maschen.

VERKÜRZTE REIHEN

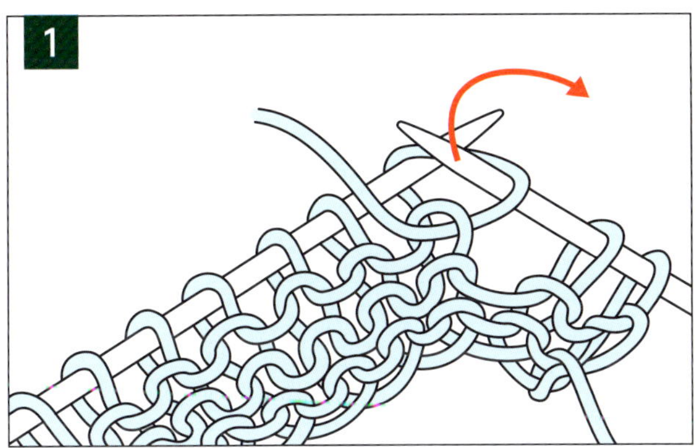

Die angegebene Anzahl an Maschen stricken, Arbeit wenden, den Faden vor die Arbeit legen und die Masche links abheben.

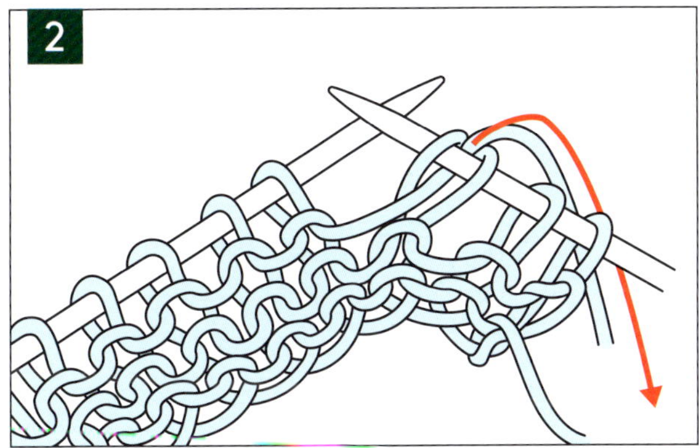

Den Faden nun nach hinten über die Nadel ziehen, so entsteht eine Wendemasche mit zwei sichtbaren Maschengliedern.

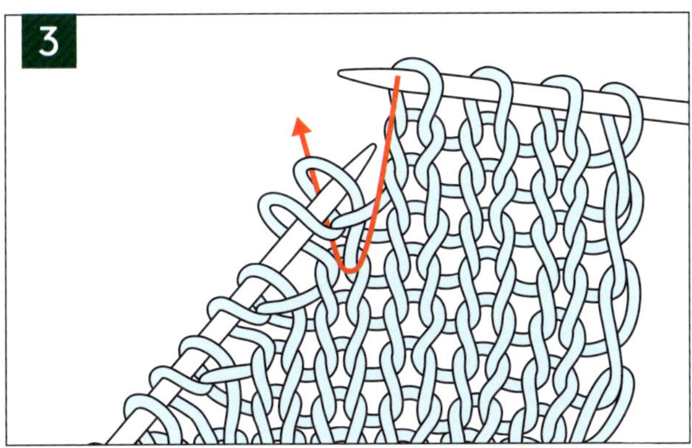

Zum Abstricken einer Wendemasche stechen Sie, sobald sie erscheint, durch beide sichtbaren Maschenglieder und stricken diese rechts bzw. links als eine Masche ab.

ITALIENISCH ABKETTEN

Durch das italienische Abketten bekommt man eine elastische Abschlusskante, die zudem auch optisch sehr schön wirkt, hierzu benötigt man eine stumpfe Vernähnadel.

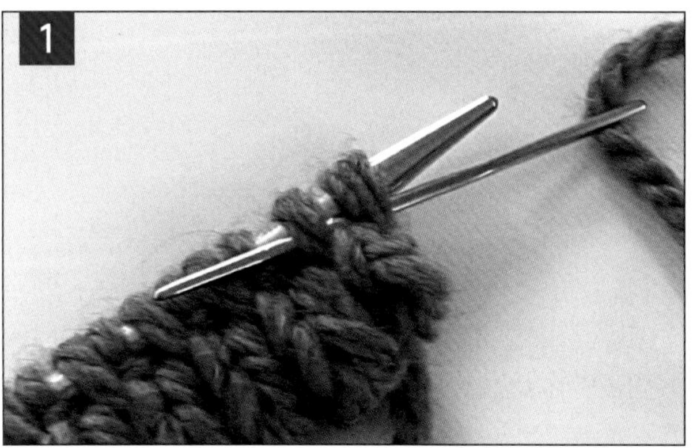

Den Arbeitsfaden abschneiden: Er muss mindestens 3x so lang sein wie das abzukettende Strickstück. Führen Sie die Nadel von rechts nach links durch die Randmasche und die darauffolgende rechte Masche.

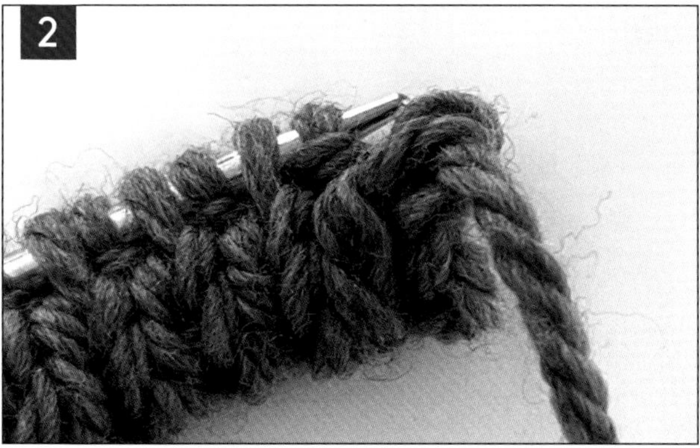

Lassen Sie beide Maschen von der Nadel gleiten und ziehen Sie den Faden fest an.

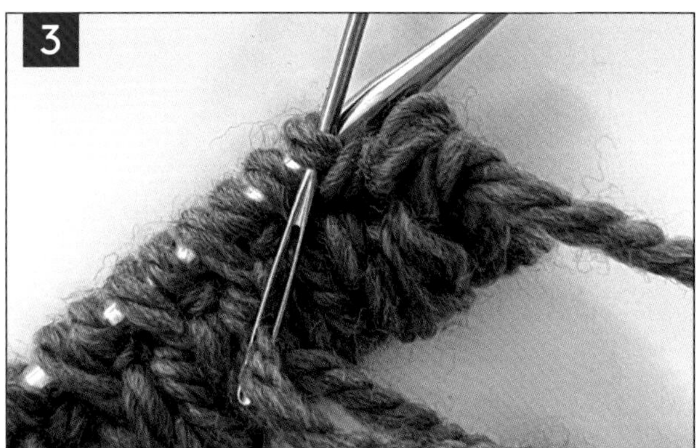

Ab dieser Stelle werden die Maschen immer paarweise abgenommen: Begonnen wird immer mit einer linken Masche: Führen Sie die Nadel von links nach rechts durch die erste linke Masche auf der linken Stricknadel und ziehen Sie den Faden fest, lassen Sie die Masche auf der Nadel.

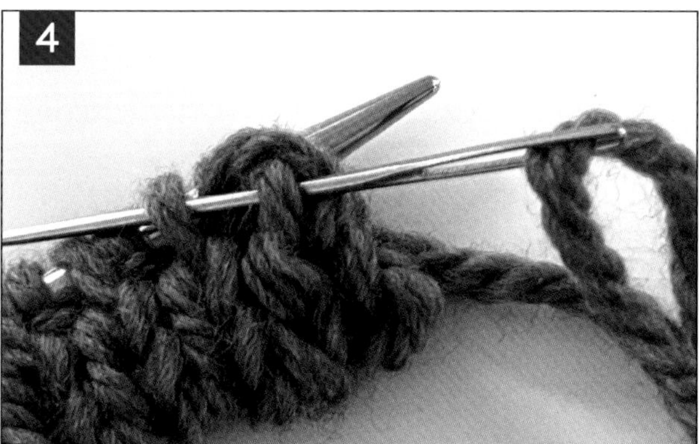

Stechen Sie nun von rechts nach links mittig durch die vorhergehende rechte Masche (diese liegt nicht mehr auf der Nadel) und dann durch die zweite Masche, die auf der linken Stricknadel liegt (rechte Masche) durch, ziehen Sie den Faden an und lassen die Maschen auf der Nadel liegen.

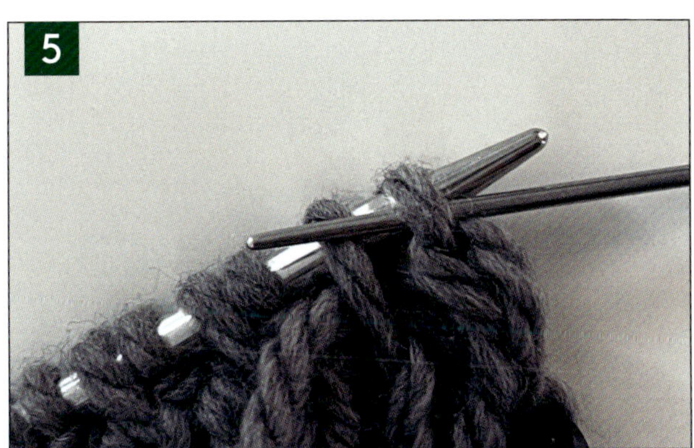

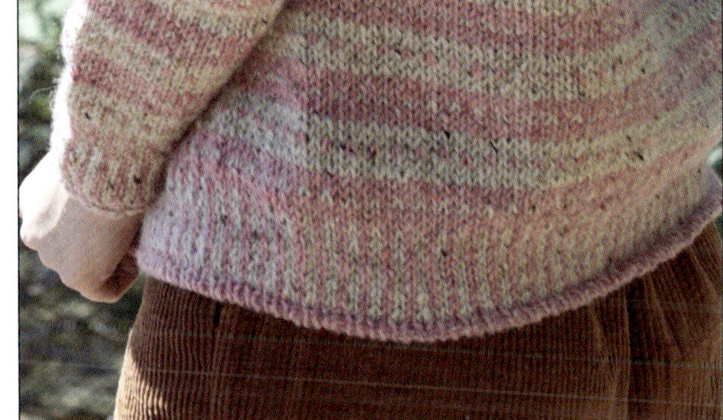

Stechen Sie nun von rechts nach links durch die erste linke Masche, die noch auf der Nadel liegt. Ziehen Sie den Faden fest an und lassen die linke und rechte Masche von der Nadel gleiten.

Wiederholen Sie nun die Schritte 3–5 so lange, bis alle Maschen abgekettet sind.

MIT EINEM I-CORD ABKETTEN

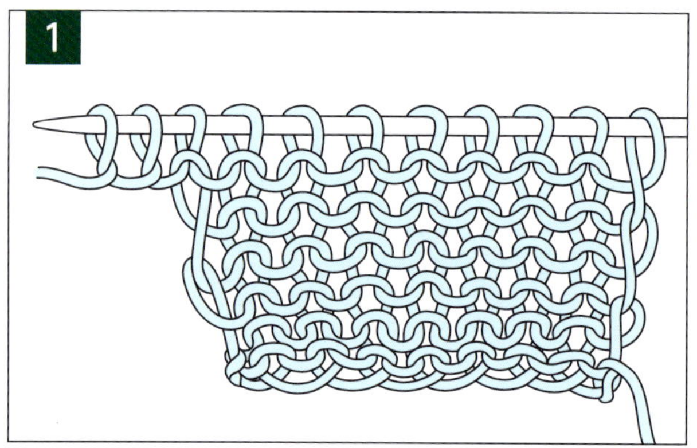

Schlagen Sie entsprechend der Anleitung Maschen neu an, hier z. B. 2 Maschen. Am einfachsten ist dies am Ende der Vorreihe, wenden Sie danach die Arbeit.

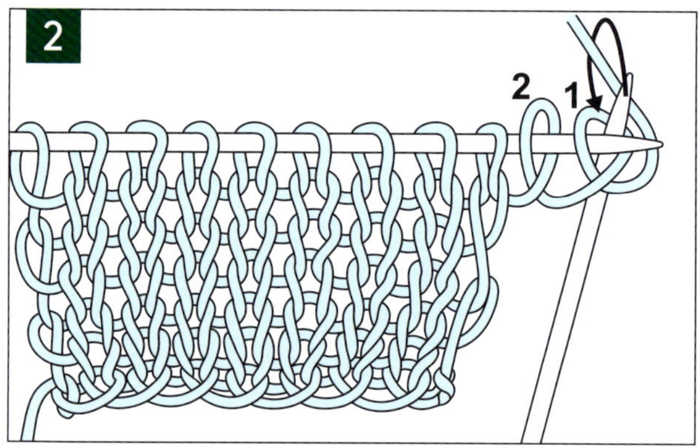

Stricken Sie die neu angeschlagenen Maschen rechts.

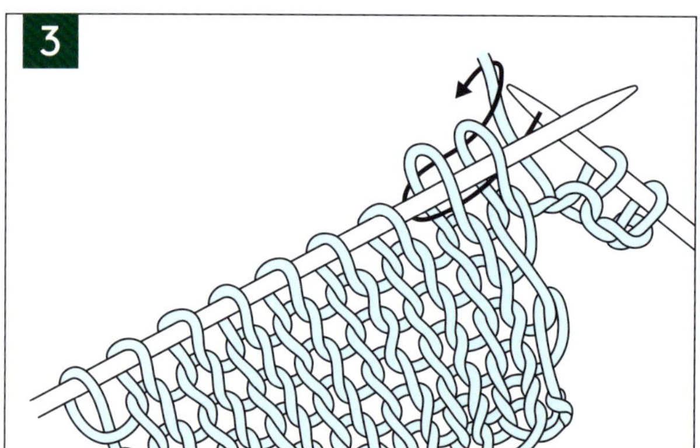

Stricken Sie die nächste Masche der linken Nadel mit der darauffolgenden Masche rechts verschränkt zusammen.

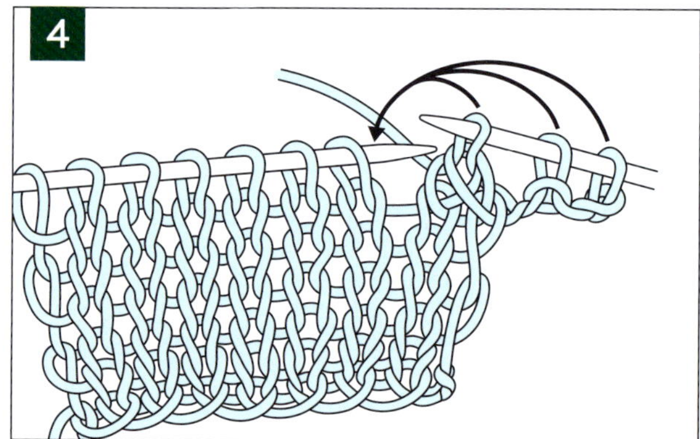

Legen Sie die 3 Maschen der rechten Nadel wieder nach und nach zurück auf die linke Nadel und wiederholen Sie die Arbeitsschritte von Bild 2 bis 4 fortlaufend bis zu den letzten 3 Maschen. Diese stricken Sie rechts zusammen, schneiden den Faden ab und ziehen diesen durch die letzte Masche.

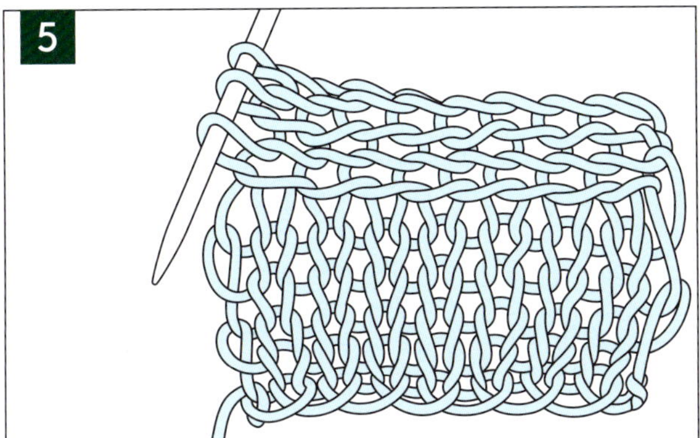

Der fertige I-Cord hat die Optik einer querliegenden Kordel.

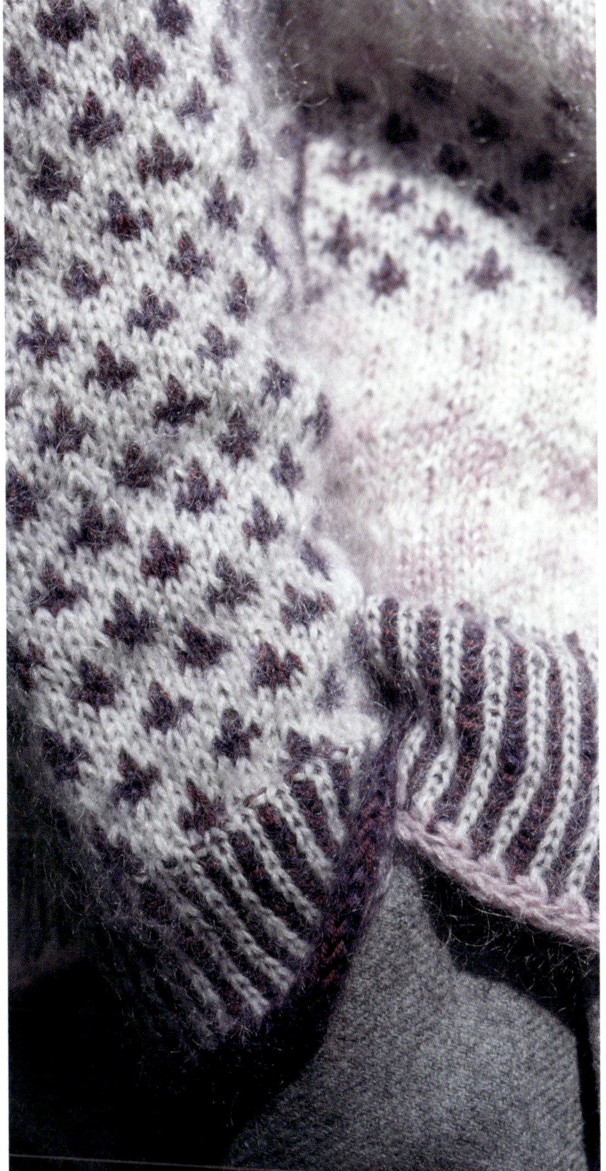

MATRATZENSTICH

Seitennähte können Sie mit dem Matratzenstich sauber zusammenfügen. Die Randmaschen verschwinden beim sanften Zusammenziehen der Fäden auf die Rückseite des Strickstücks. So entsteht eine beinahe unsichtbare Naht.

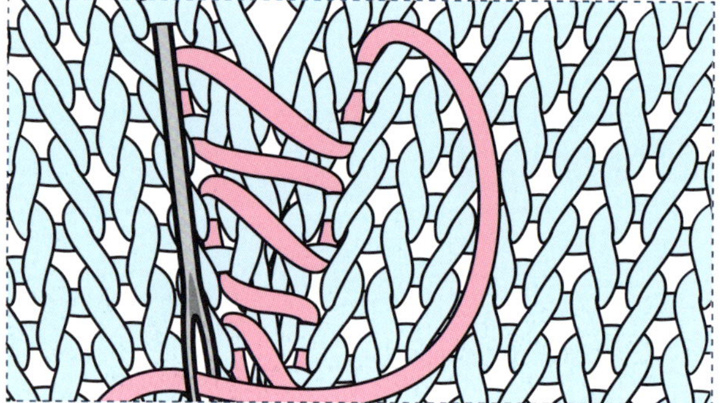

Matratzenstich glatt rechts

Legen Sie die Kanten der zu verbindenden Teile mit der jeweils rechten Seite nach oben nebeneinander und fassen Sie mit der Wollnadel die Querfäden zweier Maschen des linken Teils auf, die zwischen Randmaschen und der ersten rechten Masche liegen. Die Wollnadel wird dann von unten nach oben in zwei Querfäden der Maschen auf der parallelgegenüberliegenden Seite geführt. Wiederholen Sie diesen Vorgang bis zum Kantenende und ziehen Sie den Faden dabei regelmäßig sanft fest.

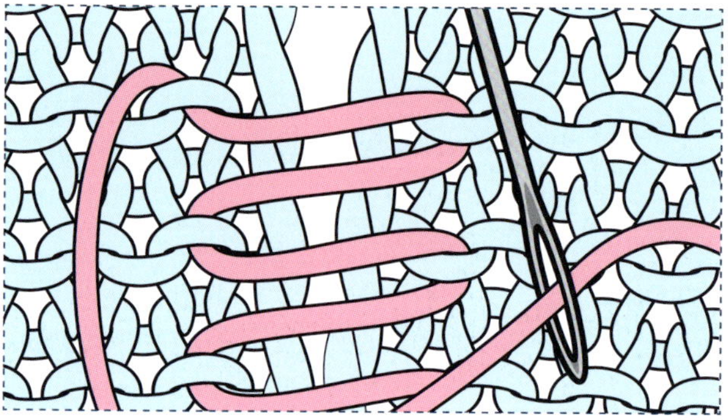

Matratzenstich kraus rechts

Bei kraus rechts Gestricktem führen Sie die Nadel von unten nach oben abwechselnd rechts und links ein. Dabei werden an der linken Kante stets die nach oben gerichteten Maschenschlaufen ergriffen, an der rechten Kante hingegen die nach unten gerichteten Maschenschlaufen.

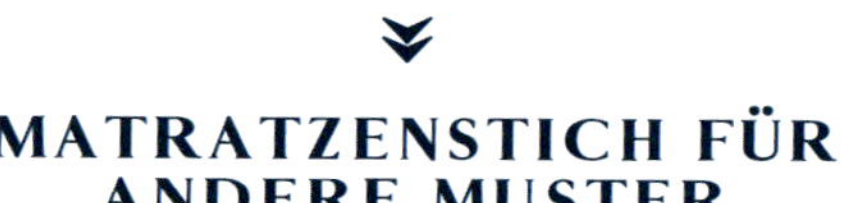

MATRATZENSTICH FÜR ANDERE MUSTER

Der Matratzenstich kann auf diese Weise auch für alle anderen Muster angewendet werden. Da er auf der rechten Seite des Strickstücks ausgeführt wird, ist jederzeit gut sichtbar, wie er sich in das Maschenbild einfügt.

LESEN DER STRICKSCHRIFTEN

In der jeweiligen Strickschrift/Skizze wird das Muster schematisch dargestellt, wobei jedes Kästchen einer Masche entspricht. Die Hinreihen werden wie in der Strickrichtung von rechts nach links, in den Rückreihen von links nach rechts, jedoch immer von unten nach oben gelesen.

ABKÜRZUNGEN

abh	=	abheben	RgM	=	Raglanmasche(n)
abn/Abn	=	abnehmen/Abnahme(n)	RM	=	Randmasche(n)
DM	=	Doppelmasche	RR	=	Rückreihe
gen	=	geneigt	RT	=	Rückteil
HR	=	Hinreihe	str	=	stricken
M	=	Masche(n)	VT	=	Vorderteil(e)
MM	=	Maschenmarkierer	verschr	=	verschränkt
Nd	=	Nadel	wdh	=	wiederholen
NS	=	Nadelstärke	zun/Zun	=	zunehmen/Zunahme(n)
QF	=	Querfaden	zusstr	=	zusammenstricken
R	=	Reihe(n)	Fb	=	Farbe(n)
Rd	=	Runde(n)			

SCHWIERIGKEITSGRADE

◆◇◇ = einfach
◆◆◇ = benötigt ewas Übung
◆◆◆ = fortgeschritten

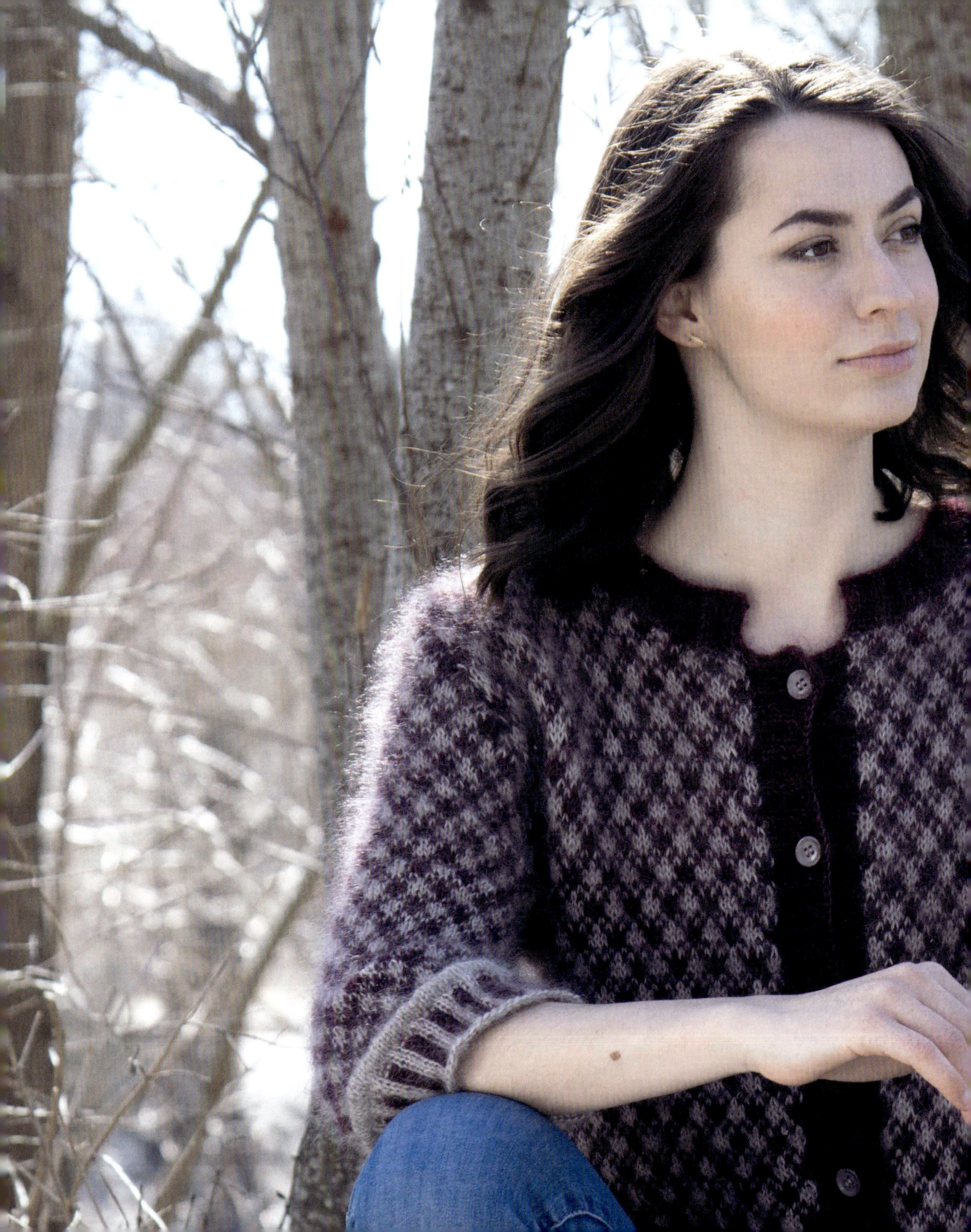

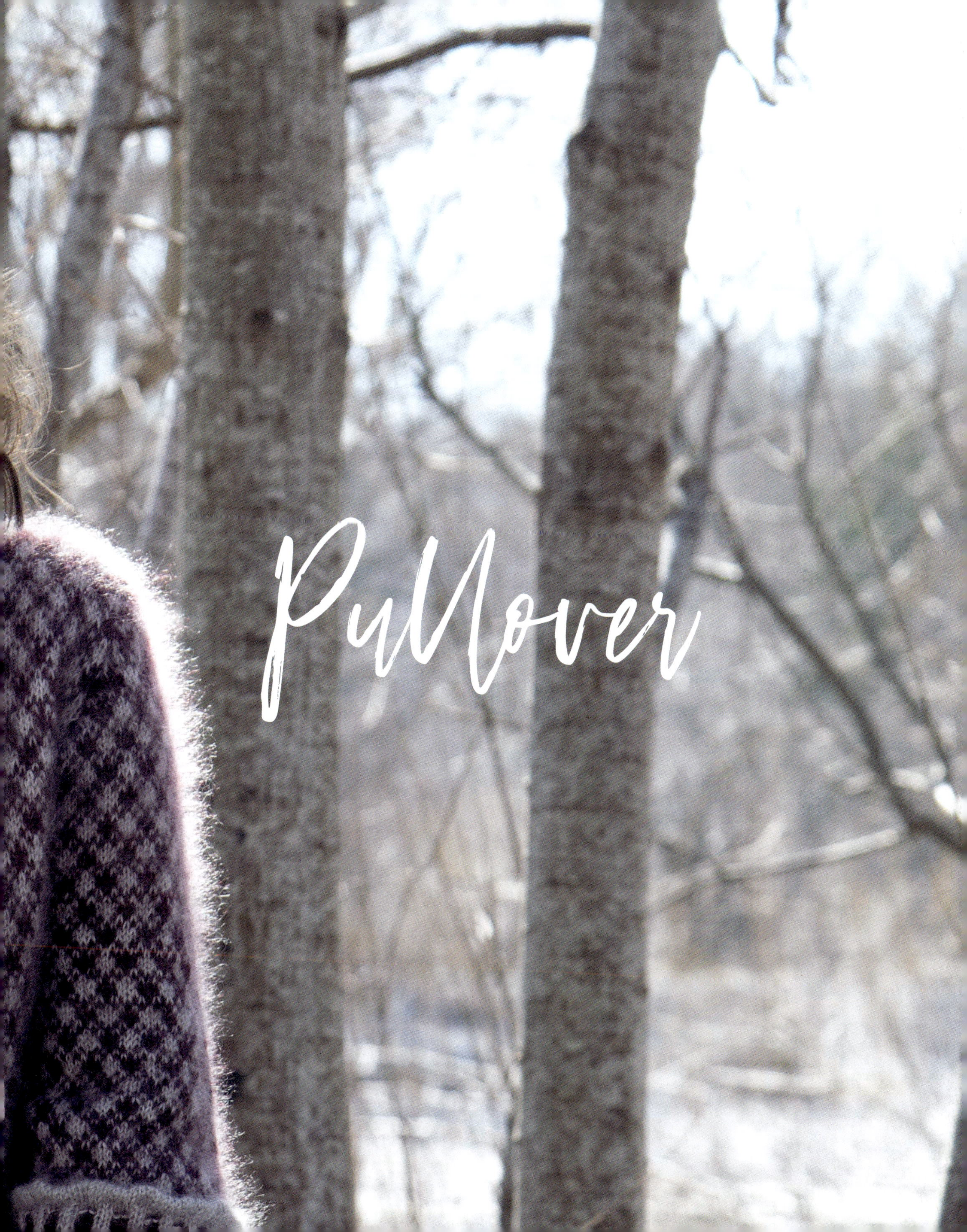
Pullover

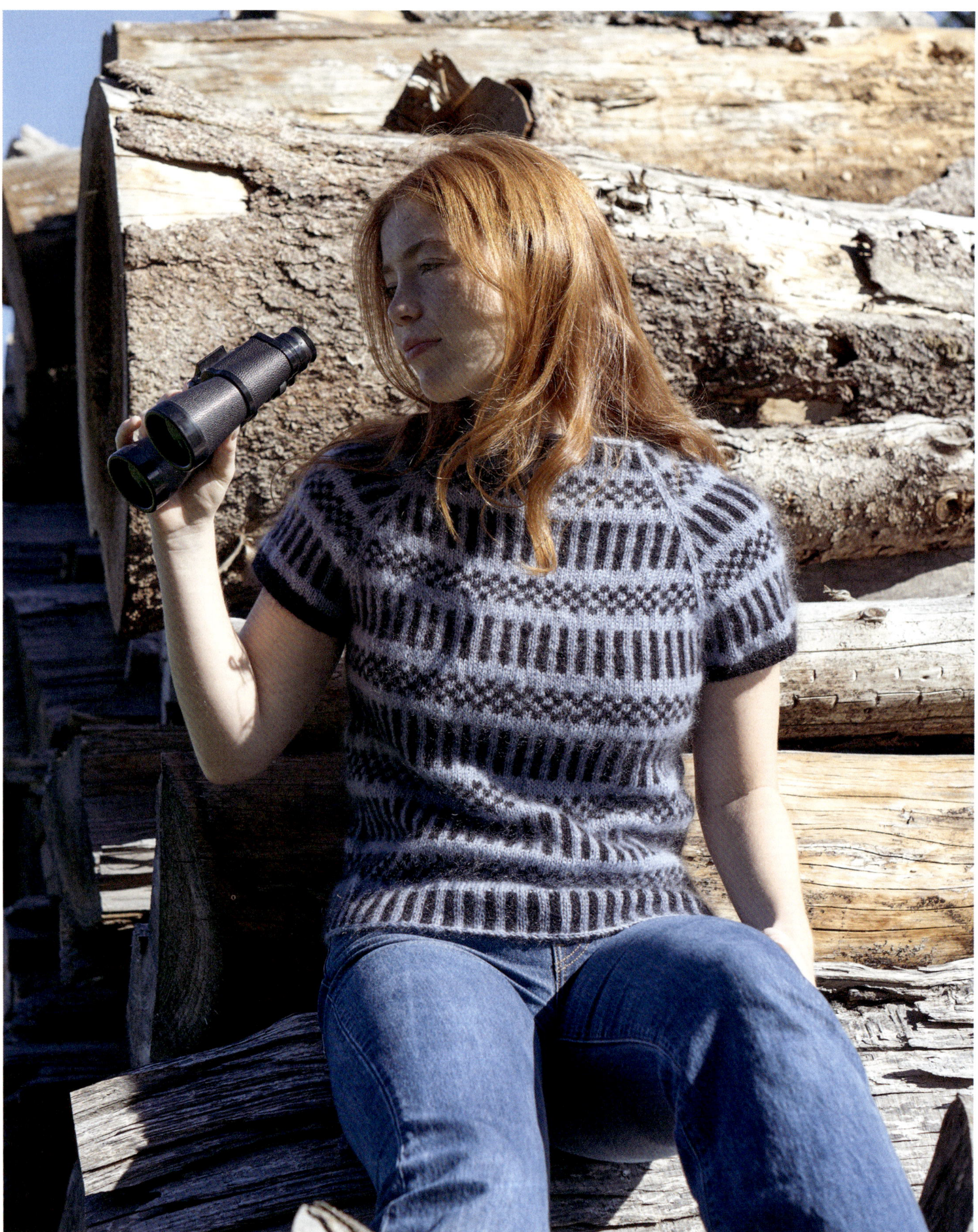

ROYA

Kurzarmpullover mit Raglan

GRÖSSEN

S (M/L/XL)

Brustumfang

93 (100/110/120) cm

Gesamtlänge

57 cm

MATERIAL

- Lang Yarns Mohair Luxe (77 % Mohair, 23 % Seide, LL 175 m/25 g) in Schwarz (Fb 0004), 75 (75/100/100) g, und in Hellblau, (Fb 0133), 75 (75/100/100) g
- Merino 400 Lace (100 % Schurwolle, Merino extrafine, LL 200 m/25 g) in Schwarz (Fb 0004), 75 (75/100/100) g, und in Hellblau (Fb 0034) 75 (75/100/100) g
- Rundstricknadeln in verschiedenen Längen, Nadelstärke 4,0 mm und 4,5 mm
- Evtl. ein Nadelspiel für die Ärmelbündchen
- Maschenmarkierer
- Maschenhalter, Hilfsnadeln oder Restgarn, um Maschen stillzulegen
- Vernähnadel
- Schere

MASCHENPROBE

Im Muster mit NS 4,5 mm: 24 M x 26 R = 10 x 10 cm

MUSTER

Grundmuster

Glatt rechts in der angegebenen Strickschrift und Musterfolge.

Raglanmaschen

2 M glatt rechts in Hellblau.

Zunahmen

Bebilderte Erklärung im Grundlagenteil auf Seite 15.

SO GEHT'S:

Roya wird top down mit Raglan-Zun gestrickt.

Es wird jeweils 1 Faden Mohair Schwarz mit 1 Faden Merino 400 Schwarz und 1 Faden Mohair Hellblau mit 1 Faden Merino 400 Hellblau verstrickt.

TIPP

Vor Beginn beide Qualitäten einer Farbe auf je ein Knäuel zusammenwickeln.

HALSBÜNDCHEN

128 (128/136/136) M in Hellblau mit NS 4 mm anschlagen und zur Rd schließen, dabei darauf achten, dass sich die M nicht verdrehen. MM zur Rd-Bezeichnung setzen.

2 Rd glatt rechts in Hellblau str.

5 Rd Bündchen wie folgt str: *2 M rechts in Hellblau, 2 M links in Schwarz*, von * bis * wdh.

RAGLAN

Zu NS 4,5 mm wechseln und nach der Musterfolge der Strickschrift str.

Die Raglan-Zun werden gemäß der nachfolgenden Anleitung in jeder 2. Rd gestrickt:

1. Rd (1. R der Strickschrift in Hellblau): MM setzen, 2 RgM rechts str, MM setzen, **1 Zun**, 18 M für den rechten Ärmel str, **1 Zun**, MM setzen, 2 RgM rechts str, MM setzen, **1 Zun**, 42 (42/46/46) M für das VT str, **1 Zun**, MM setzen, 2 RgM rechts str, MM setzen, **1 Zun**, 18 M für den linken Ärmel str, **1 Zun**, MM setzen, 2 RgM rechts str, **1 Zun**, 42 (42/46/46) M für das RT str, **1 Zun** (8 M zugenommen) [= 136 (136/144/144) M].

Die MM werden immer an der entsprechenden Stelle umgesetzt.

2. Rd (2. R der Strickschrift in Hellblau): 2 RgM str, 20 M für den rechten Ärmel str, 2 RgM str, 44 (44/48/48) M für das VT str, 2 RgM str, 20 M für den linken Ärmel str, 2 RgM str, 44 (44/48/48) M für das RT str.

3. und 4. Rd: Wie 1. und 2. Rd arb.

M-Verteilung: 2x 22 M je Ärmel, 46 (46/50/50) M je VT/RT (+8 RgM) [= 144 (144/152/152) M].

5. Rd (5. R der Strickschrift): 2 RgM in Hellblau, **1 Zun in Schwarz**, *2 M in Hellblau, 2 M in Schwarz*, von * bis * 5x str, 2 M in Hellblau, **1 Zun in Schwarz**, 2 RgM in Hellblau, **1 Zun in Schwarz**, *2 M in Hellblau, 2 M in Schwarz*, von * bis * 11x (11x/12x/12x) str, 2 M in Hellblau, **1 Zun in Schwarz**, 2 RgM in Hellblau, **1 Zun in Schwarz**, *2 M in Hellblau, 2 M in Schwarz*, von * bis * 5x str. 2 M in Hellblau, **1 Zun in Schwarz**, 2 RgM in Hellblau, **1 Zun in Schwarz**, *2 M Hellblau, 2 M in Schwarz*, von * bis * 11x (11x/12x/12x) str, 2 M in Hellblau, **1 Zun in Schwarz** (8 M zugenommen) [= 152 (152/160/160) M].

6. Rd (6. R der Strickschrift): MM am Anfang der Rd abh. 2 RgM in Hellblau, 1 M in Schwarz, *2 M in Hellblau, 2 M in Schwarz*, von * bis * 5x str, 2 M in Hellblau, 1 M in Schwarz, 2 RgM in Hellblau, 1 M in Schwarz, *2 M in Hellblau, 2 M in Schwarz*, von * bis * 11x (11x/12x/12x) str, 2 M in Hellblau, 1 M in Schwarz, 2 RgM in Hellblau, 1 M in Schwarz, *2 M in Hellblau, 2 M in Schwarz*, von * bis * 5x str. 2 M in Hellblau, 1 M in Schwarz, 2 RgM in Hellblau, 1 M in Schwarz, *2 M Hellblau, 2 M Schwarz*, von * bis * 11x (11x/12x/12x) str, 2 M in Hellblau, 1 M in Schwarz.

Nun gemäß der Strickschrift weiterarb und die Raglan-Zun weitere 27x (31x/33x/37x) wdh.

M-Verteilung: 2x 78 (86/90/98) M je Ärmel, 102 (110/118/126) M je VT/RT (+ 8 RgM) [= 368 (400/424/456) M].

ÄRMEL UND RUMPF ABTEILEN

Alle MM entfernen.

2 RgM str, 78 (86/90/98) M für den rechten Ärmel stilllegen, 6 (6/10/14) Achsel-M mit beiden Arbeitsfäden neu anschlagen, mittig nach 3 (3/5/7) M einen neuen MM setzen (= Rd-Anfang), 2 RgM in das Muster einfügen, 102 (110/118/126) M für das VT im Muster str, 2 RgM in das Muster einfügen, 78 (86/90/98) M für den linken Ärmel stilllegen, 6 (6/10/14) Achsel-M mit beiden Arbeitsfäden neu anschlagen, 2 RgM in das Muster einarb, 102 (110/118/126) M für das RT im Muster str, 2 RgM in das Muster einfügen, die neu aufgenommenen Achsel-M ebenfalls in das Muster einfügen [= 224 (240/264/288) M].

Gemäß Strickschrift weiterarb, bis diese insgesamt 5x in der Höhe (140 Rd) gestrickt wurde, ca. 57 cm ab Anschlag. Alle M in Hellblau rechts abketten.

ÄRMEL

Die stillgelegten 78 (86/90/98) Ärmel-M auf eine kurze Rundstricknadel oder ein Nadelspiel legen. Mit Schwarz direkt aus der Achselkante des Rumpfes 6 (6/10/14) Achsel-M herausstr (mittig einen MM zur Rd-Bezeichnung setzen) und die Arbeit zur Rd schließen [= 84 (92/100/112) M].

1 Rd glatt rechts in Schwarz str.

In der nächsten Rd gleichmäßig verteilt 12 (14/16/18) M abn [= 72 (78/84/94) M].

Mit Schwarz 4 Rd im Ripp-Muster str: *1 M rechts, 1 M links*, von * bis * wdh.

Alle M im Muster abketten.

FERTIGSTELLUNG

Alle Fäden sorgfältig vernähen. Den Pullover glatt auf den Boden legen, in Form zupfen und unter feuchten Tüchern trocknen lassen.

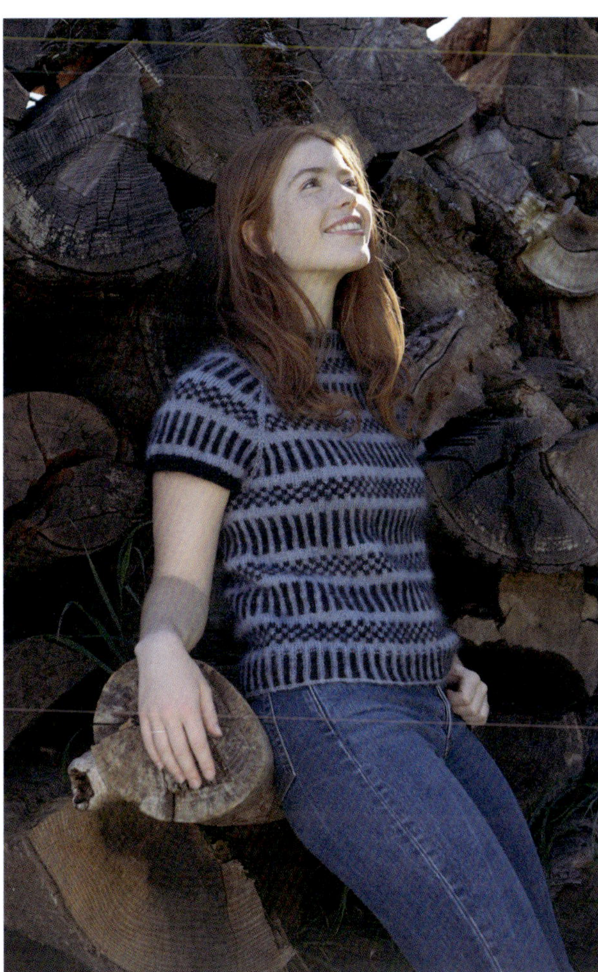

STRICKSCHRIFT

4	3	2	1	
■	■	□	□	28
■	■	□	□	27
■	■	□	□	26
■	■	□	□	25
■	■	□	□	24
■	■	□	□	23
■	■	□	□	22
■	■	□	□	21
■	■	□	□	20
■	■	□	□	19
■	■	□	□	18
■	■	□	□	17
□	□	□	□	16
□	□	□	□	15
□	□	□	□	14
□	□	□	□	13
□	□	■	■	12
□	□	■	■	11
■	■	□	□	10
■	■	□	□	9
□	□	■	■	8
□	□	■	■	7
■	■	□	□	6
■	■	□	□	5
□	□	□	□	4
□	□	□	□	3
□	□	□	□	2
□	□	□	□	1

Die Strickschrift wird gemäß den Angaben in der Anleitung und 5x in der Höhe gestrickt.

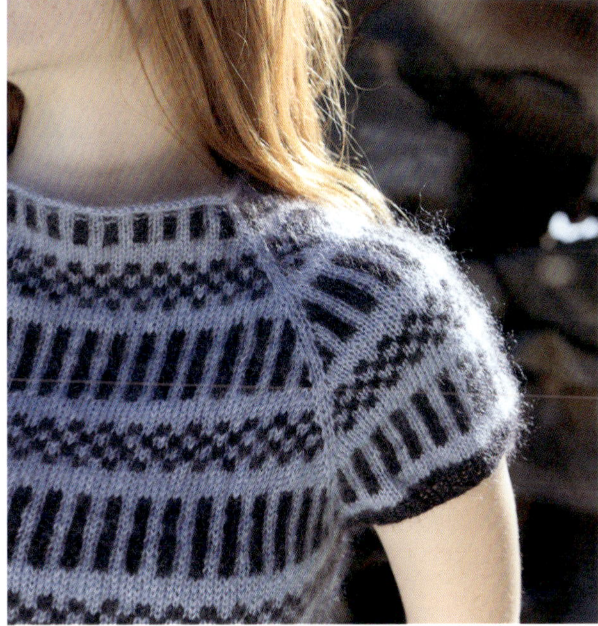

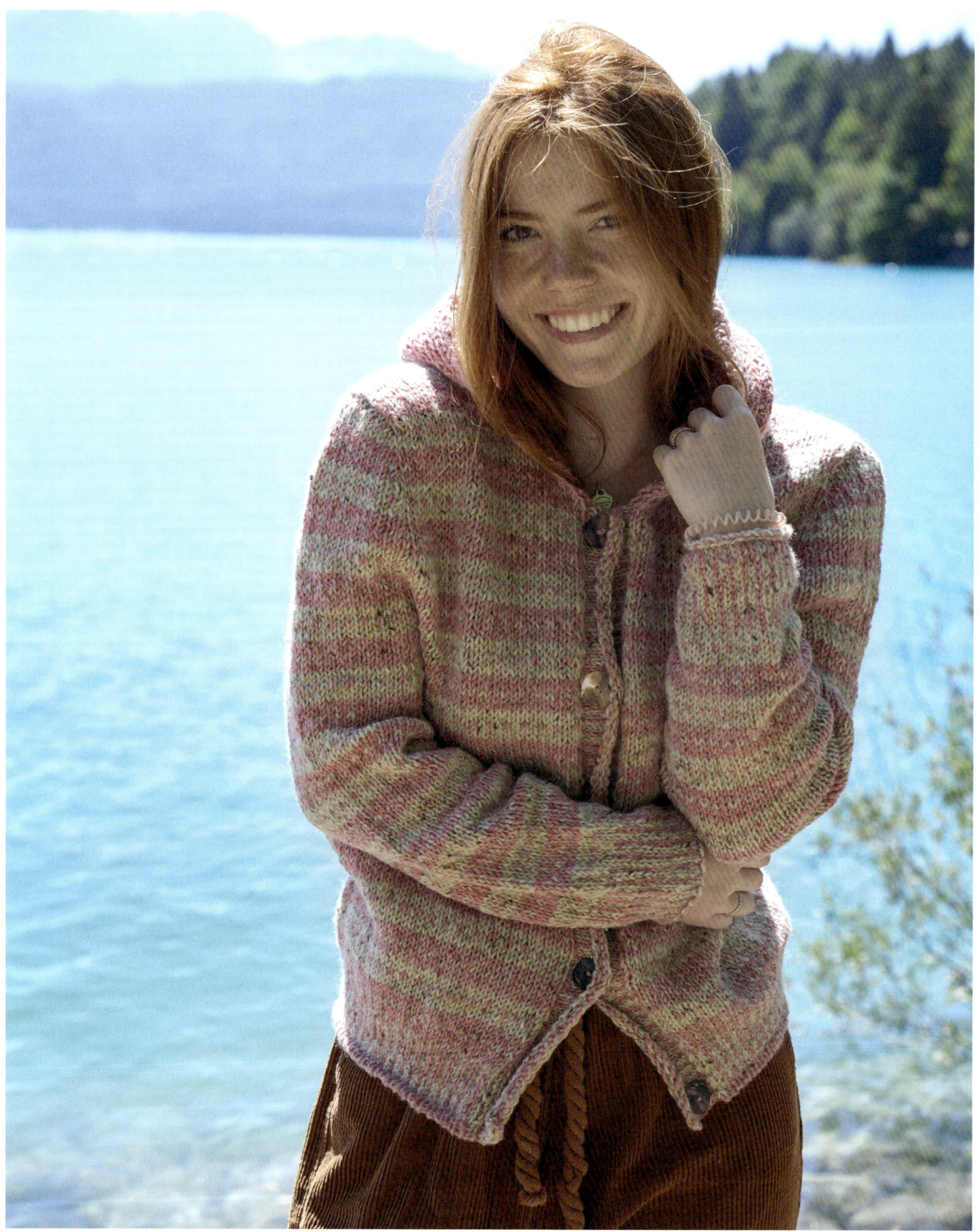

GLENNA
Hoodie-Cardigan

◆◆◆

GRÖSSEN

S (M/L/XL/XXL)

Brustumfang

90 (100/110/120/130) cm

Unterarmlänge

40 cm

Gesamtlänge

52 (54/56/58/60) cm

MATERIAL

- Isager Aran Tweed in Rosé (100 % Wolle, LL 100 g/ 160 m), 400 (400/500/500/500) g, und in Sand, 400 (400/500/500/500) g
- 5 Jim Knopf Perlmuttknöpfe Agoya in Rosa Ø 26 mm, Artikel 11957
- Rundstricknadeln in verschiedenen Längen, Nadelstärke 5,5 mm
- Evtl. ein Nadelspiel für die Ärmel
- Maschenmarkierer
- Vernähnadel
- Schere

MASCHENPROBE

Im Muster: 16 M x 24 R = 10 x 10 cm

MUSTER

Grundmuster

Glatt rechts in der angegebenen Strickschrift und Musterfolge.

Halbpatent mit tiefer gestochenen rechten Maschen

Rechte Patent-M: Mit der rechten Nadel in die M einstechen, die direkt unterhalb der zu strickenden M liegt, den Faden durchholen und rechts abstr.
Die M oberhalb löst sich auf (optisch nun eine M mit einem Umschlag) und wird somit zu einer Patent-M.

HR: *1 PM, 1 M links*, von * bis * stets wdh.

RR: *1 M links, 1 M rechts*, von * bis * stets wdh.

Randmaschen

Bitte jeweils der Anleitung entnehmen.

Verkürzte Reihen

Bebilderte Erklärung im Grundlagenteil auf Seite 19.

STRICKWEISE

Der Cardigan wird top down gestrickt.

Zuerst wird die Kapuze gestrickt. Aus den rückwärtigen mittleren M der Kapuze werden das Rückteil und die Schultern geformt. Die Vorderteile werden direkt an die Schultern angestrickt und die seitlichen M der Kapuze werden hier integriert, sodass ein nahtloser Übergang entsteht. Die Ärmel werden anschließend direkt aus den Rand-M der Vorder- und Schulterpartie gestrickt. Es werden hier mehrere Arbeitsschritte zeitgleich ausgeführt, daher ist es wichtig, die Anleitung sorgfältig zu lesen und sich ggf. entsprechende Notizen zu machen.

SO GEHT'S:

KAPUZE

Die Kapuze wird komplett in Rosé gestrickt.

Mit einer langen Rundstricknadel 21 M anschlagen und eine RR str:

1 M links (RM), *1 M links, 1 M rechts*, von * bis * weitere 8x wdh, 1 M links, 1 M links (RM).

1. R (HR): RM rechts, *1 PM, 1 M links*, von * bis * weitere 8x wdh, 1 PM, RM rechts.

2. R (RR): RM links, *1 M links, 1 M rechts*, von * bis * weitere 8x wdh, 1 M links, RM links.

Die 1. und 2. R insgesamt 24x str (48 R).

Die Arbeit auf der Nadel ruhen lassen, Arbeitsfaden abschneiden.

Nun werden M aus den Rändern der Arbeit aufgenommen. Aus dem rechten Arbeitsrand werden ab der Anschlagkante 26 M aufgenommen.

TIPP

An dieser Stelle muss um die Ecke gestrickt werden. Es bietet sich an, ähnlich der Magic-Loop-Methode zu arbeiten, d.h. man zieht das Seil der Stricknadel so weit heraus, dass ein bequemes Arbeiten an der Seite möglich ist.

Das Seil der Stricknadel zu einer Schleife aus der Arbeit ziehen und die mittleren 21 M im Halbpatent str, das Seil der Stricknadel erneut zu einer Schleife aus der Arbeit ziehen und aus dem linken Rand bis Anschlagkante 26 M herausstr [= 73 M].

Arbeit wenden und die RR wie folgt str:

RM links, *1 M links, 1 M rechts*, von * bis * bis zum R-Ende str, RM links.

Die Übergangs-M von den Längsseiten zum Mittelteil etwas fester str, damit es einen sauberen Übergang gibt.

Im Halbpatent mustergemäß fortfahren und insgesamt 54 (60/60/68/68) R arbeiten.

Weiter in der gewählten Größe arbeiten:

Größe S:

55. R (HR): RM, 30 M im Halbpatent str, 3 M links geneigt zusstr (1. M rechts abheben, die 2. und 3. M rechts zusstr, 1. abgehobene M überziehen), 5 M im Halbpatent arb, 3 M rechts geneigt zusstr (die 1. und 2. M rechts abheben, mit der linken Nd von vorne in beide M einstechen, beide rechts zusstr, die 3. rechte M sowie die eben zusammengestrickt M verschr auf die linke Nd heben, die 3. M über die zusammengestrickte M heben), 30 M im Halbpatent str, RM [= 69 M].

56.–60. R: Im Halbpatent str.

Größe S (M/L):

61. R: RM, 28 (30/30) M im Halbpatent str, 3 M links geneigt zusstr (wie in der 55. R beschrieben), 5 M im Halbpatent str, 3 M rechts geneigt zusstr (wie in der 55. R beschrieben), 28 (30/30) M im Halbpatent str, RM [= 65 (69/69) M].

62.–68. R: Im Halbpatent str.

Alle Größen:

69. R: RM, 26 (28/28/30/30) M im Halbpatent, 3 M links geneigt zusstr (wie in 55. R beschrieben), 5 M im Halbpatent str, 3 M rechts geneigt zusstr (wie in 55. R beschrieben), 26 (28/28/30/30) M im Halbpatent str, RM [= 61 (65/65/69/69) M].

70.–76. R: Im Halbpatent str, Faden abschneiden.

FORMUNG DER RÜCKENPARTIE

1. R der Strickschrift (RR): In Sand auf der Innenseite der Kapuze neu ansetzen und eine RR str.

(HR): 17 M auf die rechte Nd abheben, 27 (31/31/35/35) M links, die restlichen 17 M auf der linken Nd liegen lassen.

Nun werden in jeder R Zun gestrickt: Jeweils 1 M aus der M rechts bzw. links und 1 M rechts verschr bzw. links verschr str. (MM in jeder R umsetzen, hier werden die RM im Muster mitgestrickt).

1. R (HR, 2. R der Strickschrift) in Sand: 2 M rechts, MM setzen, 1 Zun, 21 (25/25/29/29) M rechts, 1 Zun, MM setzen, 2 M rechts [= 29 (33/33/37/37) M].

2. R (RR, 3. R der Strickschrift): 2 M links in Sand, 1 Zun: 1 M in Rosa, 1 M in Sand, 23 (27/27/31/31) M links im Muster arb, 1 Zun: 1 M in Sand, 1 M in Rosa, MM abh, 2 M links in Sand [= 31 (35/35/39/39) M].

Diese 2 R weitere 7x (9x/11x/11x/13x) wdh, dabei das Muster gemäß Strickschrift weiterführen und somit 28 (36/44/44/52) M zunehmen [= 59 (71/79/83/91) M].

Arbeitsfaden abschneiden und die M stilllegen.

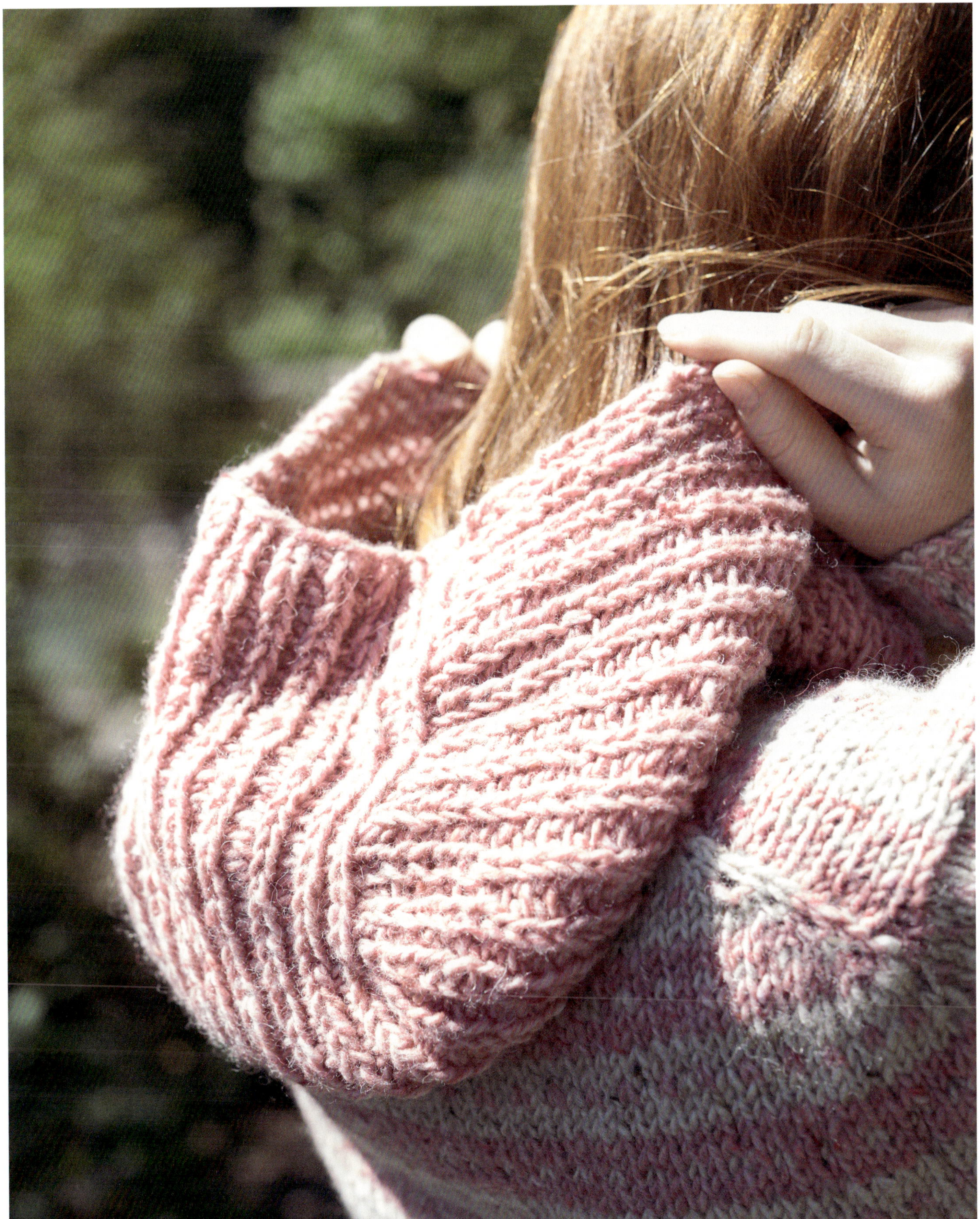

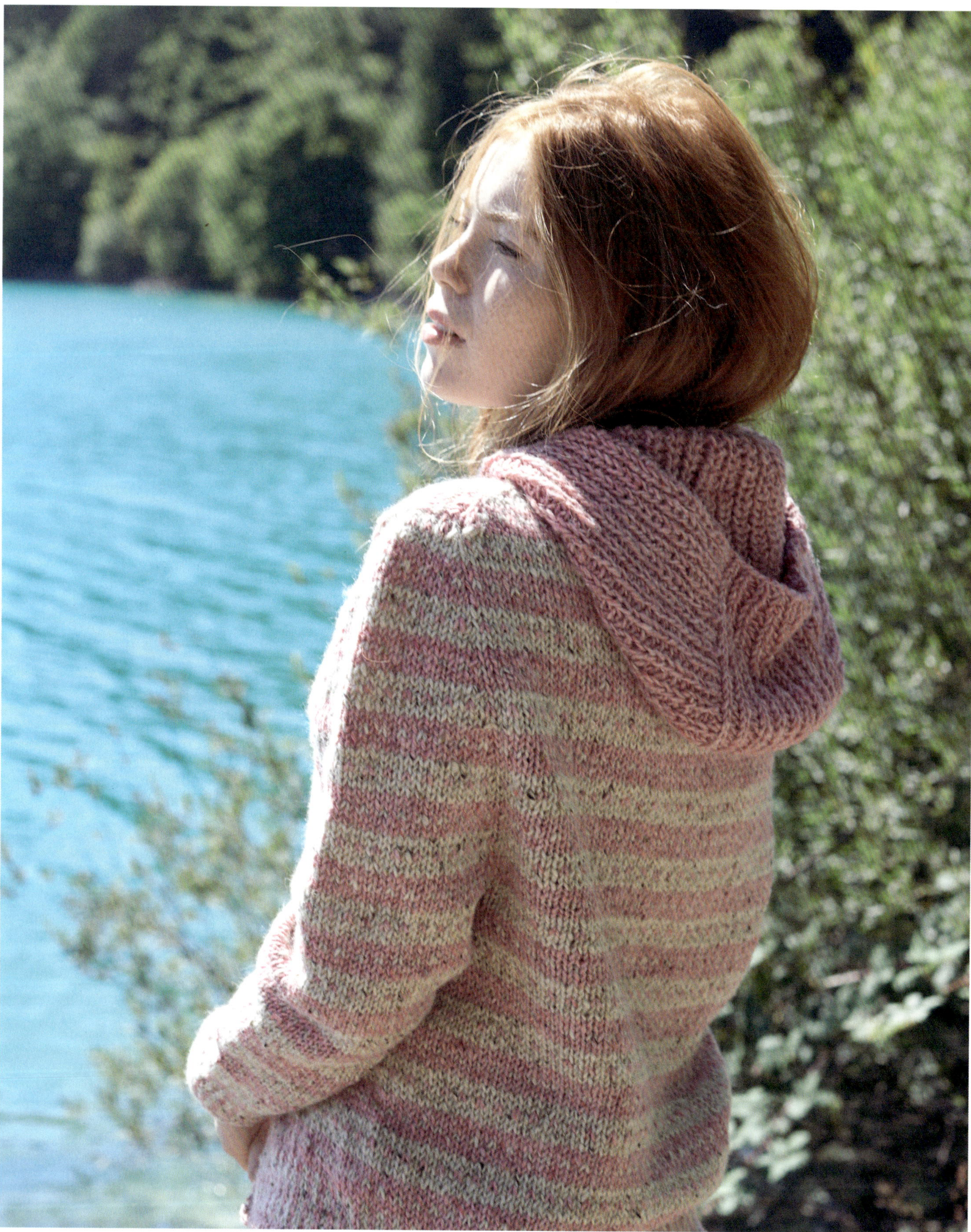

ANSTRICKEN DER VORDERTEILE

Hierfür das RT so halten, dass die rechte Seite sichtbar ist, die stillgelegten M der Rückenpartie nach unten zeigen und die Anschlagkante oben liegt.

RECHTE SCHULTER:

Mit Rosa aus dem rechten Schulterrand von der äußeren Schulterecke bis zur Kapuze 16 (20/24/24/28) M aufnehmen.

1. R (RR) in Rosa: 1 M abh, 15 (19/23/23/27) M links str.

2. R (HR) in Rosa: 15 (19/23/23/27) M rechts str, die letzte Schulter-M mit der ersten stillgelegten Kapuzen-M links geneigt zusstr (die letzte Schulter-M liegt oben) [= 16 (20/24/24/28) M].

3. R (RR, 8. R der Strickschrift): 1 M abheben, 15 (19/23/23/27) M links im Muster str.

Die 2. und 3. R insgesamt 7x str, das Muster weiterführen (= 14 R) [rechtes VT = 16 (20/24/24/28) M].

Den Faden abschneiden, M zunächst stilllegen. Wenn man mit einem langen Seil bzw. einer langen Rundstrick-Nd arbeitet, können die M darauf liegen bleiben.

LINKE SCHULTER

Mit Rosa aus dem linken Schulterrand von der Kapuze bis zur äußeren Schulterecke 16 (20/24/24/28) M herausstr.

1. R (RR) in Rosa: 15 (19/23/23/27) M links str, die letzte M abh.

2. R (HR) in Rosa: Die erste Kapuzen-M mit der ersten Schulter-M rechts geneigt zusstr (die Schulter-M liegt oben), 15 (19/23/23/27) M rechts.

3. R (RR, 8. R der Strickschrift): 15 (19/23/23/27) M links str, die letzte M abh [= 16 (20/24/24/28) M].

Die 2. und 3. R insgesamt 7x str, das Muster weiterführen (= 14 R).

18. R (HR, 3. R der Strickschrift): Die erste Kapuzen-M mit der ersten Schulter-M rechts überzogen zusstr, 2 M rechts, 1 M rechts geneigt aus dem QF zun (den QF mit der rechten Nd von hinten aufnehmen und rechts verschr str), 13 (17/21/21/25) M rechts str, die letzten 2 M rechts überzogen zusstr (die vorletzte M liegt oben) [linkes VT = 16 (20/24/24/28) M].

Die Schulter-M auf der Nadel lassen.

ÄRMEL ANSTRICKEN

Das Seil der Stricknadel zu einer Schleife herausziehen und aus der Schulterkante in Sand 12 (14/14/16/16) M für den linken Ärmel aufnehmen.

Die M des RT nun wieder auf die Nadel legen, direkt die 1. und 2. M rechts geneigt zusstr (die 2. M liegt oben), alle M des RT mustergemäß bis zu den letzten 2 M str, diese links geneigt zusstr (die vorletzte M liegt oben) [RT = 57 (69/77/81/89) M].

Das Seil erneut zu einer Schleife herausziehen und aus der rechten Schulterkante 12 (14/14/16/16) M für den rechten Ärmel herausstr.

Nun die M des rechten VT str: Die 1. und 2. M rechts geneigt zusstr (die 2. M liegt oben), alle M mustergemäß bis zu den letzten 3 M str. 1 M links geneigt aus dem QF aufn (den QF mit der linken Nd von vorn aufnehmen und rechts verschr str), 2 M rechts, die letzte M des VT mit der nächsten Kapuzen-M rechts überzogen zusstr [rechtes VT= 16 (20/24/24/28) M].

(Bei Bedarf MM setzen, diese in jeder R an entsprechender Stelle umsetzen)

16. R (RR): 1. M abh, 15 (19/23/23/27) M mustergemäß links für das rechte VT, MM setzen, 12 (14/14/16/16) M mustergemäß links für den rechten Ärmel, MM setzen, 57 (69/77/81/89) M mustergemäß links für das RT, MM setzen, 12 (14/14/16/16) M mustergemäß links für den linken Ärmel, MM setzen, 16 (20/24/24/28) M mustergemäß links für das linke VT, 2 M der stillgelegten Kapuzen-M links str, Arbeit wenden [linkes VT = 18 (22/26/26/30) M].

Das Grundmuster wird fortlaufend gestrickt, in der Folge nicht mehr separat erwähnt.

17. R (HR):

Linkes VT: Wende-M, 17 (21/25/25/29) M rechts.

Linker Ärmel: 1. Ärmelzunahme: 1 Zun (2 M aus 1 M str), 10 (12/12/14/14) M rechts, 1 Zun [= 14 (16/16/18/18) M].

RT: 57 (69/77/81/89) M rechts.

Rechter Ärmel: 1. Ärmelzunahme: 1 Zun, 10 (12/12/14/14) M rechts, 1 Zun [= 14 (16/16/18/18) M].

Rechtes VT: 16 (20/24/24/28) M rechts, 2 M der stillgelegten Kapuzen-M rechts [= 18 (22/26/26/30) M].

18. R (RR): Wende-M, alle M dieser R links str, 2 M der stillgelegten Kapuzen-M links str [linkes VT = 20 (24/28/28/32) M].

19. R (HR): Wende-M, 3 M rechts, 1 M rechts verschr aus dem QF zun, 16 (20/24/24/28 M rechts = 21 (25/29/29/33) M für das linke VT), 2. Ärmel-Zun: 1 Zun,

12 (14/14/16/16) M rechts, 1 Zun = 16 (18/18/20/20) M, 57 (69/77/81/89) M rechts, 2. Ärmel-Zun: 1 Zun, 12 (14/14/16/16) M rechts, 1 Zun = 16 (18/18/20/20) M, 14 (18/22/22/26) M rechts, 1 M rechts verschr aus dem QF zun, 4 M rechts, 2 M der stillgelegten Kapuzen-M rechts str [rechtes VT = 21 (25/29/29/33) M].

20. R (RR): Wende-M, alle M dieser R links str, 2 M der stillgelegten Kapuzen-M links str [= 23 (27/31/31/35) M für das linke VT].

21. R (HR): Wende-M, 22 (26/30/30/34) M rechts, 3. Ärmel-Zun: 1 Zun, 14 (16/16/18/18) M rechts, 1 Zun = 18 (20/20/22/22) M, 57 (69/77/81/89) M rechts, 3. Ärmel-Zun: 1 Zun, 14 (16/16/18/18) M rechts, 1 Zun = 18 (20/20/22/22) M, 21 (25/29/29/33) M rechts, 2 M der stillgelegten Kapuzen-M rechts [rechtes VT = 23 (27/31/31/35) M].

22. R (RR): Wende-M, alle M dieser R links str, die letzten 3 M der Kapuze links str [= 26/30/34/34/38 M.]

23. R (HR): 26 (30/34/34/38) M rechts, 4. Ärmel-Zun wie zuvor beschrieben = 20 (22/22/24/24) M, 57 (69/77/81/89) M rechts, 4. Ärmelzunahme wie zuvor beschrieben = 20 (22/22/24/24) M, 23 (27/31/31/35) M rechts, die letzten 3 M der Kapuze rechts str [= 26 (30/34/34/38) M].

24. R (RR): Alle M links str.

Ab dieser Stelle werden nun mehrere Arbeitsschritte gleichzeitig gemacht. Daher bitte erst die Anleitung genau lesen.

Die Zun, wie in den R zuvor beschrieben, wie folgt weiterstr:

Kleine Erinnerung:

1 M aus dem QF links gen zun (den QF mit der linken Nd von vorn aufnehmen und rechts verschr str),

1 M aus dem QF rechts gen zun (den QF mit der rechten ND von hinten aufnehmen und rechts verschr str),

Größe S:

7x in jeder 2. HR, 6 R ohne Zun str, 4x in jeder HR str, hierfür jedoch ab Ärmelbeginn 2 M rechts str, 1 M rechts gen aus dem QF zun, die Ärmel-M bis zu den letzten 2 M str, 1 M links gen aus dem QF zun, 2 M rechts str [= 42 M].

Größe M:

9x in jeder 2. HR, 2 R ohne Zun, 4x in jeder HR str, hierfür jedoch ab Ärmelbeginn 2 M rechts str, 1 M rechts gen aus dem QF zun, die Ärmel-M bis zu den letzten 2 M str, 1 M links gen aus dem QF zun, 2 M rechts str [= 48 M].

Größe L:

Noch 1x in der nächsten HR, 8x in jeder 2. HR, 6 R ohne Zun, 5x in jeder HR str, hierfür jedoch ab Ärmelbeginn 2 M rechts str, 1 M rechts gen aus dem QF zun, die Ärmel-M bis zu den letzten 2 M str, 1 M links gen aus dem QF zun, 2 M rechts [= 50 M].

Größe XL:

Noch 2x in jeder HR, 8x in jeder 2. HR, 8 R ohne Zun, 5x in jeder HR str, hierfür jedoch ab Ärmelbeginn 2 M rechts str, 1 M rechts gen aus dem QF zun, die Ärmel-M bis zu den letzten 2 M str, 1 M links gen aus dem QF zun, 2 M rechts str [= 54 M].

Größe XXL:

Noch 2x in jeder HR, 8x in jeder 2. HR, 10 R ohne Zun, 5x in jeder HR str, hierfür jedoch ab Ärmelbeginn 2 M rechts str, 1 M rechts gen aus dem QF zun, die Ärmel-M bis zu den letzten 2 M str, 1 M links gen aus dem QF zun, 2 M rechts str [= 54 M].

ZEITGLEICH WERDEN DIE VT UND DAS RT GESTRICKT

Die Zun werden, wie bei der jeweiligen Größe angegeben, wie folgt gestrickt:

Linkes VT: Alle M bis zu den letzten 2 M des VT str, 1 M aus dem QF links gen zun, 2 M rechts str.

RT: 2 M rechts str, 1 M aus dem QF rechts gen zun, alle M bis zu den letzten 2 M des RT str, 1 M aus dem QF links gen zun, 2 M rechts str.

Rechtes VT: 2 M rechts, 1 M rechts gen aus dem QF zun, restliche M des VT str.

Größe S:

1.–28. R: Glatt rechts str.

29. R: 1. Zun für die VT, wie oben beschrieben, diese noch 6x in jeder HR str.

In der 33. R: 1. Zun zusätzlich für das RT wie oben beschrieben, diese noch 4x in jeder HR str.

Nach 42 R sind alle Zun für VT und RT gemacht [VT = 33 M, RT = 67 M].

Größe M:

1.–32. R: Glatt rechts str.

33. R: 1. Zun für die VT, wie oben beschrieben, diese noch 6x in jeder HR str.

In der 41. R zusätzlich die Zun für das RT, wie oben beschrieben, str, diese noch 2x in jeder HR str.

Nach 46 R sind alle Zun für VT gemacht [VT = 37 M, RT = 73 M].

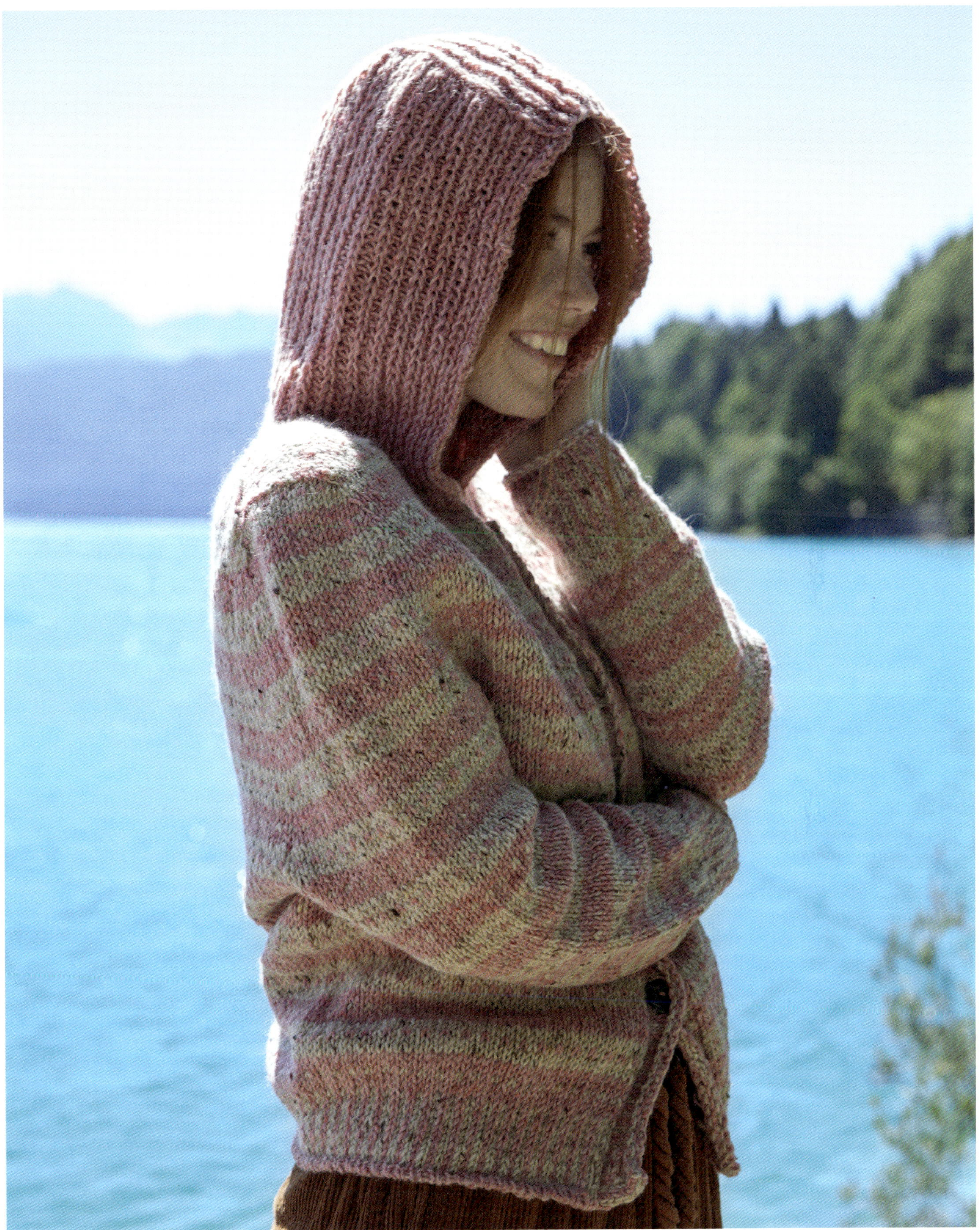

Größe L:

1.–36. R: Glatt rechts str.

37. R: 1. Zun für die VT, wie oben beschrieben, diese noch 6x in jeder HR str.

In der 45. R zusätzlich die Zun für das RT wie oben beschrieben, str, diese noch 2x in jeder HR str.

Nach 50 R sind alle Zun für VT und RT gemacht [VT = 41 M, RT = 81 M].

Größe XL:

1.–36. R: Glatt rechts str.

37. R: 1. Zun für die VT, wie oben beschrieben, diese noch 8x in jeder HR str.

In der 49. R zusätzlich die Zun für das RT, wie oben beschrieben, str, diese noch 2x in jeder HR str.

Nach 54 R sind alle Zun für VT und RT gemacht [VT = 43 M, RT = 85 M].

Größe XXL:

1.– 40. R: Glatt rechts str.

41. R: 1. Zun für die VT, wie oben beschrieben, diese noch 8x in jeder HR str.

In der 51. R zusätzlich die Zun für das RT, wie oben beschrieben, str, diese noch 3x in jeder HR str.

Nach 58 R sind alle Zun für VT und RT gemacht [VT = 47 M, RT = 95 M].

ÄRMEL VOM RUMPF ABTEILEN

Die 33 (37/42/43/47) M des linken VT rechts str, die 42 (48/50/54/54) M des linken Ärmels auf einem separaten Seil oder Faden still legen, 6 (6/6/10/10) Achsel-M neu anschlagen, die 67 (73/81/85/95) M des RT rechts str, die 42 (48/50/54/54) M des rechten Ärmels auf einem separaten Seil oder Faden still legen, 6 (6/6/10/10) Achsel-M neu anschlagen, die 33 (37/42/43/47) M des rechten VT rechts str [= 145 (159/177/191/209) M].

Nun ca. 30 cm im Muster weiterstr, die letzte R ist eine 5. oder 10. R der Strickschrift.

BÜNDCHEN

In der folgenden Mustereinteilung str:

1. R: 3 M rechts in Sand, *1 M rechts in Rosa, 1 M rechts in Sand*, von * bis * 69x (76x/85x/92x/101x) str, 1 M in Rosa, 3 M in Sand str.

2. R: Alle M links in der gleichen Fb-Einteilung str.

Diese 2 R insgesamt 6x str = 12 R, Faden in Sand abschneiden.

Anschließend die M in Rosa italienisch abketten (siehe Erklärung im Grundlagenteil auf Seite 20), dafür 2 Vorbereitungs-R wie folgt str:

1. R: 1 M rechts, *1 M rechts, 1 M links abh, mit dem Faden vor der Arbeit*, von * bis * fortlaufend wdh, 2 M rechts.

2. R: 1 M links, *1 M links abh mit dem Faden hinter der Arbeit, 1 M links*, von * bis * fortlaufend wdh, 1 M links.

M italienisch abketten.

ÄRMEL

Die stillgelegten 42 (48/50/54/54) Ärmel-M wieder auf eine Nadel legen und direkt aus dem Achselrand des Körperteils 6 (6/6/10/10) M auffassen (mittig davon einen MM zur Rd-Bezeichnung setzen) und die Arbeit zur Rd schließen, dabei das Muster folgerichtig weiterführen [= 48 (54/56/64/64 M].

Für die Ärmelschrägung werden folgendermaßen Abn gestrickt:

Ab Ärmelmitte (MM): 1 M rechts, 2 M rechts zusstr, alle Ärmel-M bis zu den letzten 3 M der Rd str, 2 M rechts überzogen zusammen str, 1 M rechts = 2 M abgenommen pro Rd.

Diese Abn werden nun wie folgt gestrickt:

TIPP

Aus den Ecken des Achselrandes jeweils 1 M zusätzlich aufnehmen. Dies verhindert unschöne Löcher. Diese M wird in der nächsten Rd mit der M davor bzw. danach rechts zusammen gestrickt.

Größe S:

10x in jeder 5. Rd (28 M).

Größe M/L:

8x in jeder 4. Rd + 3x in jeder 6. Rd (32/34 M).

Größe XL/XXL:

10x in jeder 4. Rd + 2x in jeder 5. Rd (44 M).

BÜNDCHEN

In der folgenden Mustereinteilung str:

1. R: 3 M rechts in Sand, *1 M rechts in Rosa, 1 M rechts in Sand*, von * bis * 69x (76x/85x/92x/101x) str, 1 M in Rosa, 3 M in Sand str.

2. R: Alle M links in der gleichen Fb-Einteilung str.

Diese 2 R insgesamt 7x str = 14 R

Alle M im Muster rechts abketten.

KNOPFLOCHBLENDE

Aus dem **linken** Vorderteil 99 (104/109/113/117) M in Rosa aufnehmen.

Eine RR links str: RM in Rosa, *1 M in Sand, 1 M in Rosa*, von * bis * 48x (51x/53x/55x/57x) str, 1 M in Sand, RM in Rosa.

1.–8. R: Die M glatt rechts in dem Muster str, anschließend alle M im Muster rechts abketten.

Aus dem **rechten** Vorderteil 101 (105/109/113/117) M in Rosa aufnehmen.

Eine RR links str: RM in Rosa, *1 M in Sand, 1 M in Rosa*, von * bis * 49x (51x/53x/55x/57x) str, 1 M in Sand, RM in Rosa.

1.–4. R: Die M glatt rechts in dem Muster str.

5. R: Hier werden 5 Knopflöcher eingearbeitet:

RM, 4 M im Muster, *4 M im Muster abketten (1. Knopfloch), 18 (19/20/21/22) M im Muster str*, von * bis * noch 3x str, 4 M im Muster abketten (5. Knopfloch), 3 M im Muster str, RM.

6. R: Die M im Muster str, über den Knopflöchern jeweils 4 M mit beiden Arbeitsfäden neu anschlagen.

7.–8. R: Die M glatt rechts in dem Muster str, anschließend alle M im Muster rechts abketten.

FERTIGSTELLUNG

Die 5 Knöpfe am linken VT annähen.

Alle Fäden sorgfältig vernähen, den Cardigan gemäß den Herstellerangaben waschen, in Form zupfen und liegend trocknen lassen.

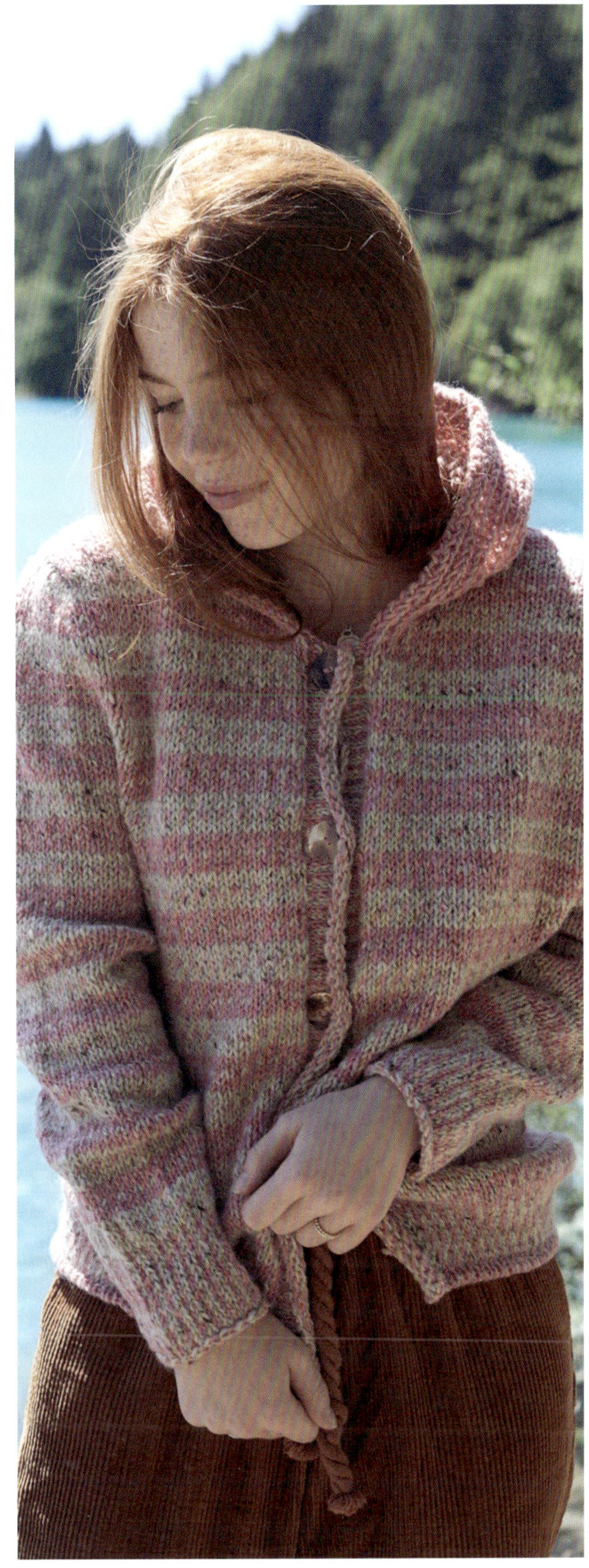

STRICKSCHRIFT

				10
				9
				8
				7
				6
				5
				4
				3
				2
				1
4	3	2	1	

Die Strickschrift wird gemäß den Angaben in der Anleitung gestrickt und fortlaufend in der Höhe wiederholt.

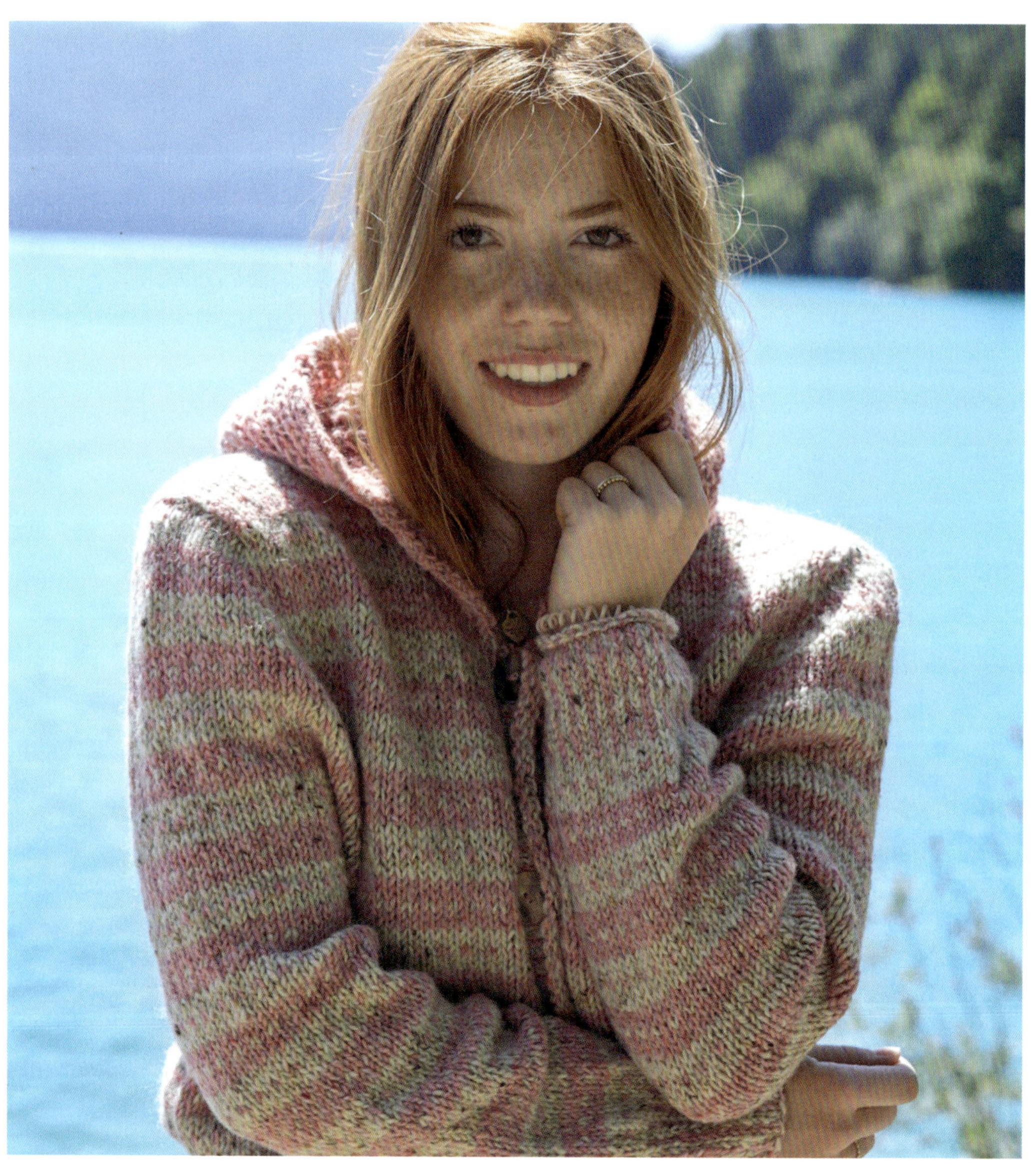

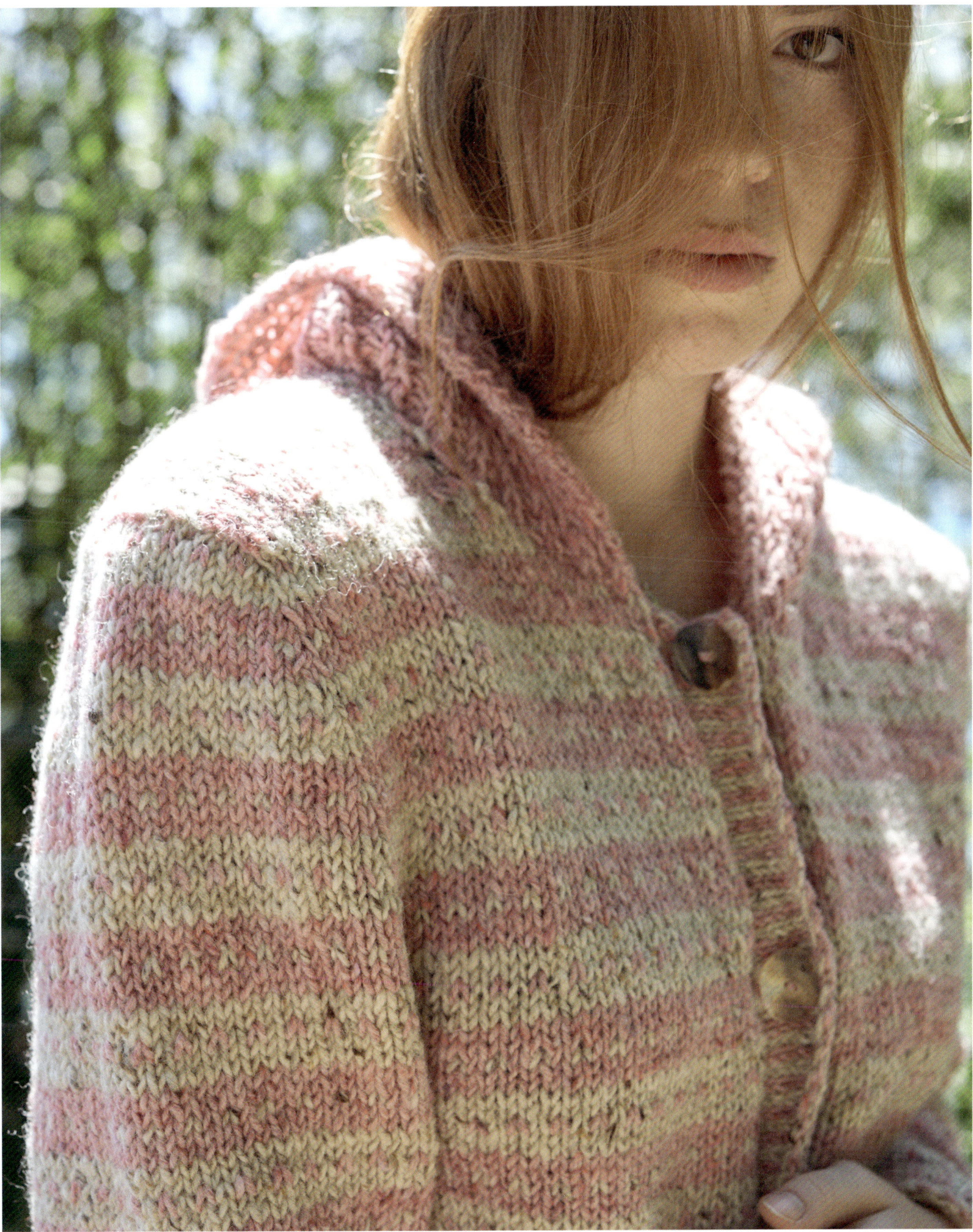

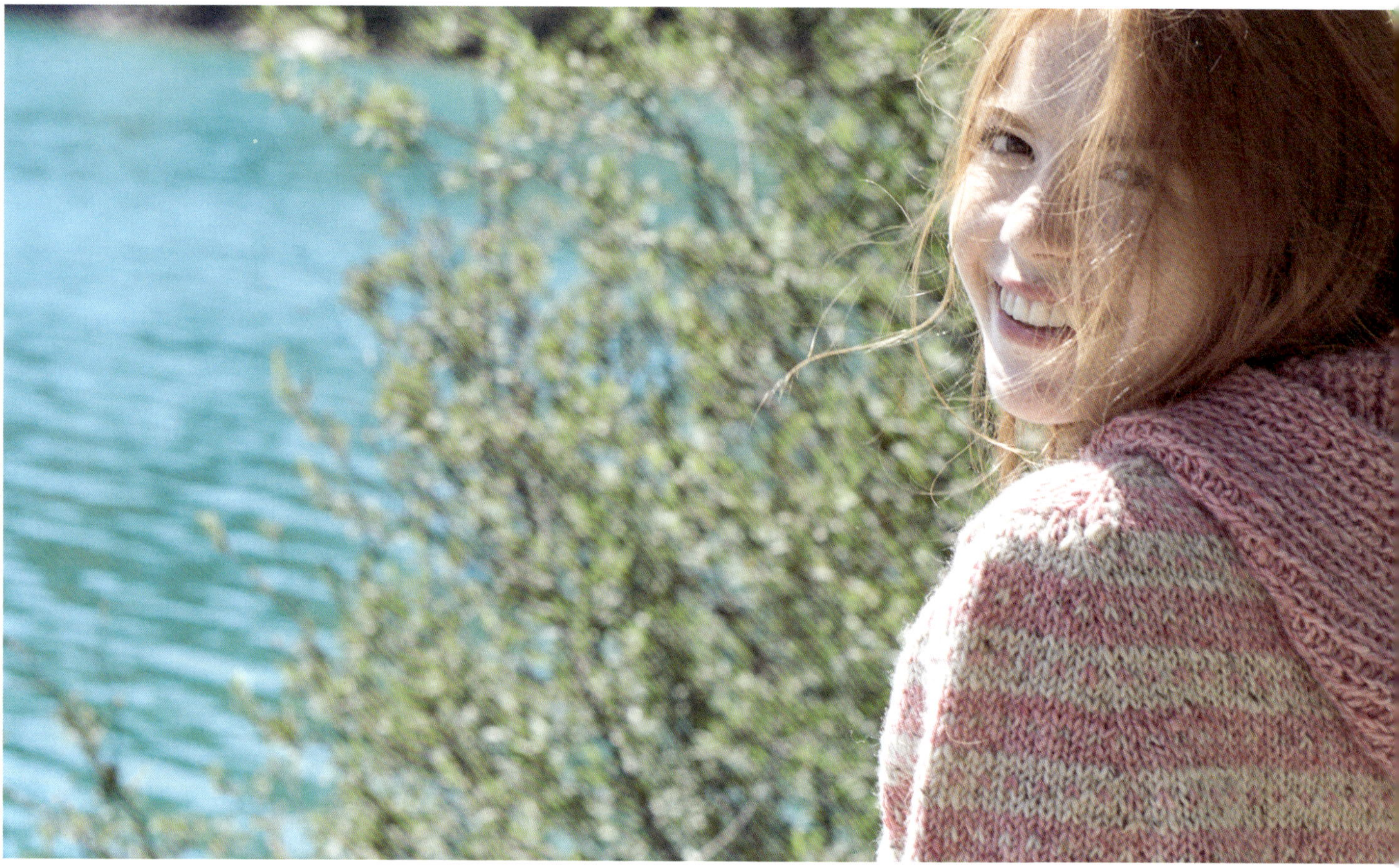

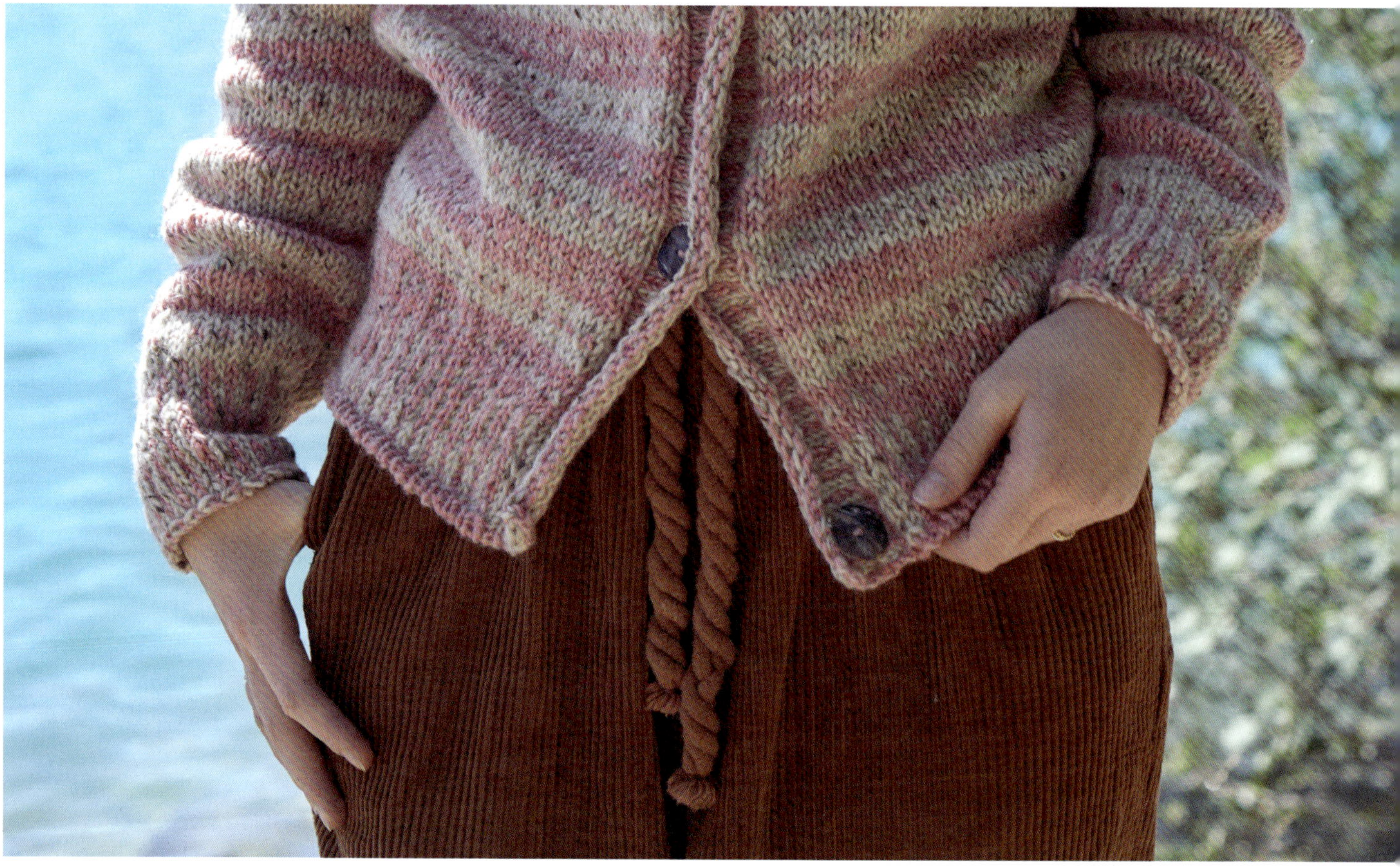

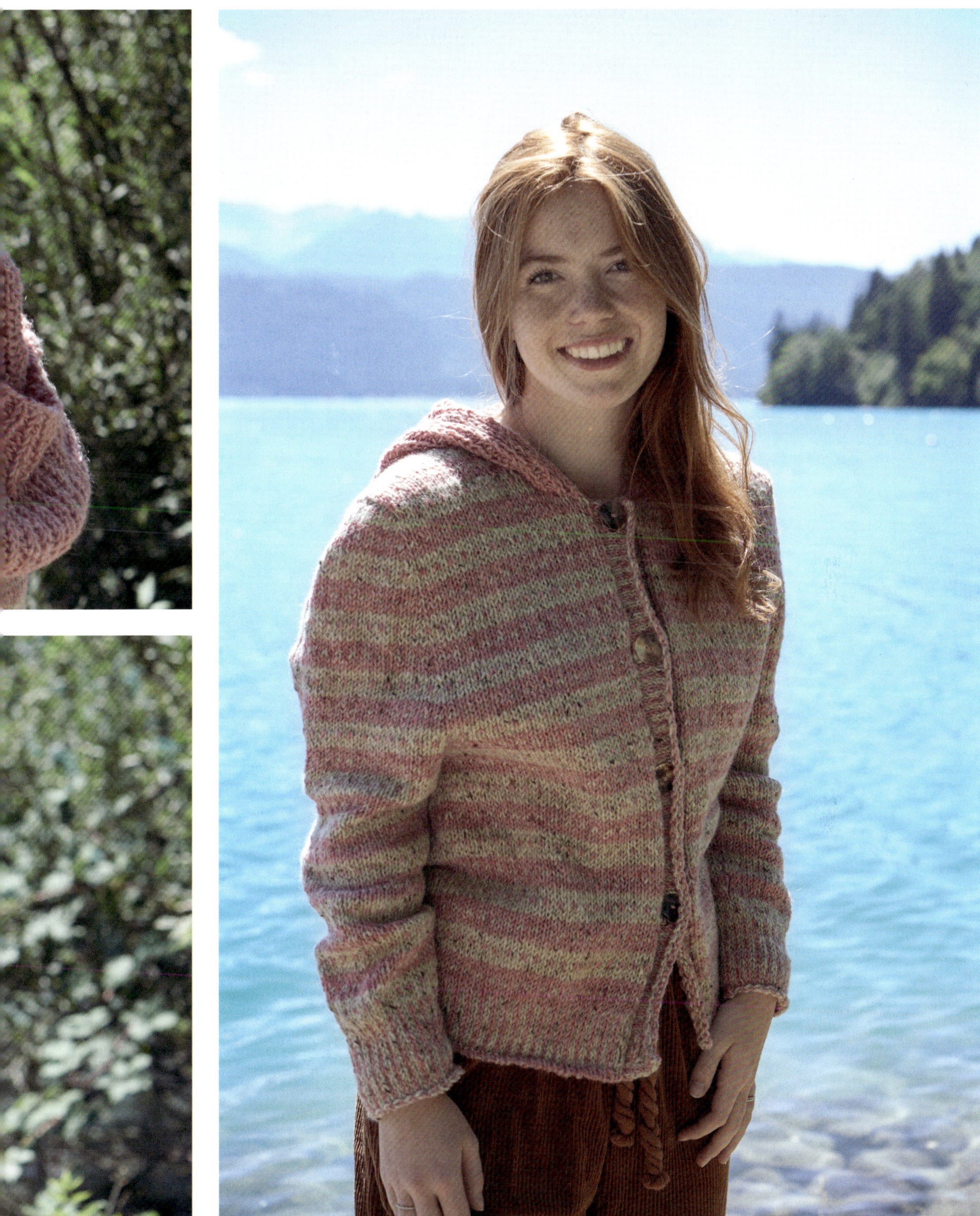

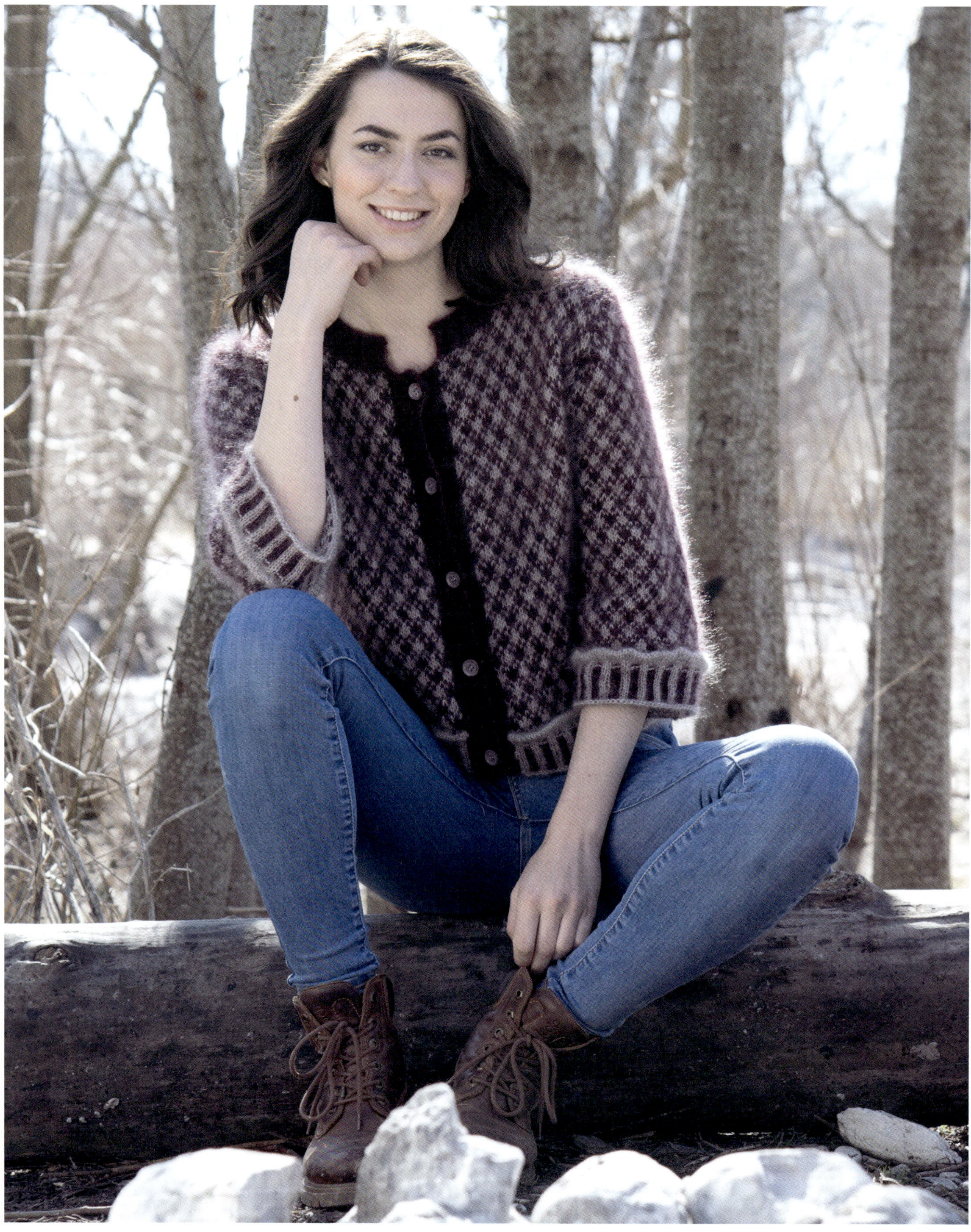

CHARA

Kurze Jacke

◆◆◆

GRÖSSEN

S (M/L/XL)

Brustweite

90 (100/110/120) cm

Unterarmlänge

28 cm

Gesamtlänge

53 cm

MATERIAL

- Lang Yarns Mohair Luxe (77 % Mohair, 23 % Seide, LL 175 m/25 g) in Bordeaux (Fb 0180), 75 (100/125/150) g, und in Stein (Fb 0096), 75 (100/125/150) g
- Merino 400 Lace in Bordeaux (Fb 0066), 75 (100/125/150) g, und in Stein (Fb 0096), 75 (100/125/150) g
- 5 Knöpfe in Steingrau Ø 17/18 mm
- Rundstricknadeln in verschiedenen Längen, Nadelstärke 4,5 mm
- Maschenmarkierer
- Vernähnadel
- Schere

MASCHENPROBE

Im Muster: 22 M x 24/25 R = 10 x 10 cm

MUSTER

Grundmuster

Glatt rechts in der angegebenen Strickschrift und Musterfolge.

Bundmuster für Kragen und Knopflochblende

1. R: *2 M rechts, 2 M links*, von * bis * fortlaufend wdh.

2. R: Die M str, wie sie erscheinen.

Diese 2 R gemäß der Anleitung wdh.

Bundmuster für Körper und Ärmel

1. R: *2 M rechts in Stein, 2 M links in Bordeaux *, von * bis * fortlaufend wdh.

2. R: Die M und Fb str, wie sie erscheinen.

Diese 2 R gemäß der Anleitung wdh.

Zunahmen

Bebilderte Erklärung im Grundlagenteil Seite 15.

SO GEHT'S:

Es wird jeweils 1 Faden Mohair Luxe mit einem Faden Merino 400 Lace in der gleichen Fb verstrickt.

RÜCKTEIL

RECHTE SCHULTER

20 (26/32/38) M in Stein anschlagen.

1. + 2. R: RM in Stein, 3x(4x/5x/6x) den Mustersatz à 6 M str, RM in Stein.

3. R: RM in Stein, 3x (4x/5x/6x) den Mustersatz à 6 M str, 1 Zun in Muster, RM in Stein [= 21 (27/33/39) M].

4. R: Eine RR str, das Muster gemäß der Strickschrift str.

5. R: RM in Stein, 3x (4x/5x/6x) den Mustersatz à 6 M str, 1. + 2. M des Mustersatzes, 2 M anschlagen [= 23 (29/35/41) M].

6. R: Eine RR str, das Muster gemäß der Strickschrift str.

7. R: RM in Stein, 3x (4x/5x/6x) den Mustersatz à 6 M str, 1. + 4. M des Mustersatzes, 40 M anschlagen [= 63 (69/75/81) M].

Die M stilllegen.

LINKE SCHULTER

Gegengleich zur rechten Schulter str, jedoch nur bis zur 6. R [= 23 (29/35/41) M].

In der 8. R die M der beiden Schulterhalftern zusammenstr [= 86 (98/110/122) M].

Weiter gerade herunter den Mustersatz 3,5x (4x/4,5x/5x) in der Höhe str = 28 (32/36/40) R.

ZUNAHMEN FÜR DIE ACHSELBEUGE

1. R: RM, 1 Zun, 14x (16x/18x/20x) den Mustersatz, 1 Zun, RM [= 88 (100/112/124) M].

2. R: M mustergemäß str.

3. R: RM, 1 Zun, 6. M des Mustersatzes, 14x (16x/18x/20x) den Mustersatz, 1. M des Mustersatzes, 1 Zun, RM [= 90 (102/114/126) M].

4. R: M mustergemäß str.

5. R: RM, 1 Zun, 5.–6. M des Mustersatzes, 14x (16x/18x/20x) den Mustersatz,1 .–2. M des Mustersatzes, 1 Zun, RM [= 92 (104/116/128) M].

6. R: M mustergemäß str.

7. R: 3 M extra anschlagen, 4.–6. M des Mustersatzes, 14x (16x/18x/20x) den Mustersatz, 1.–4. M des Mustersatzes, 3 M extra anschlagen [= 98 (110/122/134) M].

8. R: M mustergemäß str.

M des RT stilllegen.

VORDERTEILE ANSTRICKEN

RECHTES VORDERTEIL

Aus der rechten Schulterkante in Stein 20 (26/32/38) M aufnehmen, exakt in der gleichen Mustereinteilung des RTs str.

An der linken Kante in jeder 2. R (HR) 3 x 1 M, 2 x 2 M, 1x 3 M, 1 x 4 M, 1x 9 M [= 43 (49/55/61) M].

Weitere 20 (24/28/32) R im Muster str.

Nun in der gleichen Höhe wie an dem RT die Zun für die Achselbeuge str [= 49 (55/61/67) M].

LINKES VORDERTEIL

Aus der linken Schulterkante in Stein 20 (26/32/38) M aufnehmen, exakt in der gleichen Mustereinteilung des RT str und gegengleich zum rechten VT str.

ZUSAMMENFÜGEN VON RÜCKTEIL UND VORDERTEILEN

In der nächsten R die 49 (55/61/67) M des linken VT mustergemäß str, 4 Achsel-M anschlagen, die nächsten 98 (110/122/134) M des RT mustergemäß str, 4 Achsel-M anschlagen, die 49 (55/61/67) M des rechten VT mustergemäß str [= 204 (228/252/276) M].

Die RM vor und nach den Achsel-M werden in das Muster eingefügt und bilden mit den Achsel-M 1 kompletten Mustersatz.

Weitere 23 cm im Muster str, enden mit einer 8. R des Mustersatzes.

BIESE

6 R in Stein glatt rechts str.

In der nächsten R jeweils 1 M mit dem gleichen M-Glied 6 R unterhalb zusstr.

1 RR in Stein links str.

BUND

1.–10. R: RM in Stein, *2 M rechts in Stein, 2 M links in Bordeaux*, von * bis * 50x (56x/62x/68x) str, 2 M rechts in Stein, RM in Stein.

Anschließend alle M rechts in Stein abketten.

ÄRMEL

Aus dem Armloch, beginnend in der Mitte der Achselkante des Körpers, 84 (90/96/102) M in Bordeaux aufn.

1. R: 37 (40/43/46) M, ohne zu str, auf einem extra Seil stilllegen, 9 M im Muster str (1x den Mustersatz, 1x 1.–3. M des Mustersatzes) 38 (41/44/47) M, ohne zu str, auf einem extra Seil stilllegen. Arbeit wenden.

2. R: Wende-M, 8 M im Muster str, 2 M von den stillgelegten M im Muster dazustr [= 11 M].

3. R: Wende-M, 10 M im Muster str, 2 M von den stillgelegten M im Muster dazustr [= 13 M].

Die 2. + 3 R noch 16x (17x/19x/29x) sinngemäß wdh, die seitlichen Zun jeweils in das Muster integrieren.

Die 2. + 3. R sinngemäß wdh, jedoch nur jeweils 3x (4x/3x/4x) 1 M dazu str, es verbleibt 1 M, diese in der letzten R in mit in das Muster einfügen [= 84 (90/96/102) M].

Die Arbeit in Rd weiterführen und insgesamt 20 cm str, enden mit einer 8. M des Mustersatzes.

BIESE

6 R in Stein glatt rechts str.

In der nächsten R jeweils 1 M mit dem gleichen M-Glied 6 R unterhalb zusstr.

1 RR in Stein links str, hier gleichmäßig verteilt 10 (8/10/8) M abnehmen (2 M links zusstr) [= 74 (82/86/94) M].

KNOPFLOCHBLENDE

BLENDE RECHTES VORDERTEIL

Mit Bordeaux aus der Kante des rechten VT 92 M auffassen.

1. RR str: RM links, *2 M links, 2 M rechts*, von * bis * 22x str, 2 M links, RM.

2.–5. R: Alle M str, wie sie erscheinen.

6. R: RM rechts, 5 M mustergemäß str, für das 1. Knopfloch 2 M ohne zu str, abketten, diese 2 M direkt wieder anschlagen, *18 M mustergemäß str, Knopfloch*, von * bis * 4x str, 5 M mustergemäß str, RM rechts.

7.–9 R: Alle M str, wie sie erscheinen. Die M über den Knopflöchern wieder in das Muster einfügen.

Alle M rechts abketten.

BLENDE LINKES VORDERTEIL

Gegengleich zur rechten Seite, jedoch ohne Knopflöcher str.

KRAGEN

120 M in Bordeaux aus dem Kragenrand auffassen (31 M pro VT/58 M für das RT), die Knopflochblende aussparen.

1. R: RM links, *2 M links, 2 M rechts*, von * bis * 29 x str, 2 M links, RM links.

2.–9. R: Alle M str, wie sie erscheinen.

Alle M rechts abketten.

FERTIGSTELLEN

Fäden sorgfältig vernähen. Knöpfe annähen. Den Cardigan unter feuchten Tüchern trocknen lassen.

BUND

1.–10. Rd: *2 M rechts in Stein , 2 M links in Bordeaux*, von * bis * 18x (20x/21x/23x) str, 2 M rechts in Stein.

Anschließend alle M rechts in Stein abketten.

STRICKSCHRIFT

□	■	□	■	□	■	8
■	□	■	□	■	□	7
□	□	□	■	■	■	6
□	□	□	■	■	■	5
■	□	■	□	■	□	4
□	■	□	■	□	■	3
■	■	■	□	□	□	2
■	■	■	□	□	□	1
6	5	4	3	2	1	

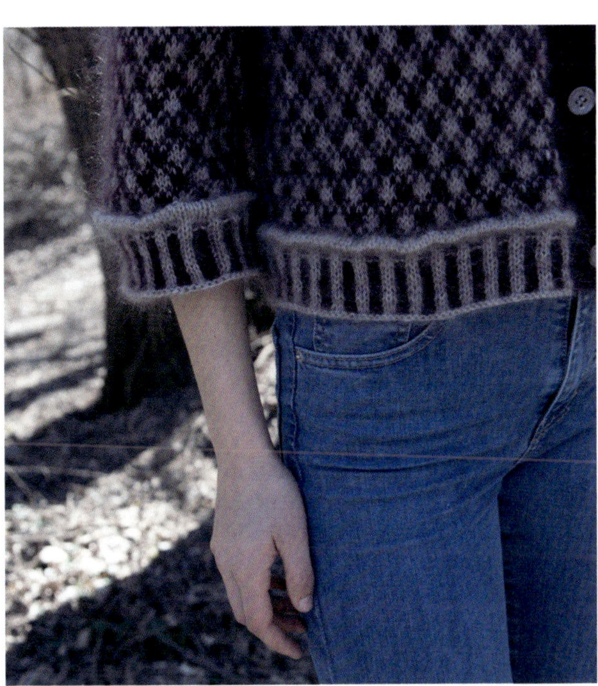

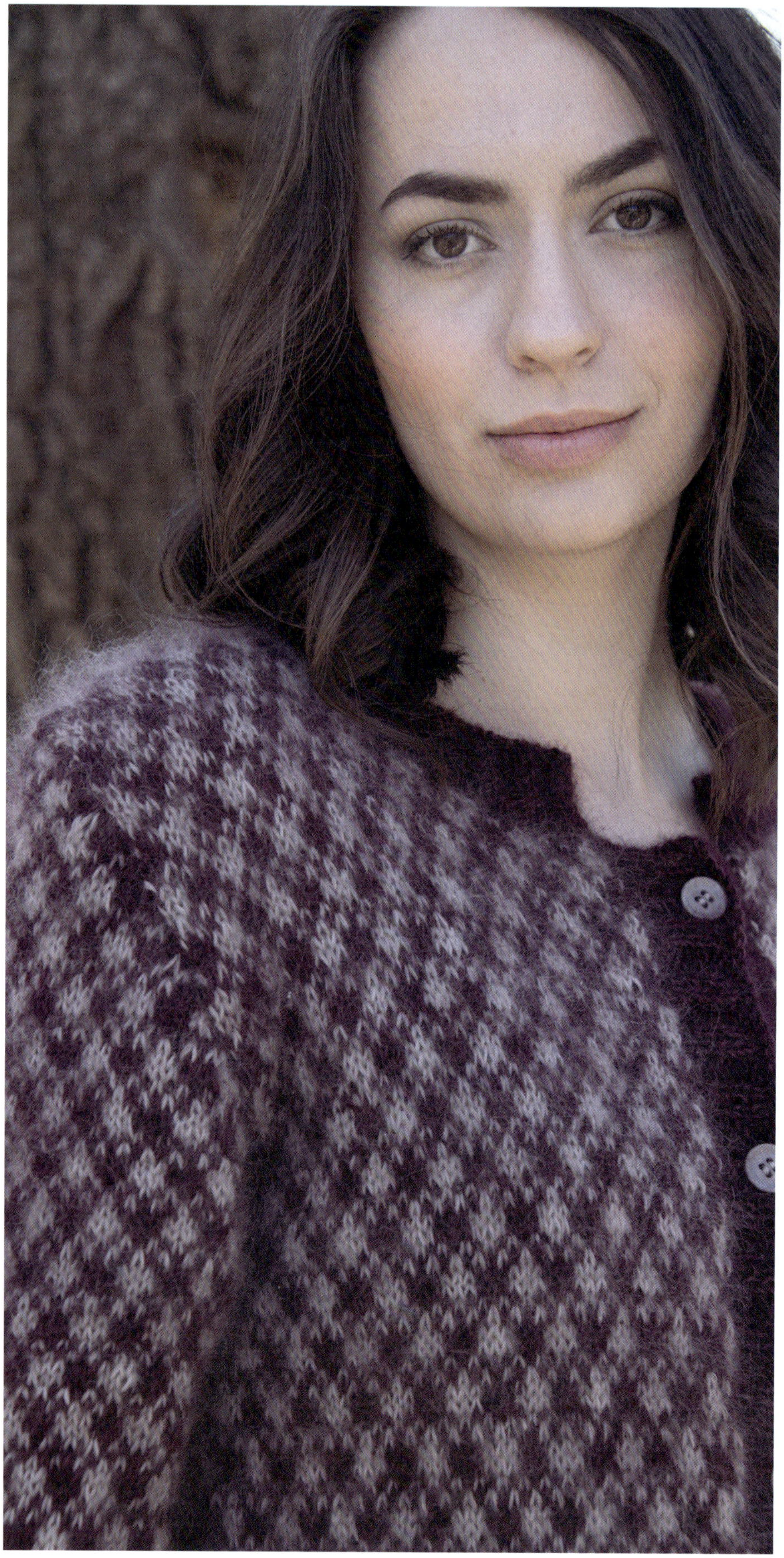

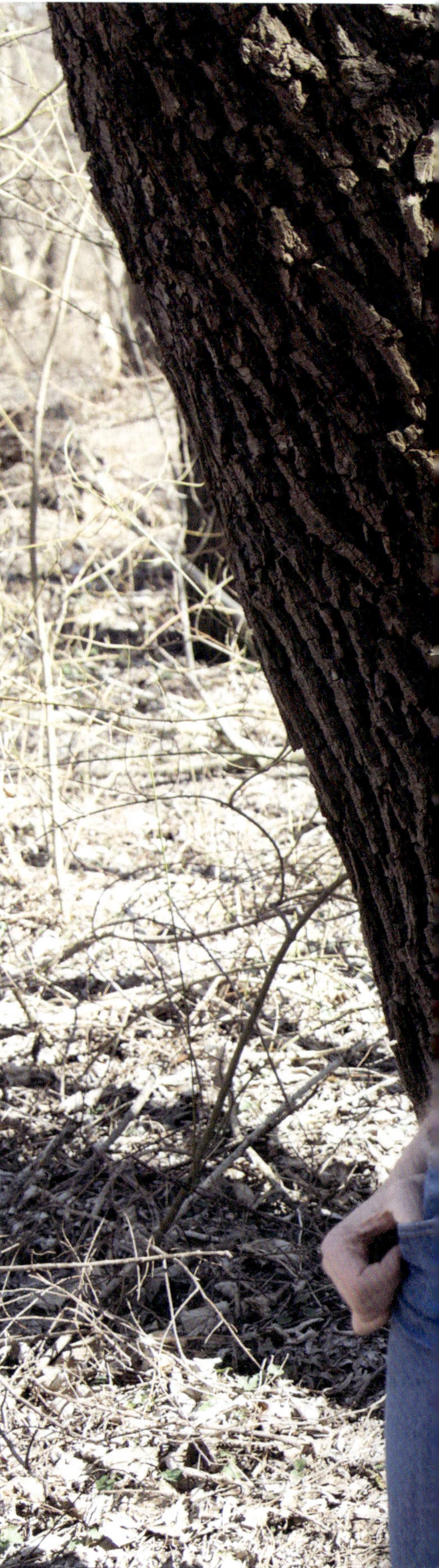

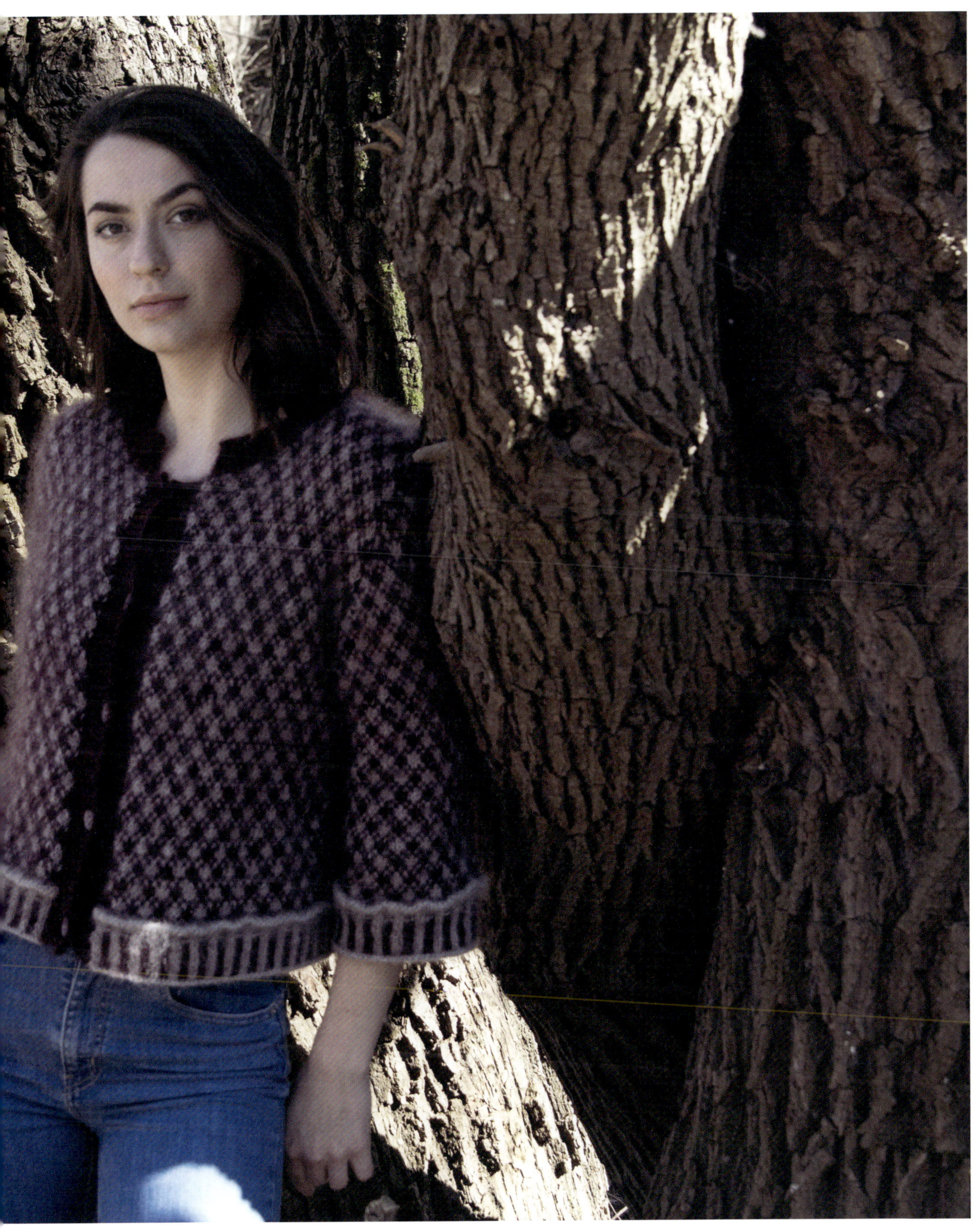

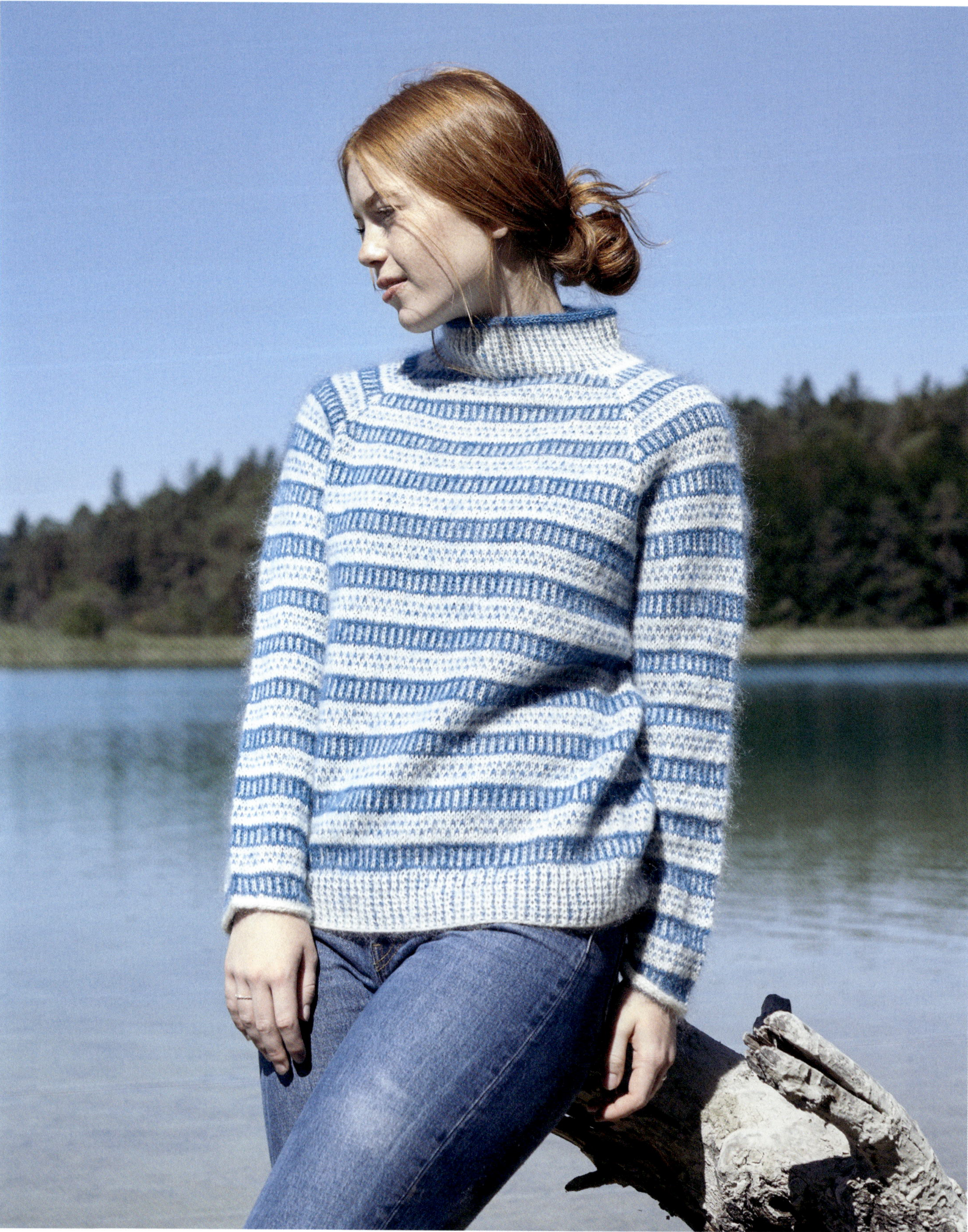

KENDRA

Sweatshirt mit lang gezogenem Raglan

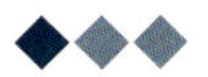

GRÖSSEN

S (M/L/XL)

Brustumfang

100 (110/120//130) cm (Oberweite plus Komfortweite von + 10 cm)

Unterarmlänge

35 cm

Gesamtlänge

62 cm

MATERIAL

- Lang Yarns Mohair Luxe (77 % Mohair, 23 % Seide, LL 175 m/25 g) in Petrol (Fb 0188), 75 (100/125/150) g, in Offwhite (Fb 0094), 75 (100/125/150) g
- Merino 400 Lace (100 % Schurwolle, Merino extrafine, LL 200 m/25 g) in Petrol (Fb 0088), 75 (100/125/150) g, in Offwhite (Fb 0094), 75 (100/125/150) g
- Rundstricknadeln in verschiedenen Längen, Nadelstärke 4,0 mm und 4,5 mm
- Evtl. ein Nadelspiel für die Ärmelbündchen
- Baumwollgarn für den provisorischen M-Anschlag
- Maschenmarkierer
- Vernähnadel
- Schere

MASCHENPROBE

Im Muster mit NS 4,5 mm: 24 M x 23 R = 10 x 10 cm

MUSTER

Grundmuster

Glatt rechts in der angegebenen Strickschrift und Musterfolge.

Es ist ein Mustersatz von 4 M und 13 R gezeichnet, dieser wird fortlaufend, wie in der Anleitung beschrieben, wiederholt.

Bundmuster

1. Rd: *1 M rechts in Weiß, 1 M links in Petrol*, von * bis * fortlaufend wdh.

2. Rd: *1 M rechts in Weiß, 1 M links in Weiß*, von * bis * fortlaufend wdh.

Raglanmaschen

1 M rechts in der 1.–7. Rd und in der 9.–12. Rd, 1 M Petrol in der 8. und 13. Rd.

Verkürzte Reihen

Bebilderte Erklärung im Grundlagenteil auf Seite 19.

Zunahmen

Bebilderte Erklärung im Grundlagenteil auf Seite 15.

SO GEHT'S:

Kendra wird top down mit einem langen Raglan gestrickt.

Es wird jeweils 1 Faden Mohair Petrol mit 1 Faden Merino 400 Petrol und 1 Faden Mohair Offwhite mit 1 Faden Merino 400 Offwhite verstrickt.

TIPP

Vor Beginn jeweils die Fäden Mohair und Merino, die dieselbe Farbe haben, in ein Knäuel zusammenwickeln.

KRAGEN

Der Anschlag erfolgt mit einem provisorischen M-Anschlag:

Mit einem separaten Faden und der Häkelnadel eine Luftmaschenkette von 118 Luftmaschen anschlagen, Faden durch die letzte Luftmasche ziehen und abschneiden.

Die Luftmaschenkette auf die Rückseite drehen, es sind „kleine Hügel" sichtbar. Mit der Stricknadel in Petrol 108 M aufnehmen:

5 Luftmaschen frei lassen, in den nächsten Luftmaschenhügel stechen und 1 M herausstr. Weitere 107 M in dieser Weise aufnehmen, 5 Luftmaschen hängen lassen und die Arbeit zur Rd schließen, zur Rd-Bezeichnung einen MM setzen (Mitte RT).

18 Rd im Bundmuster str. In der letzten Rd die M für VT/RT und die Ärmel wie folgt einteilen:

Ab Rd-Bezeichnung:

20 M für die erste Hälfte des RT, MM setzen, 1 RgM, MM setzen, 12 M für den rechten Ärmel, MM setzen, 1 RgM, MM setzen, 40 M für das VT, MM setzen, 1 RgM, MM setzen, 12 M für den linken Ärmel, MM setzen, 1 RgM, MM setzen, 20 M für die zweite Hälfte des RT.

Arbeitsfaden in Petrol abschneiden.

FORMUNG DES HINTEREN HALSAUSSCHNITTES MIT VERKÜRZTEN REIHEN

Diese Partie wird in Weiß gestrickt, die MM jeweils an der entsprechenden Stelle umsetzen. Den MM zur Rd-Bezeichnung im RT entfernen.

1. R: 20 M rechts str, 1 M rechts verschr aus dem Querfaden (QF) zun, 1 RgM, 1 M rechts verschr aus dem QF zun, 12 M rechts, 1 M rechts verschr aus dem QF zun, 1 RgM, 1 M rechts verschr aus dem QF zun, 1 M rechts, Arbeit wenden.

2. R: Wende-M, 1 M links, 1 RgM links, 14 M links, 1 RgM links, 41 M links, 1 M links verschr aus dem QF zun, 1 RgM links, 1 M links verschr aus dem QF zun, 12 M links, 1 M links verschr aus dem QF zun, 1 RgM links, 1 M links verschr aus dem QF zun, 1 M links, Arbeit wenden.

3. R: Wende-M, 1 M rechts, 1 RgM rechts, 14 M rechts, 1 RgM rechts, 42 M rechts, 1 M rechts verschr aus dem QF zun, 1 RgM, 1 M rechts verschr aus dem QF zun, 14 M rechts, 1 M rechts verschr aus dem QF zun, 1 RgM rechts, 1 M rechts verschr aus dem QF zun, 4 M rechts, Arbeit wenden.

4. R: Wende-M, 4 M links, 1 RgM links, 16 M links, 1 RgM links, 43 M links, 1 M links aus dem QF zun, 1 RgM, 1 M links aus dem QF zun, 14 M links, 1 M links verschr aus dem QF zun, 1 RgM links, 1 M links verschr aus dem QF zun, 4 M links str, Arbeit wenden.

5. R: Wende-M, 4 M rechts, 1 RgM rechts, 16 M rechts, 1 RgM rechts, 44 M rechts, 1 RgM rechts, 16 M rechts, 1 RgM.

An dieser Stelle einen andersfarbigen MM setzen: neuer Rd-Beginn VT rechter Raglan.

RAGLANSCHRÄGEN UND BEGINN DES GRUNDMUSTERS

Die Zun für die Raglanschrägen werden jeweils in der Fb des Musters gestrickt, nach den RgM wird der Mustersatz von links nach rechts, vor den RgM von rechts nach links gelesen.

1. R (8. R der Strickschrift) in Petrol: 1 RgM, 1 Zun = 2. M des Mustersatzes, 1x die 3. + 4. M des Mustersatzes, 10x den Mustersatz à 4 M, 1x die 1. + 2. M des Mustersatzes, 1 Zun = 3. M des Mustersatzes, 1 RgM, 1 Zun = 2. M des Mustersatzes, 1x die 3. + 4. M des Mustersatzes, 3x den Mustersatz, 1x die 1. + 2. M des Mustersatzes, 1 Zun = 3. M des Mustersatzes, 1 RgM, 1 Zun = 2. M des Mustersatzes, 1x die 3. + 4. M des Mustersatzes, 10x den Mustersatz à 4 M, 1x die 1. + 2. M des Mustersatzes, 1 Zun = 3. M des Mustersatzes, 1 RgM, 1 Zun = 2. M des Mustersatzes, 1x die 3. + 4. M des Mustersatzes, 3x den Mustersatz, 1x die 1. + 2. M des Mustersatzes, 1 Zun = 3. M des Mustersatzes [= 132 M].

Nun wird gemäß der Strickschrift das Muster weitergeführt, die Raglanzunahmen werden noch 37x (41x/45x/49x) für VT und RT, 33x (37x/41x/45x) für die Ärmel in jeder 2. Rd gestrickt. Somit sind nach den Raglanzunahmen jeweils komplette Mustersatz vor bzw. nach den RgM [pro VT/RT = 120 (128/136/144) M, pro Ärmel = 84 (92/100/108) M].

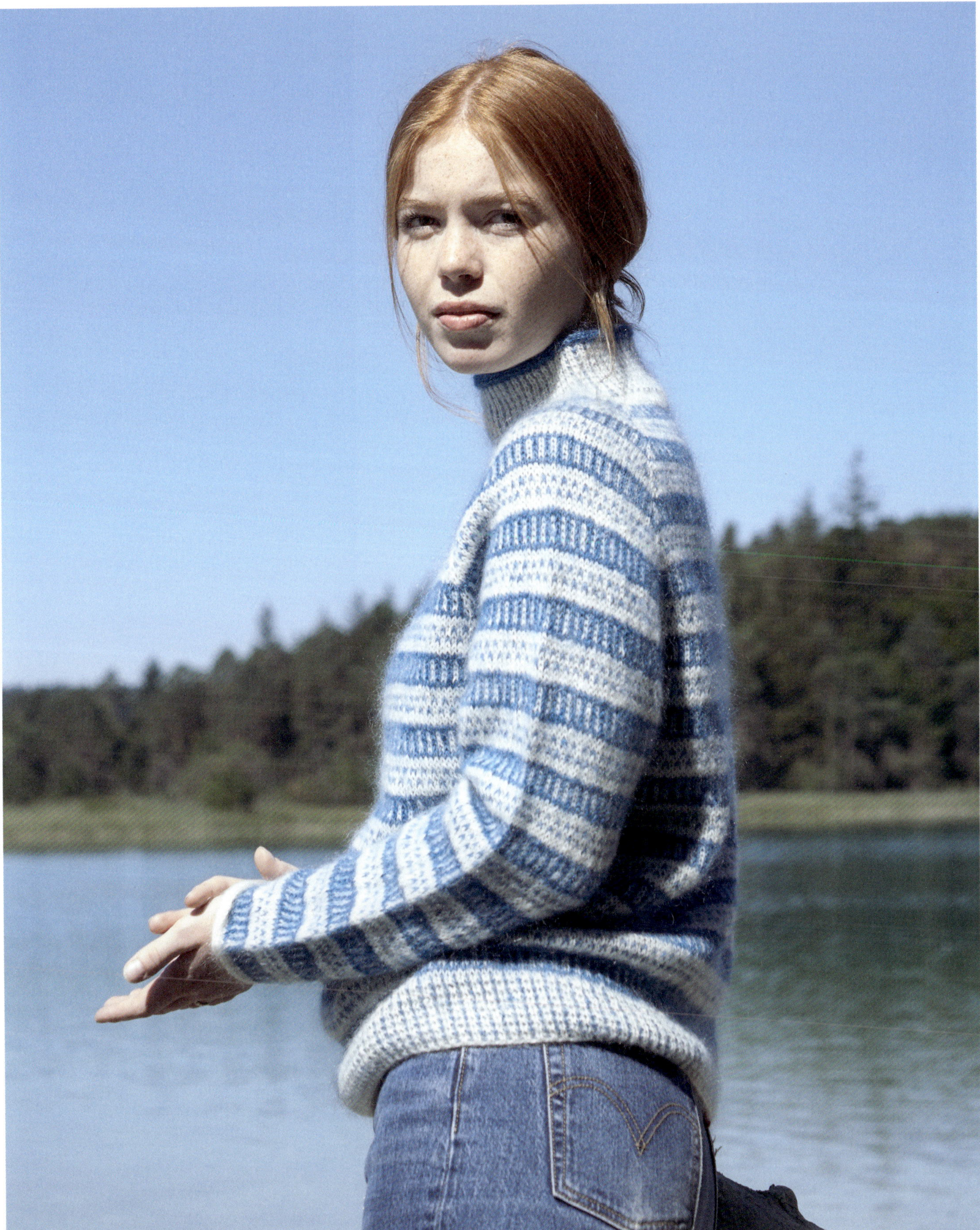

ÄRMEL VOM KÖRPER TRENNEN

Weiterhin im Grundmuster str, 1. M abh, 118 (126/134/142) M für das VT str, 1 M rechts mit der RgM rechts überzogen zusstr, die 84 (92/100/108) M für den linken Ärmel stilllegen (Muster-R der Strickschrift notieren), 4 (4/8/12) Achsel-M mit den 2 Arbeitsfäden neu anschlagen, 1 RgM mit der nächsten rechten M des RT rechts zusstr, 118 (126/134/142) M für das RT str, 1 M rechts mit der RgM rechts überzogen zusstr, 84 (92/100/108) M für den rechten Ärmel stilllegen, 4 (4/8/12) Achsel-M mit den 2 Arbeitsfäden neu anschlagen (hierbei nach der 2. M einen MM zur neuen Rd-Bezeichnung setzen), 1 RgM mit der 1. M des VT rechts zusstr [= 248 (264/288/312) M].

Die Achsel-M ergeben 1 (1/2/3) Mustersätze und werden in die gleiche Rd des Grundmusters eingefügt.

Weiter im Grundmuster str, bis insgesamt ca. 55 cm (gemessen im RT ohne Kragen) = 1x die 8.–13. R und 10x der komplette Mustersatz der Strickschrift in der Höhe erreicht ist. In der letzten Rd werden gleichmäßig verteilt 24 M abgenommen (je 2 M rechts überzogen zusstr) [= 224 (240/264/288) M].

BÜNDCHEN

Mit NS 4,0 mm 15 Rd im Bundmuster str, anschließend alle M rechts in Offwhite abketten.

ÄRMEL

Die stillgelegten 84 (92/100/108) Ärmel-M wieder auf eine Nadel legen und direkt aus den Achsel-M des Körpers 4 (4/8/12) M aufnehmen, mittig davon einen MM zur Rd-Bezeichnung setzen, zur Rd schließen und im Grundmuster folgerichtig zu Ende str, 7. R (2. R/10. R/5. R) der Strickschrift [= 88 (96/108/120) M].

Anschließend weitere 35 cm im Grundmuster str, dabei Abn für die Ärmelschräge in den angegebenen R des Mustersatzes arb:

Größe S

12 Abn jeweils in der 6. und 12. R.

Größe M

15 Abn jeweils in der 2., 7. und 12. R.

Größe L

18 Abn jeweils in der 2., 7. und 12. R.

Größe XL

20 Abn jeweils in der 2., 7. und 13. R.

Abn-Rd ab Rd-Bezeichnung wie folgt str: MM umsetzen, 2 M rechts, 2 M rechts zusstr, alle M der Rd bis zu den letzten 4 M vor der Rd-Bezeichnung str, 2 M rechts überzogen zusstr, 2 M rechts = insgesamt 24 (30/36/40) Abn [= 64 (66/72/80) M].

Hier können Sie die Ärmel auch individuell anpassen, die letzte Rd sollte entweder die 7. oder die 13. R der Strickschrift sein.

1 Rd in Offwhite rechts str und gleichmäßig verteilt 8 M (2 M rechts verschr zusstr) abnehmen [= 56 (58/64/72) M].

Nun alle M mit einem I-Cord in Offwhite oder wahlweise in Petrol abketten (siehe Erklärung im Grundlagenteil Seite 22).

ABSCHLUSS DES KRAGENS

Die Häkelnaht des provisorischen Anschlags eine M nach der anderen lösen und die M auf eine Rundstricknadel in passender Länge legen. Nun mit Petrol einen I-Cord-Abschlussrand str.

FERTIGSTELLUNG

Alle Fäden sorgfältig vernähen. Den Pullover glatt auf den Boden legen, in Form zupfen und unter feuchten Tüchern trocknen lassen.

STRICKSCHRIFT

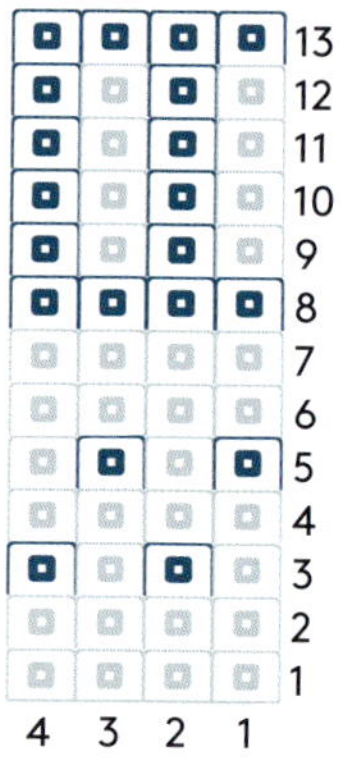

■	■	■	■	13
■	□	■	□	12
■	□	■	□	11
■	□	■	□	10
■	□	■	□	9
■	■	■	■	8
□	□	□	□	7
□	□	□	□	6
□	■	□	■	5
□	□	□	□	4
■	□	■	□	3
□	□	□	□	2
□	□	□	□	1
4	3	2	1	

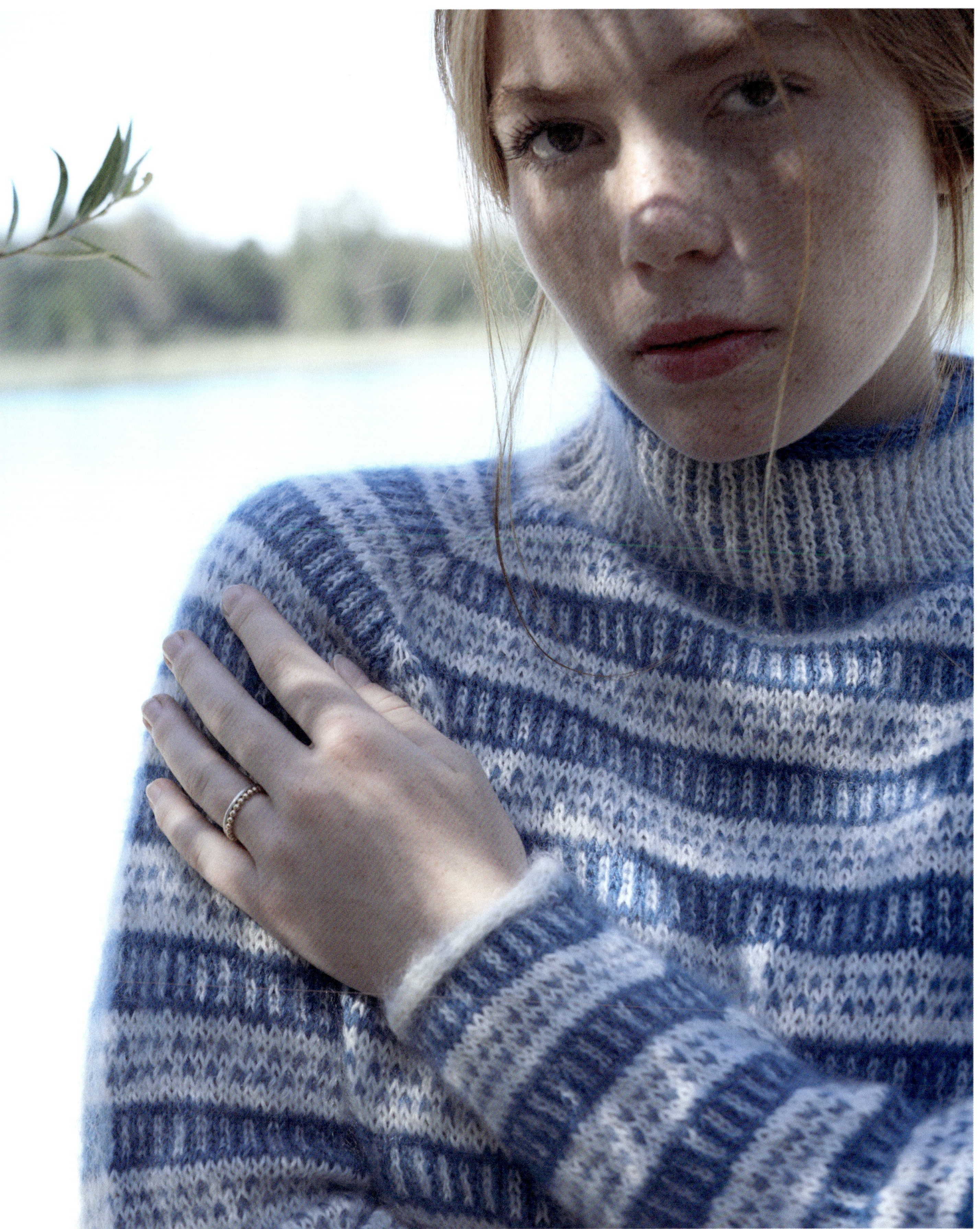

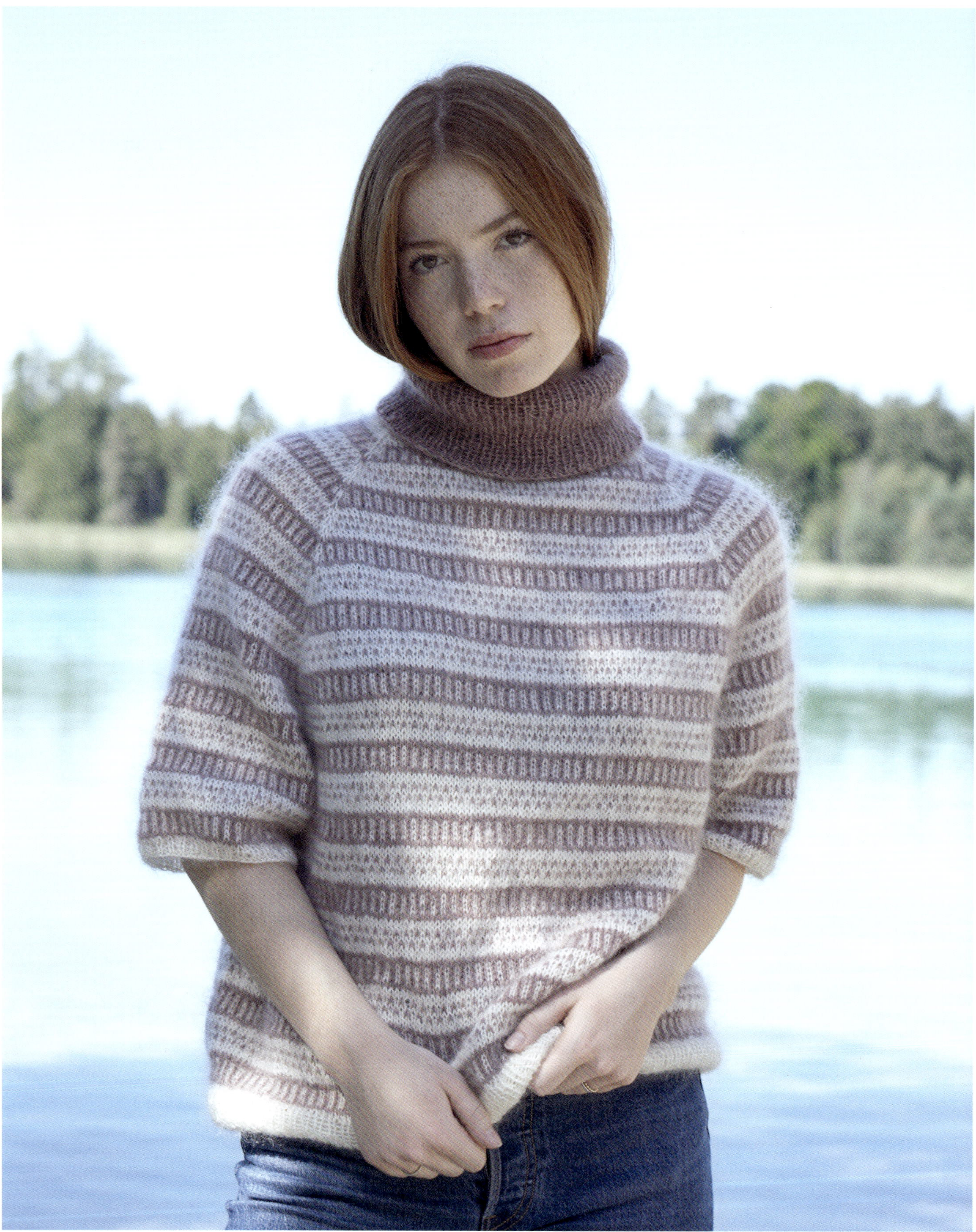

KEELA

Sweatshirt mit lang gezogenem Raglan

◆◆◆

GRÖSSEN

S (M/L/XL)

Brustumfang

100 (110/120/130) cm (Oberweite plus Komfortweite von + 10 cm)

Unterarmlänge

ca. 35 cm – variabel

Gesamtlänge

ca. 60 cm

MATERIAL

- Lang Yarns Mohair Luxe (77 % Mohair, 23 % Seide, LL 175 m/25 g) in Altrosé (Fb 0348), 75 (100/125/150) g, und in Offwhite (Fb 0094), 75 (100/125/150) g
- Merino 400 Lace (100 % Schurwolle, Merino extrafine, LL 200 m/25 g) in Altrosé (Fb 0048), 75 (100/125/150) g, und in Offwhite (Fb 0094), 75 (100/125/150) g
- Rundstricknadeln in verschiedenen Längen, Nadelstärke 4,0 mm und 4,5 mm
- Evtl. ein Nadelspiel für die Ärmelbündchen
- Maschenmarkierer
- Vernähnadel
- Schere

MASCHENPROBE

Im Muster mit NS 4,5 mm: 24 M x 23 R = 10 x 10 cm

MUSTER

Grundmuster

Glatt rechts in der angegebenen Strickschrift und Musterfolge.

Bundmuster

In Rd: *1 M rechts, 1 M links* von * bis * fortlaufend in der angegebenen Fb wdh.

Raglanmasche

1 M rechts in Offwhite in der 1.–7 Rd und in der 9.–12. Rd, 1 M Altrosa in der 8. und 13. Rd.

Verkürzte Reihen

Bebilderte Erklärung im Grundlagenteil auf Seite 19.

Zunahmen

Bebilderte Erklärung im Grundlagenteil auf Seite 15.

SO GEHT'S:

Keela wird top down mit einem langen Raglan gestrickt.

Es wird jeweils 1 Faden Mohair Altrosé mit 1 Faden Merino 400 Altrosé und 1 Faden Mohair Offwhite mit 1 Faden Merino 400 Offwhite verstrickt.

TIPP

Vor Beginn die jeweiligen Farben auf einen Knäuel zusammenwickeln.

108 M in Offwhite mit NS 4,5 anschlagen, die Arbeit zur Rd schließen, dabei darauf achten, dass sich die M nicht verdrehen.

Anschließend 1 Rd rechte M str und diese wie folgt einteilen: 20 M für die erste Hälfte des RT, MM setzen, 1 RgM, MM setzen, 12 M für den rechten Ärmel, MM setzen, 1 RgM, MM setzen, 40 M für das VT, MM setzen, 1 RgM, MM setzen, 12 M für den linken Ärmel, MM setzen, 1 RgM, MM setzen, 20 M für die zweite Hälfte des RT.

FORMUNG DES HINTEREN HALSAUSSCHNITTES MIT VERKÜRZTEN REIHEN

Diese Partie wird in Weiß gestrickt, die MM jeweils an der entsprechenden Stelle umsetzen.

1. R: 20 M rechts str, 1 M rechts verschr aus dem QF zun, 1 RgM, 1 M rechts verschr aus dem QF zun, 12 M rechts, 1 M rechts verschr aus dem QF zun, 1 RgM, 1 M rechts verschr aus dem QF zun, 1 M rechts, Arbeit wenden.

2. R: Wende-M, 1 M links, 1 RgM links, 14 M links, 1 RgM links, 41 M links, 1 M links verschr aus dem QF zun, 1 RgM links, 1 M links verschr aus dem QF zun, 12 M links, 1 M links verschr aus dem QF zun, 1 RgM links, 1 M links verschr aus dem QF zun, 1 M links, Arbeit wenden.

3. R: Wende-M, 1 M rechts, 1 RgM rechts, 14 M rechts, 1 RgM rechts, 42 M rechts, 1 M rechts verschr aus dem QF zun, 1 RgM, 1 M rechts verschr aus dem QF zun, 14 M rechts, 1 M rechts verschr aus dem QF zun, 1 RgM rechts, 1 M rechts verschr aus dem QF zun, 4 M rechts, Arbeit wenden.

4. R: Wende-M, 4 M links, 1 RgM links, 16 M links, 1 RgM links, 43 M links, 1 M links aus dem QF zun, 1 RgM, 1 M links aus dem QF zun, 14 M links, 1 M links verschr aus dem QF zun, 1 RgM links, 1 M links verschr aus dem QF zun, 4 M links str, Arbeit wenden.

5. R: Wende-M, 4 M rechts, 1 RgM rechts, 16 M rechts, 1 RgM rechts, 44 M rechts, 1 RgM rechts, 16 M rechts, 1 RgM.

An dieser Stelle einen andersfarbigen MM setzen: neuer Rd-Beginn VT rechter Raglan.

RAGLANSCHRÄGEN UND BEGINN DES GRUNDMUSTERS

Die Zun für die Raglanschrägen werden jeweils in der Fb des Musters gestrickt, nach den RgM wird der Mustersatz von links nach rechts, vor den RgM von rechts nach links gelesen.

1. R (8. R der Strickschrift) in Altrosé: 1 RgM, 1 Zun = 2. M des Mustersatzes , 1x die 3. + 4. M des Mustersatzes, 10x den Mustersatz à 4 M, 1x die 1. + 2. M des Mustersatzes, 1 Zun = 3. M des Mustersatzes, 1 RgM, 1 Zun = 2. M des Mustersatzes, 1x die 3. + 4. M des Mustersatzes, 3x den Mustersatz, 1x die 1. + 2. M des Mustersatzes, 1 Zun = 3. M des Mustersatzes, 1 RgM, 1 Zun = 2. M des Mustersatzes, 1x die 3. + 4. M des Mustersatzes, 10x den Mustersatz à 4 M, 1x die 1. + 2. M des Mustersatzes, 1 Zun = 3. M des Mustersatzes, 1 RgM, 1 Zun = 2. M des Mustersatzes, 1x die 3. + 4. M des Mustersatzes, 3x den Mustersatz, 1x die 1. + 2. M des Mustersatzes, 1 Zun = 3. M des Mustersatzes [= 132 M].

Nun wird gemäß der Strickschrift das Muster weitergeführt, die Raglanzunahmen werden noch 37x (41x/45x/49x) für VT und RT, 33x (37x/41x/45x) für die Ärmel in jeder 2. Rd gestrickt. Somit sind nach den Raglanzunahmen jeweils komplette Mustersatz vor bzw. nach den RgM [pro VT/RT = 120 (128/136/144) M, pro Ärmel = 84 (92/100/108) M].

ÄRMEL VOM KÖRPER TRENNEN

Weiterhin im Grundmuster str, 1. M abh, 118 (126/134/142) M für das VT str, 1 M rechts mit der RgM rechts überzogen zusstr, die 84 (92/100/108) M für den linken Ärmel stilllegen (Muster-R der Strickschrift notieren). 4 (4/8/12) Achsel-M mit den 2 Arbeitsfäden neu anschlagen, 1 RgM mit der nächsten rechten M des RT rechts zusstr, 118 (126/134/142) M für das RT str, 1 M rechts mit der RgM rechts überzogen zusstr, 84 (92/100/108) M für den rechten Ärmel stilllegen, 4 (4/8/12) Achsel-M mit den 2 Arbeitsfäden neu anschlagen (hierbei nach der 2. M einen MM zur neuen Rd-Bezeichnung setzen), 1 RgM mit der 1. M des VT rechts zusstr [= 248 (264/288/312) M].

Die Achsel-M ergeben 1 (1/2/3) Mustersätze und werden in die gleiche Rd des Grundmusters eingefügt.

Weiter im Grundmuster str, bis insgesamt ca. 55 cm (gemessen im RT ohne Kragen) = 1x die 8.–13. R und 10x der komplette Mustersatz der Strickschrift in der Höhe erreicht ist. In der letzten Rd werden gleichmäßig verteilt 24 M abgenommen (je 2 M rechts überzogen zusstr) [= 224 (240/264/288) M].

BÜNDCHEN

Mit NS 4,0 mm 15 Rd in Offwhite im Bundmuster str, anschließend noch 2 Rd in Altrosé str und danach alle M rechts in Altrosé abketten.

ÄRMEL

Die stillgelegten 84 (92/100/108) Ärmel-M wieder auf eine Nadel legen und direkt aus den Achsel-M des Körpers 4 (4/8/12) M aufnehmen, mittig davon einen MM zur Rd-Bezeichnung setzen, zur Rd schließen und im Grundmuster folgerichtig zu Ende str, 7. R (2. R/10. R/5. R) der Strickschrift [= 88 (96/108/120) M].

Anschließend weitere 7 cm im Grundmuster str, dabei 9x Abn jeweils in der 2., 7. und 13. Muster-R für die Ärmelschräge wie folgt str:

Ab Rd-Bezeichnung: MM umsetzen, 2 M rechts, 2 M rechts zusstr, alle M der Rd bis zu den letzten 4 M vor der Rd-Bezeichnung str, 2 M rechts überzogen zusstr, 2 M rechts = insgesamt 18 Abn [= 70 (78/90/102) M].

Hier können Sie die Ärmel auch individuell anpassen, die letzte Rd sollte entweder die 7. oder die 13. Rd der Strickschrift sein.

1 Rd in Offwhite: *3 M rechts, 2 M rechts überzogen zusstr*, von * bis * 14x (15x/18x/20x) str (Rest 0 (3/0/4) M) [= 56 (63/72/82) M].

Anschließend noch 2 Rd in Offwhite im Bündchenmuster str und alle M rechts abketten.

KRAGEN

Mit NS 4,0 mm aus dem Anschlagrand des Halsausschnittes 96 M in Altrosé aufnehmen. Hierbei am Ende des RT beginnen, einen MM zur Rd-Bezeichnung setzen und 2 Rd im Bundmuster str. Anschließend zu NS 4,5 mm wechseln und insgesamt 20 cm im Bundmuster str, danach alle M im Muster locker abketten.

FERTIGSTELLUNG

Alle Fäden sorgfältig vernähen. Den Pullover glatt auf den Boden legen, in Form zupfen und unter feuchten Tüchern trocknen lassen.

STRICKSCHRIFT

■	■	■	■	13
■	□	■	□	12
■	□	■	□	11
■	□	■	□	10
■	□	■	□	9
■	■	■	■	8
□	□	□	□	7
□	□	□	□	6
□	■	□	■	5
□	□	□	□	4
■	□	■	□	3
□	□	□	□	2
□	□	□	□	1
4	3	2	1	

Der Mustersatz wird fortlaufend, wie in der Anleitung beschrieben, wiederholt.

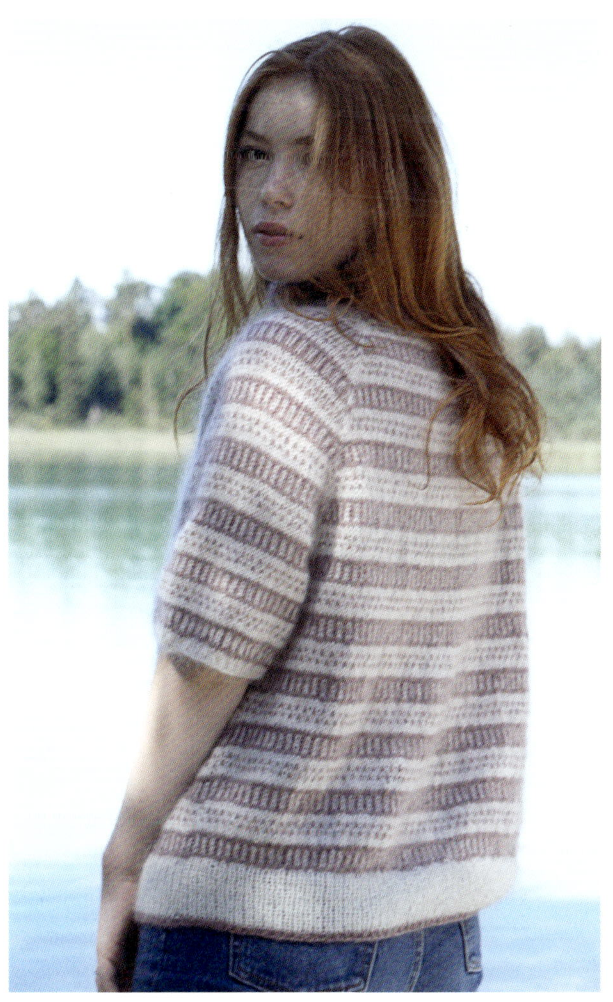

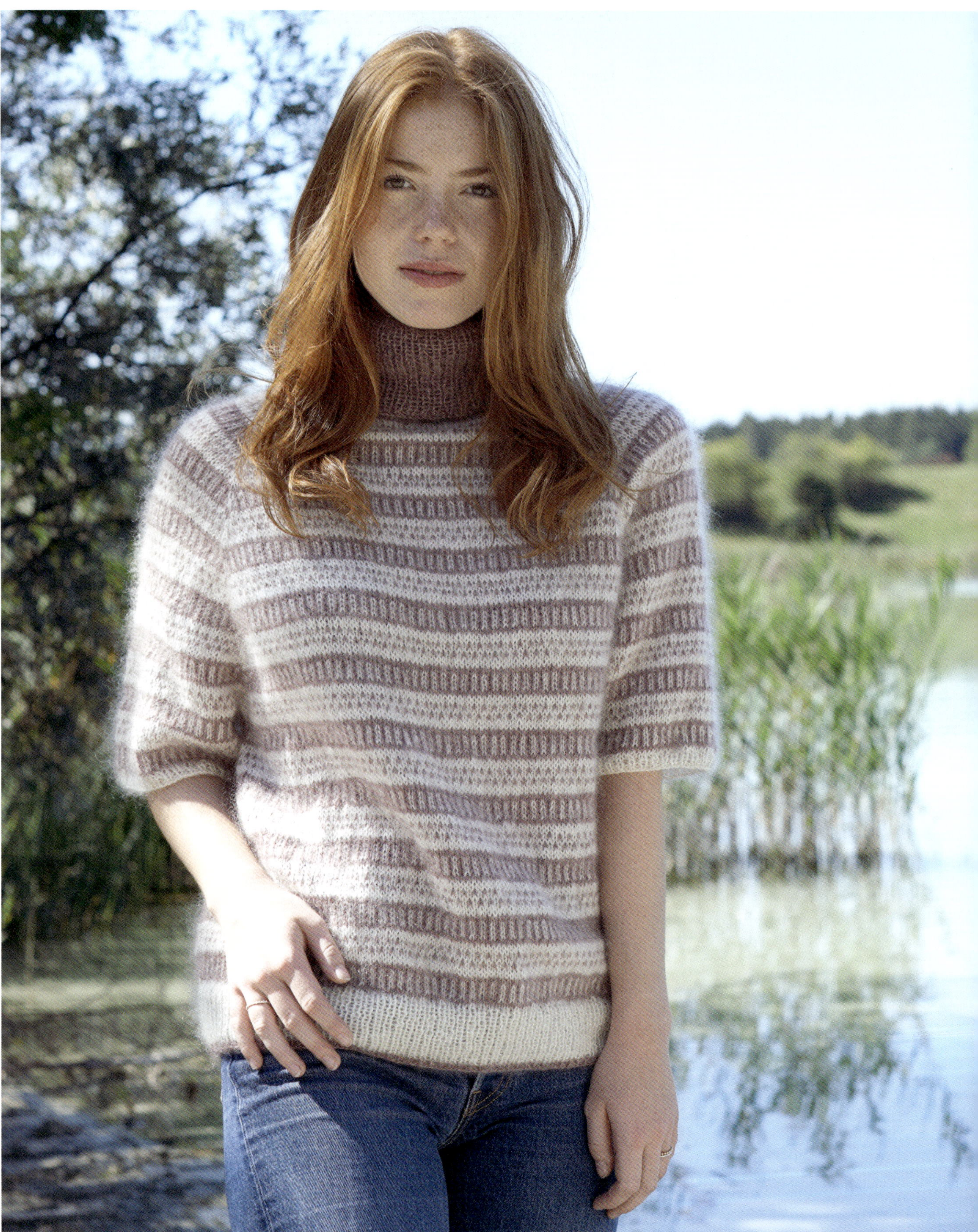

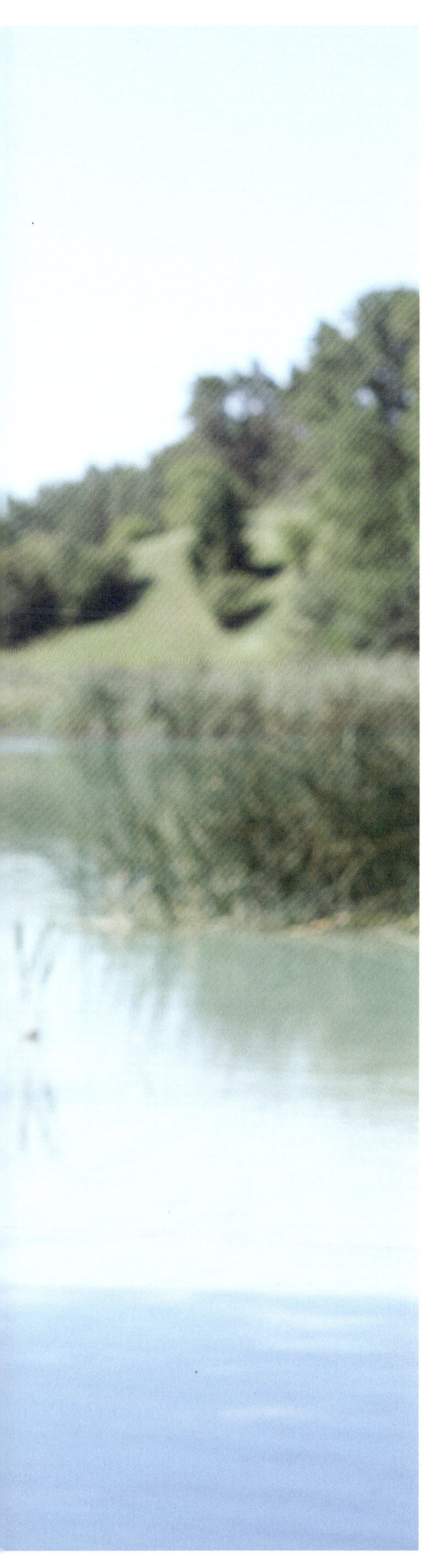

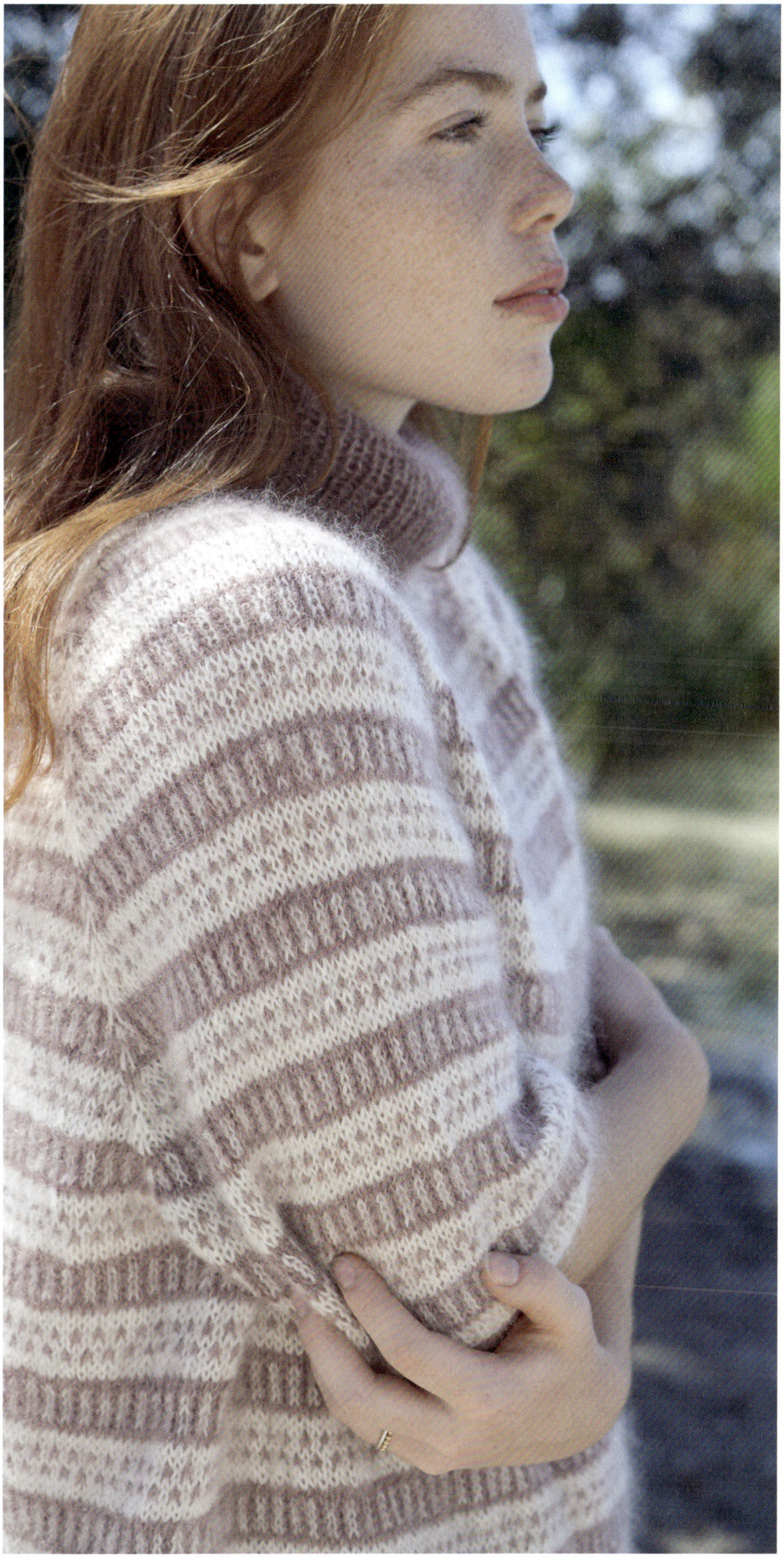

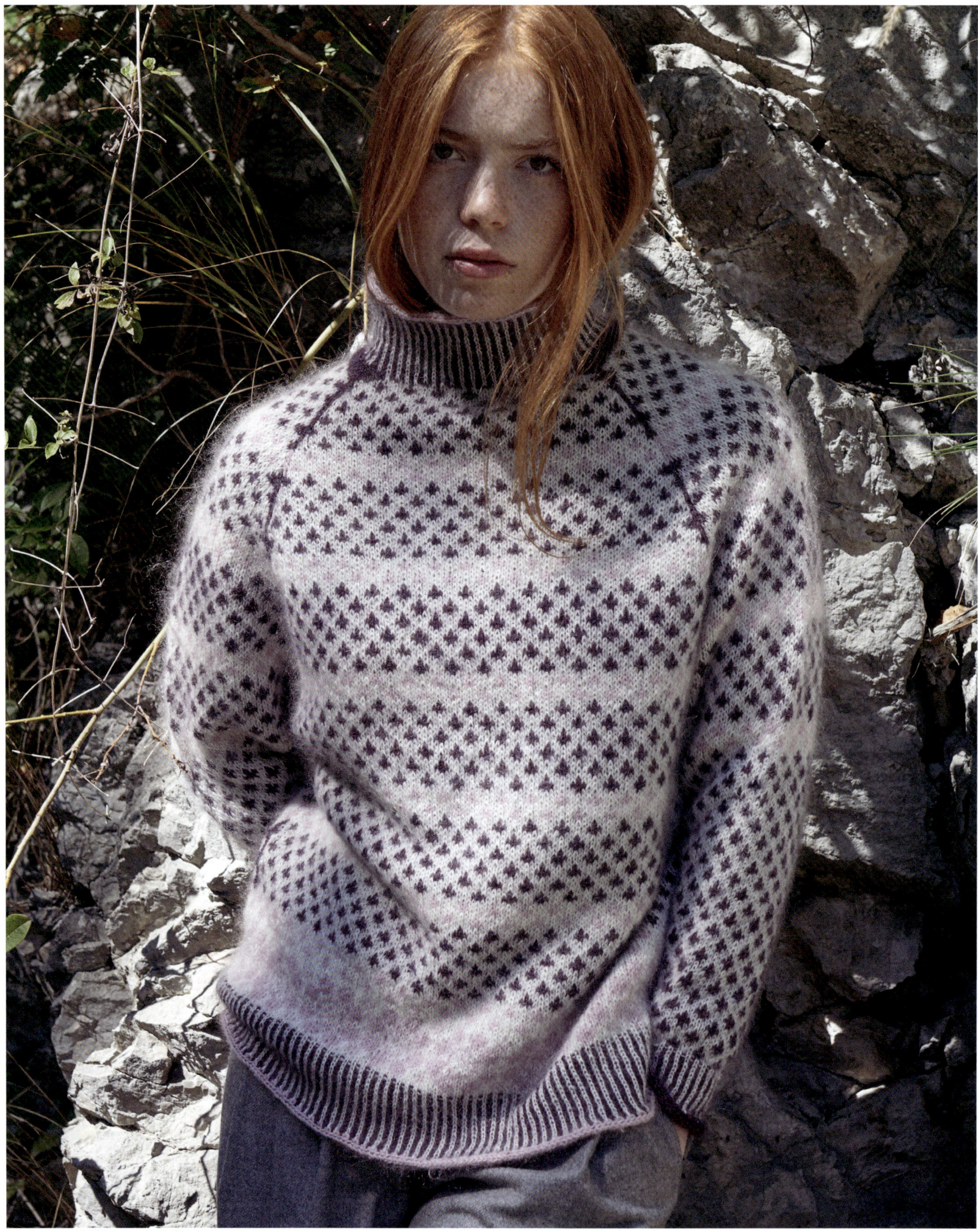

MAISIE

Sweatshirt mit lang gezogenem Raglan

◆◆◆

GRÖSSEN

S (M/L/XL)

Brustumfang

105 (115/125/135) cm (plus eine Komfortweite von 10 cm)

Unterarmlänge

ca. 37 cm – variabel

Gesamtlänge

ca. 66 cm

MATERIAL

- Lang Yarns Mohair Luxe (77 % Mohair, 23 % Seide, LL 175 m/25 g) in Weiß (Fb 0001), 100 (100/125/150) g, in Lila (Fb 0190), 50 (75/75/100) g, und in Rosa (Fb 0148), 25 (25/25/25) g
- Merino 400 Lace (100 % Schurwolle, Merino extrafine, LL 200 m/25 g) in Weiß (Fb 0094), 100 (100/125/150) g, in Lila (Fb 0066), 50 (50/75/100) g, und in Rosa (Fb 0019), 24 (25/25/25) g
- Rundstricknadeln in verschiedenen Längen, Nadelstärke 4,0 mm
- Häkelnadel Nadelstärke 4,0 mm
- Baumwollfaden für den provisorischen Anschlag
- Evtl. ein Nadelspiel für die Ärmelbündchen
- Maschenmarkierer
- Vernähnadel
- Schere

MASCHENPROBE

Im Muster: 24 M x 30 R = 10 x 10 cm

MUSTER

Grundmuster

Glatt rechts in der angegebenen Strickschrift und Musterfolge.

Farbfolge in den Runden

3 x den Mustersatz in der Höhe von 6 R mit der Zweit-Fb Lila str (1.–18. Rd in Weiß/Lila), 1x den Mustersatz mit der Zweit-Fb Rosa str (19.–24. Rd in Weiß/Rosa), = 24 Rd, von * bis * insgesamt 6 x str.

Bundmuster

In Rd: *1 M rechts in Weiß, 1 M rechts in Lila*, von * bis * fortlaufend wdh.

Raglanmaschen

1 M rechts jeweils in der angegebenen Zweit-Fb (Rosa oder Lila).

Verkürzte Reihen

Bebilderte Erklärung im Grundlagenteil auf Seite 19.

Zunahmen

Bebilderte Erklärung im Grundlagenteil auf Seite 15.

SO GEHT'S:

Der Anschlag wird aus dem provisorischen M-Anschlag wie folgt gearbeitet:

Mit einem separaten Faden und der Häkelnadel eine Luftmaschenkette von 120 Luftmaschen anschlagen, Faden durch die letzte Luftmasche ziehen und abschneiden.

Die Luftmaschenkette auf die Rückseite drehen, es sind „kleine Hügel" sichtbar. Mit der Stricknadel in Lila 112 M aufnehmen:

Am Anfang der Kette 4 Luftmaschen frei lassen, in den nächsten Luftmaschenhügel stechen und 1 M herausstr. Weitere 111 M in dieser Weise aufnehmen, 4 Luftmaschen am Ende hängen lassen und die Arbeit zur Rd schließen, zur Rd-Bezeichnung einen MM setzen (Mitte RT).

18 Rd im Bundmuster str. In der letzten Rd die M für VT/RT und die Ärmel wie folgt einteilen:

Ab Rd-Bezeichnung:

21 M für das halbe RT, MM setzen, 1 RgM, MM setzen, 12 M für den rechten Ärmel, MM setzen, 1 RgM, MM setzen, 42 M für das VT, MM setzen, 1 RgM, MM setzen, 12 M für den linken Ärmel, MM setzen, 1 RgM, MM setzen, 21 M für das andere halbe RT.

Arbeitsfaden in Weiß abschneiden.

FORMUNG DES HINTEREN HALSAUSSCHNITTES MIT VERKÜRZTEN REIHEN

Diese Partie wird in Lila gestrickt, die MM jeweils an der entsprechenden Stelle umsetzen. Den MM zur Rd-Bezeichnung im RT entfernen.

1. R: 21 M rechts str, 1 M rechts verschr aus dem QF zun, 1 RgM, 1 M rechts verschr aus dem QF zun, 12 M rechts, 1 M rechts verschr aus dem QF zun, 1 RgM, 1 M rechts verschr aus dem QF zun, 1 M rechts, Arbeit wenden.

2. R: Wende-M, 1 M links, 1 RgM links, 14 M links, 1 RgM links, 43 M links, 1 M links verschr aus dem QF zun, 1 RgM links, 1 M links verschr aus dem QF zun, 12 M links, 1 M links verschr aus dem QF zun, 1 RgM links, 1 M links verschr aus dem QF zun, 1 M links, Arbeit wenden.

3. R: Wende-M, 1 M rechts, 1 RgM rechts, 14 M rechts, 1 RgM rechts, 44 M rechts, 1 M rechts verschr aus dem QF zun, 1 RgM, 1 M rechts verschr aus dem QF zun, 14 M rechts, 1 M rechts verschr aus dem QF zun, 1 RgM rechts, 1 M rechts verschr aus dem QF zun, 4 M rechts, Arbeit wenden.

4. R: Wende-M, 4 M links, 1 RgM links, 16 M links, 1 RgM links, 45 M links, 1 M links aus dem QF zun, 1 RgM, 1 M links aus dem QF zun, 14 M links, 1 M links verschr aus dem QF zun, 1 RgM links, 1 M links verschr aus dem QF zun, 4 M links str, Arbeit wenden.

5. R: Wende-M, 4 M rechts, 1 RgM rechts, 16 M rechts, 1 RgM rechts, 46 M rechts, 1 RgM rechts, 16 M rechts, 1 RgM [= 128 M].

An dieser Stelle einen andersfarbigen MM setzen: neuer Rd-Beginn VT rechter Raglan.

RAGLANSCHRÄGEN UND BEGINN DES GRUNDMUSTERS

Die Zun für die Raglanschrägen werden jeweils in der Fb des Musters gestrickt, nach den RgM wird der Mustersatz von links nach rechts, vor den RgM von rechts nach links gelesen.

1. R: 1 Zun = 4. M des Mustersatzes, 1x die 5. + 6. M des Mustersatzes, 7x den Mustersatz à 6 M, 1x die 1. + 2. M des Mustersatzes, 1 Zun = 3. M des Mustersatzes, 1 RgM, 1 Zun = 4. M des Mustersatzes, 1x die 5. + 6. M des Mustersatzes, 2x den Mustersatz, 1x die 1. + 2. M des Mustersatzes, 1 Zun = 3. M des Mustersatzes, 1 RgM, 1 Zun = 4. M des Mustersatzes, 1x die 5. + 6. M des Mustersatzes, 7x den Mustersatz à 6 M, 1x die 1. + 2. M des Mustersatzes, 1 Zun = 3. M des Mustersatzes, 1 RgM, 1 Zun = 4. M des Mustersatzes, 1x die 5. + 6. M des Mustersatzes, 2x den Mustersatz, 1x die 1. + 2. M des Mustersatzes, 1 Zun = 3. M des Mustersatzes [= 136 M].

Nun wird gemäß der Strickschrift das Muster weitergeführt, die Raglanzunahmen werden noch 35x (41x/47x/53x) für VT und RT, 29x (35x/41x/47x) für die Ärmel in jeder 2. Rd gestrickt. Somit sind nach den Raglanzunahmen jeweils 3 M in Weiß vor bzw. nach den RgM = 120 (132/144/156) M pro VT/RT, 78 (90/102/114) M pro Ärmel [= 400 (448/496/544) M].

ÄRMEL VOM KÖRPER TRENNEN

Weiterhin im Grundmuster str, 120 (132/144/156) M für das VT str, hierbei die letzte M mit der folgenden RgM rechts überzogen zusstr, die 78 (90/102/114) M für den linken Ärmel stilllegen (Muster-R der Strickschrift notieren), 6 Achsel-M mit den 2 Arbeitsfäden neu anschlagen, die nächste RgM mit der 1. M des RT rechts zusstr, restliche 119 (131/143/155) M für das RT str, hierbei die letzte M mit der folgenden RgM rechts überzogen zusstr, 78 (90/102/114) M für den rechten Ärmel stilllegen, 6 Achsel-M mit den 2 Arbeitsfäden neu anschlagen (hierbei nach der 3. M einen MM zur neuen Rd-Bezeichnung setzen), die letzte RgM mit der nächsten M des VT rechts zusstr [= 252 (276/300/324) M].

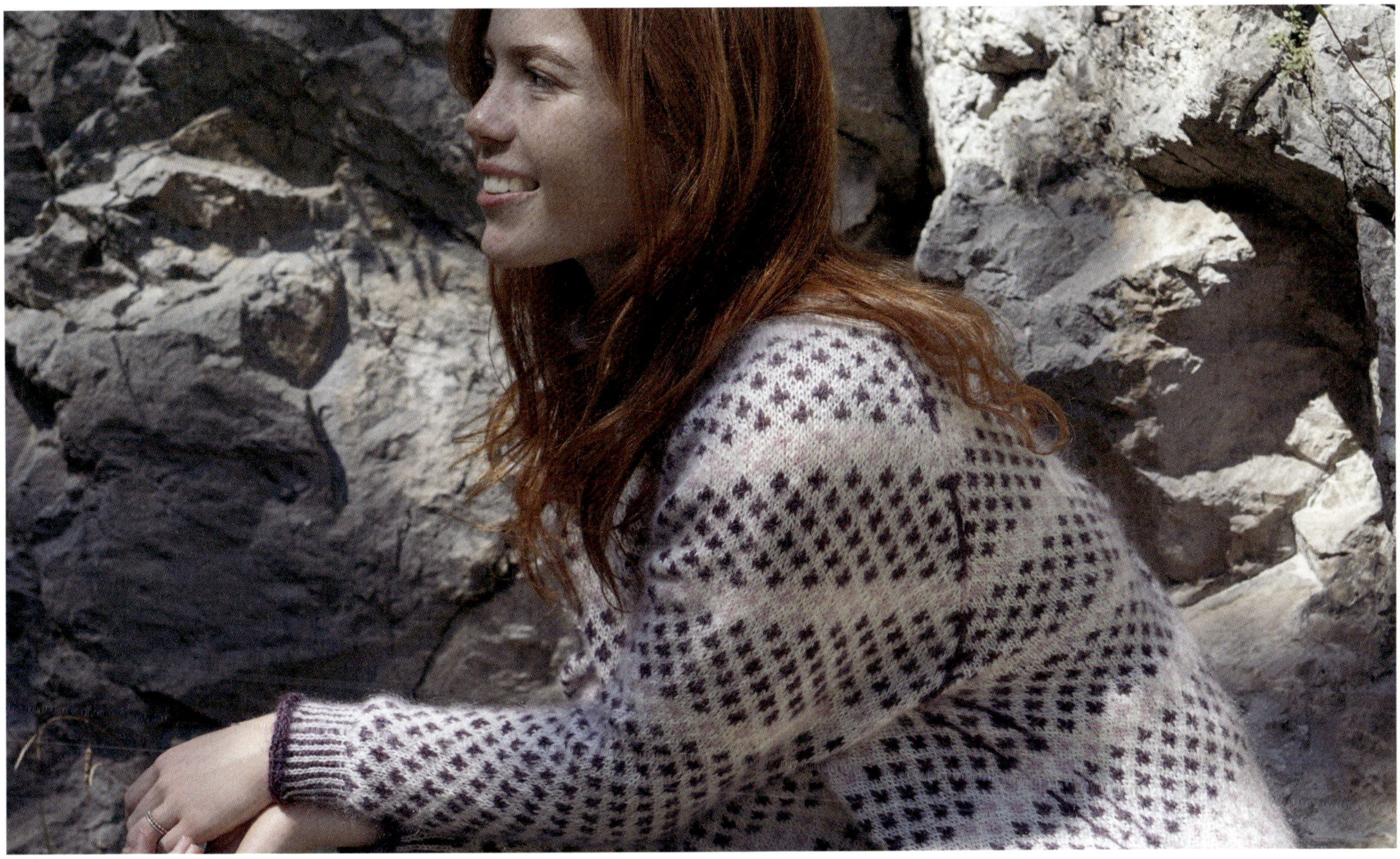

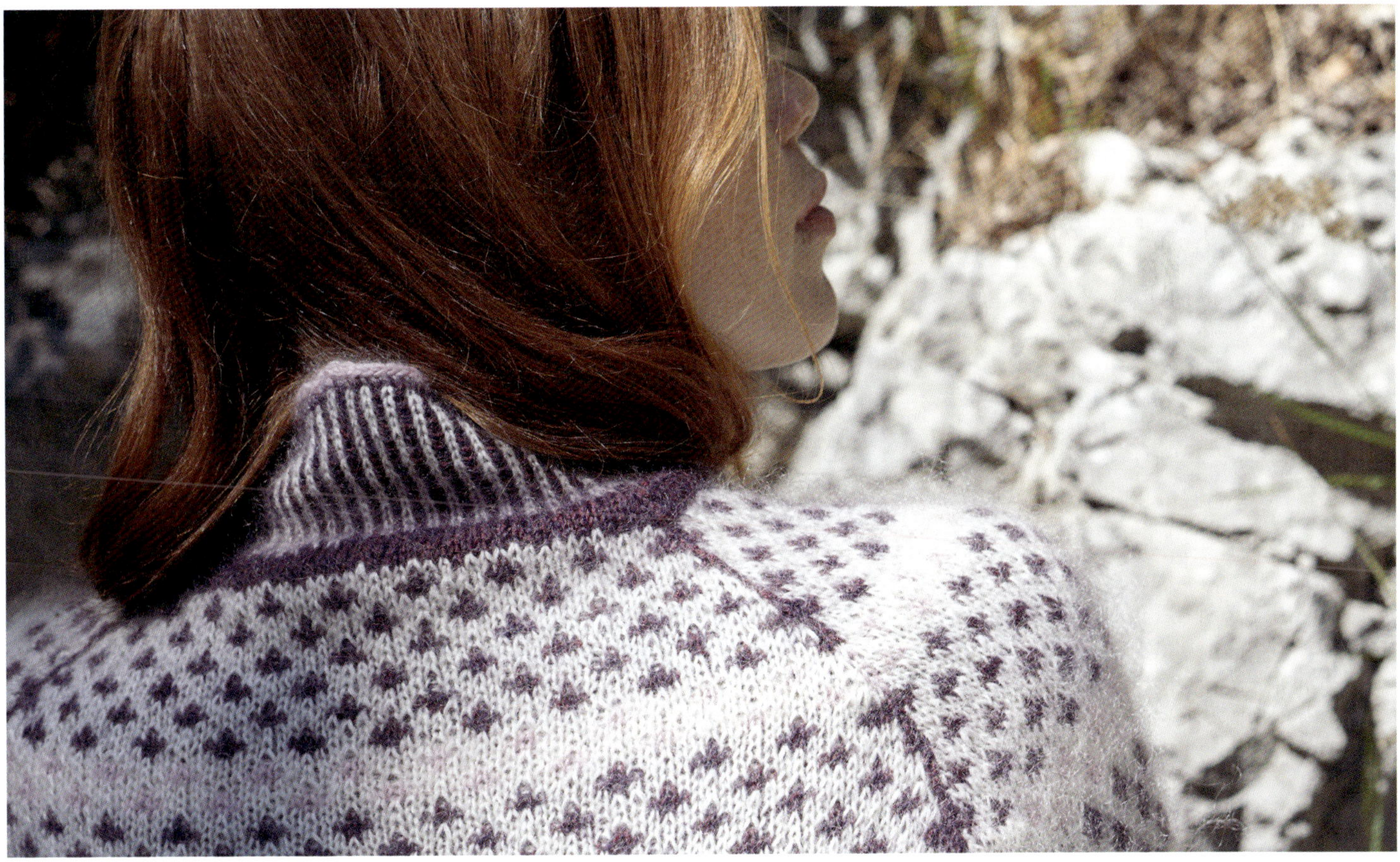

Weiterhin in Rd in dem Grundmuster str, bis die angegebene Farbfolge erreicht ist.

Anschließend 1x die Blume gemäß der Strickschrift 2 str. Hierfür zum Musterausgleich in der 1. Rd 4 M gleichmäßig verteilt zun bzw. abn: +4 (-4/+4/-4) M [= 256 (272/304/320)] M.

BÜNDCHEN

Nach Beendigung des Grundmusters wird das Bundmuster *1 M rechts in Weiß, 1 M rechts in Lila* fortlaufend für 18 Rd wiederholt. Beide Arbeitsfäden abschneiden.

Nun mit Rosa einen I-Cord Abschlussrand str (siehe bebilderte Erklärung im Grundlagenteil Seite 22).

ÄRMEL

Die stillgelegten 78 (90/102/114) Ärmel-M auf eine kurze Rundstricknadel oder ein Nadelspiel legen und direkt aus der Achselkante des Körpers 6 M in Lila aufnehmen [= 84 (96/108/120) M].

Die Ärmel werden in Rd gestrickt.

Nun das Grundmuster weiterführen und die Rd bis zu Beginn der Achsel-M str. Diese 6 Achsel-M werden in Weiß gestrickt und jeweils rechts bzw. links davon werden die Abn für die Ärmelschräge wie folgt gestrickt:

Nach den Achsel-M 2 M rechts zusstr, die M der Rd bis 2 M vor den Achsel-M str, 2 M rechts überzogen zusstr, 6 Achsel-M.

Diese Abn werden folgendermaßen wiederholt: *1x in der 2. Rd, 1x in der 4. Rd*, von * bis * insgesamt 11x str (22x Abn und 66 Rd).

Anschließend noch 2x in jeder 2. Rd die Abn str = 26 Abn insgesamt [= 58 (64/76/88) M].

In der nächsten Rd 6 M gleichmäßig verteilt abnehmen und danach 5 cm im Bündchenmuster str [= 52(58/70/82)] M.

Nun mit Lila einen I-Cord-Abschlussrand str.

KRAGEN

Die Häkelnaht des provisorischen Anschlags eine M nach der anderen lösen und die M auf eine Stricknadel legen.

Nun mit Rosa einen I-Cord-Abschlussrand str.

FERTIGSTELLEN

Alle Fäden sorgfältig vernähen. Das Sweatshirt in Form bringen und, unter feuchten Tüchern liegend, trocknen lassen.

STRICKSCHRIFT 1

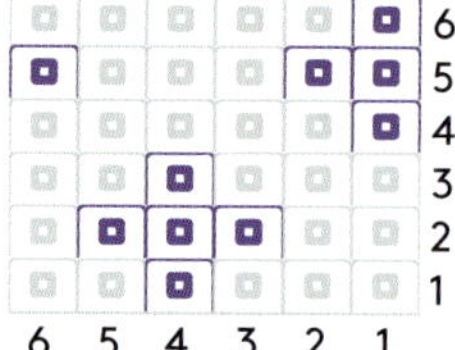

STRICKSCHRIFT 2

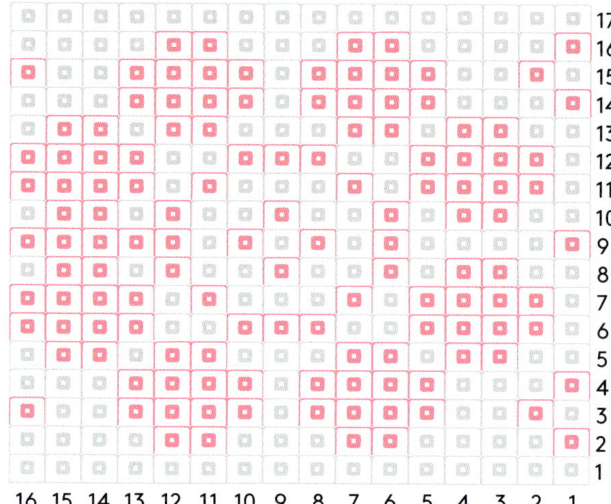

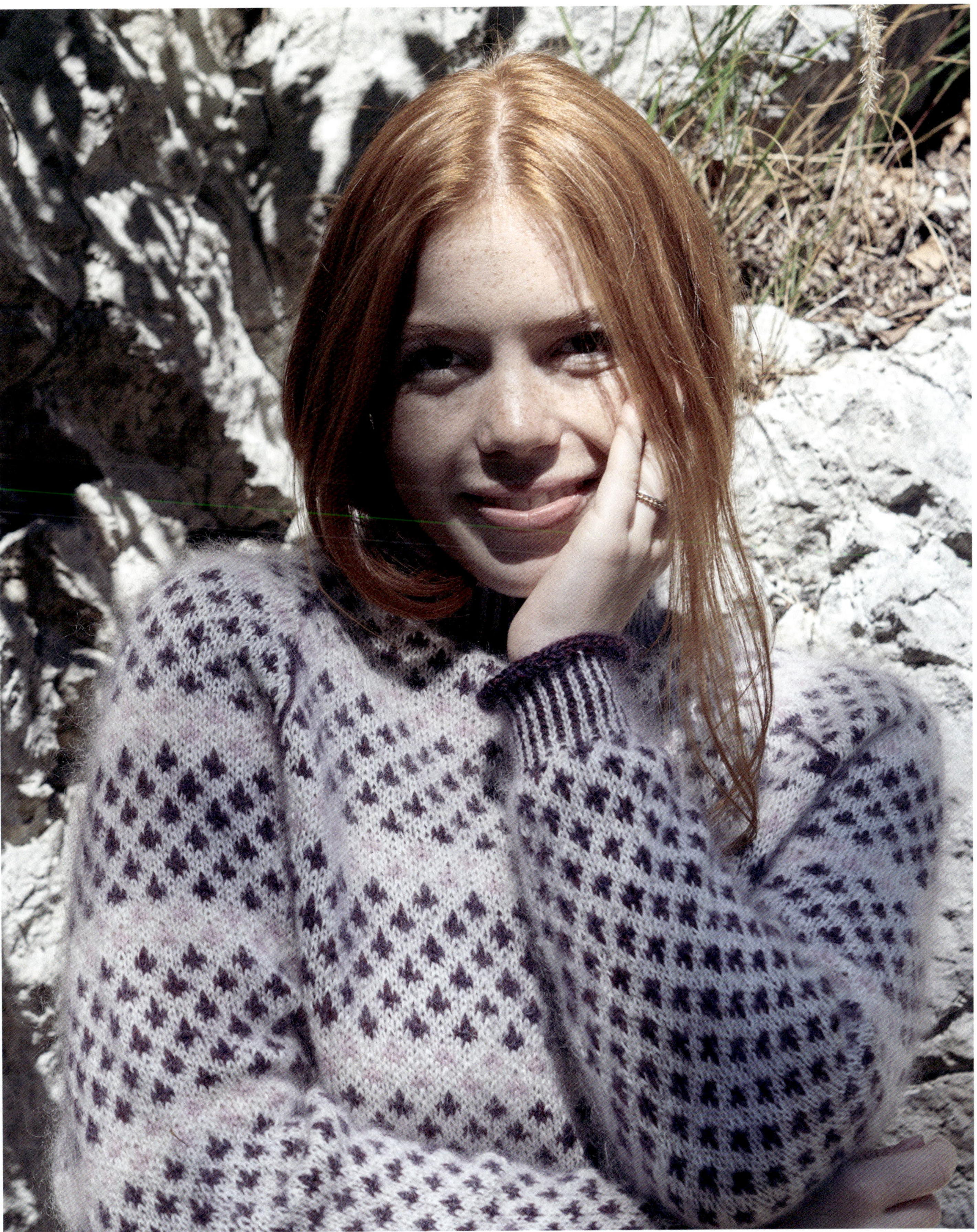

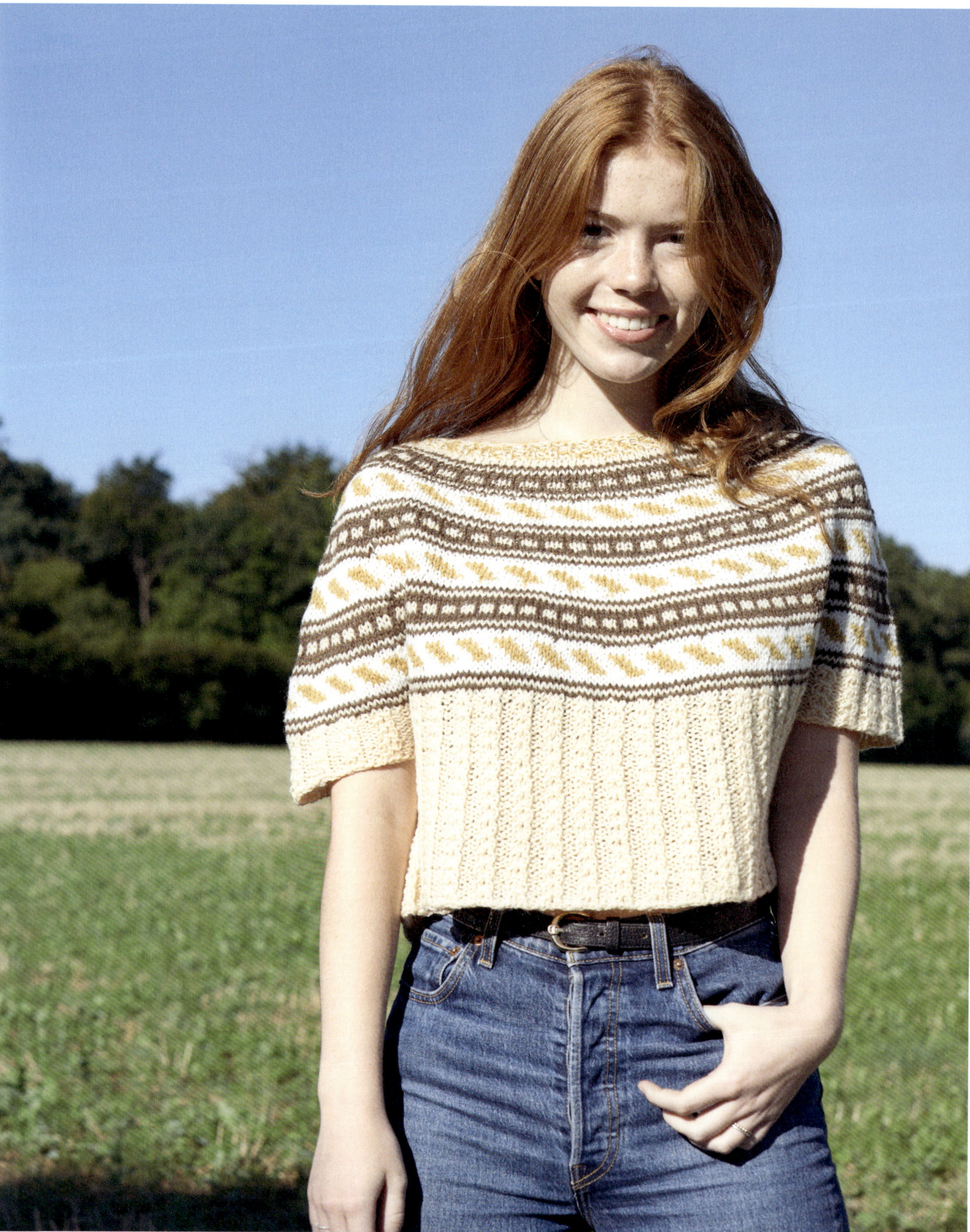

BONNIE

Cropshirt mit Rundpasse

GRÖSSEN

S (M/L/XL)

BRUSTUMFANG

88 (98/108/118) cm

Gesamtlänge

43 cm

MATERIAL

- Jamieson & Smith Shetland Heritage (100 % Real Shetland Wool, LL 121 m/25 g) in Moorit (Braun) 50 (50/75/75) g, in Flugga White (Vanillegelb), 100 (150/150/175) g, in Snaa White (Reinweiß), 50 (50/75/75) g, und in Shauld Gold (Goldgelb), 25 (25/50/50) g
- Rundstricknadeln in verschiedenen Längen, Nadelstärke 5,0 mm
- Seil oder Faden zum Stilllegen der Ärmel-M
- Maschenmarkierer
- Vernähnadel
- Schere

MASCHENPROBE

Im Muster: 18 M x 24 R = 10 x 10 cm

MUSTER

Grundmuster

Glatt rechts in der angegebenen Strickschrift und Musterfolge.

Muster für den Kragen

In Rd: *1 M rechts, 1 M links*, von * bis * fortlaufend wdh.

Falsches Zopfmuster

1. Rd: * 1 M abheben, 1 M rechts, 1 Umschlag, 1 M rechts, die abgeh M über die letzten 3 M heben, 2 M links*, von * bis * fortlaufend wdh.

2.–3.Rd: *3 M rechts, 2 M links*, von * bis * fortlaufend wdh.

SO GEHT'S:

Das Shirt wird zweifädig jeweils in den angegebenen Fb gestrickt.

84 (90/96/96) M mit je einem Faden Goldgelb und Weiß mit NS 5,5 mm anschlagen, die Arbeit zur Rd schließen, einen MM zur Rd-Bezeichnung setzen und 5 Rd im Bundmuster str. Rd-Bezeichnung = Ende des linken Ärmels.

2 Rd glatt rechts in Vanillegelb str, hierbei in der 1. Rd nach jeder 2. M 1 M rechts verschr aus dem QF zunehmen [= 126 (135/144/144) M].

Anschließend gemäß der Strickschrift arbeiten, für Größe M in der 4. Rd zum Musterausgleich 3 M gleichmäßig verteilt zunehmen, M mit einem MM markieren. Diese 3 M werden in der 7. Rd wieder an der gleichen Stelle abgenommen.

12. Rd: Nach jeder 3. M 1 M rechts verschr aus dem QF zunehmen [= 168 (180/192/192) M].

25. Rd: Nach jeder 4. M 1 M rechts verschr aus dem QF zunehmen [= 210 (225/240/240) M].

39. Rd: Nach jeder 5. M 1 M rechts verschr aus dem QF zunehmen [= 252 (270/288/288) M].

47. Rd: Gleichmäßig verteilt für folgende Größen zun:

Größe M:

7 M zun.

Größe L:

12 M zun.

Größe XL:

Nach jeder 6. M 1 M rechts verschr aus dem QF zunehmen [= 252 (277/300/336] M].

Die Strickschrift ist hier beendet und es wird im falschen Zopfmuster in Vanillegelb weitergestrickt:

1. Rd: * 3 M rechts, 2 M links*, von * bis * 50 x (54 x/57 x/67 x) str, dabei gleichmäßig verteilt zum Musterausgleich -2 (-2/0/+4) M ab- bzw. zunehmen [= 250 (275/300/340) M].

2. Rd: * 1 M abheben, 1 M rechts, 1 Umschlag, 1 M rechts, die abgehobenen M über die letzten 3 M heben, 2 M links*, von * bis * fortlaufend wdh.

3.–4.Rd: *3 M rechts, 2 M links*, von * bis * fortlaufend wdh.

Die letzten 3 Rd noch 3 x wdh.

ÄRMEL VOM KÖRPER TRENNEN

Weiter im falschen Zopfmuster str: 80 (90/100/110) M für das RT str, die nächsten 45 (50/50/60) M für den rechten Ärmel stilllegen, 5 Achsel-M neu anschlagen, die nächsten 80 (90/100/110) M für das VT str, die nächsten 45 (50/50/60) M für den linken Ärmel stilllegen, 5 Achsel-M neu anschlagen, einen MM zur Rd-Bezeichnung setzen.

Insgesamt 10 x die 3 Rd des falschen Zopfmusters str (30 Rd), anschließend alle M rechts abketten.

ÄRMEL

Die stillgelegten 45 (50/50/60) Ärmel-M wieder auf eine Stricknadel legen, direkt aus dem Achselrand des Körpers 5 Achsel-M aufnehmen und anschließend alle M rechts abketten.

FERTIGSTELLEN

Alle Fäden sorgfältig vernähen. Das Shirt gemäß den Herstellerangaben des Garns waschen, liegend in Form bringen und trocknen lassen.

STRICKSCHRIFT

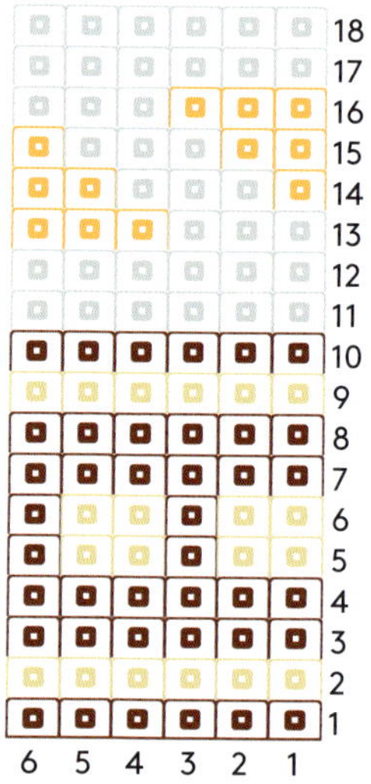

Die Strickschrift wird insgesamt 3 x in der Höhe gestrickt.

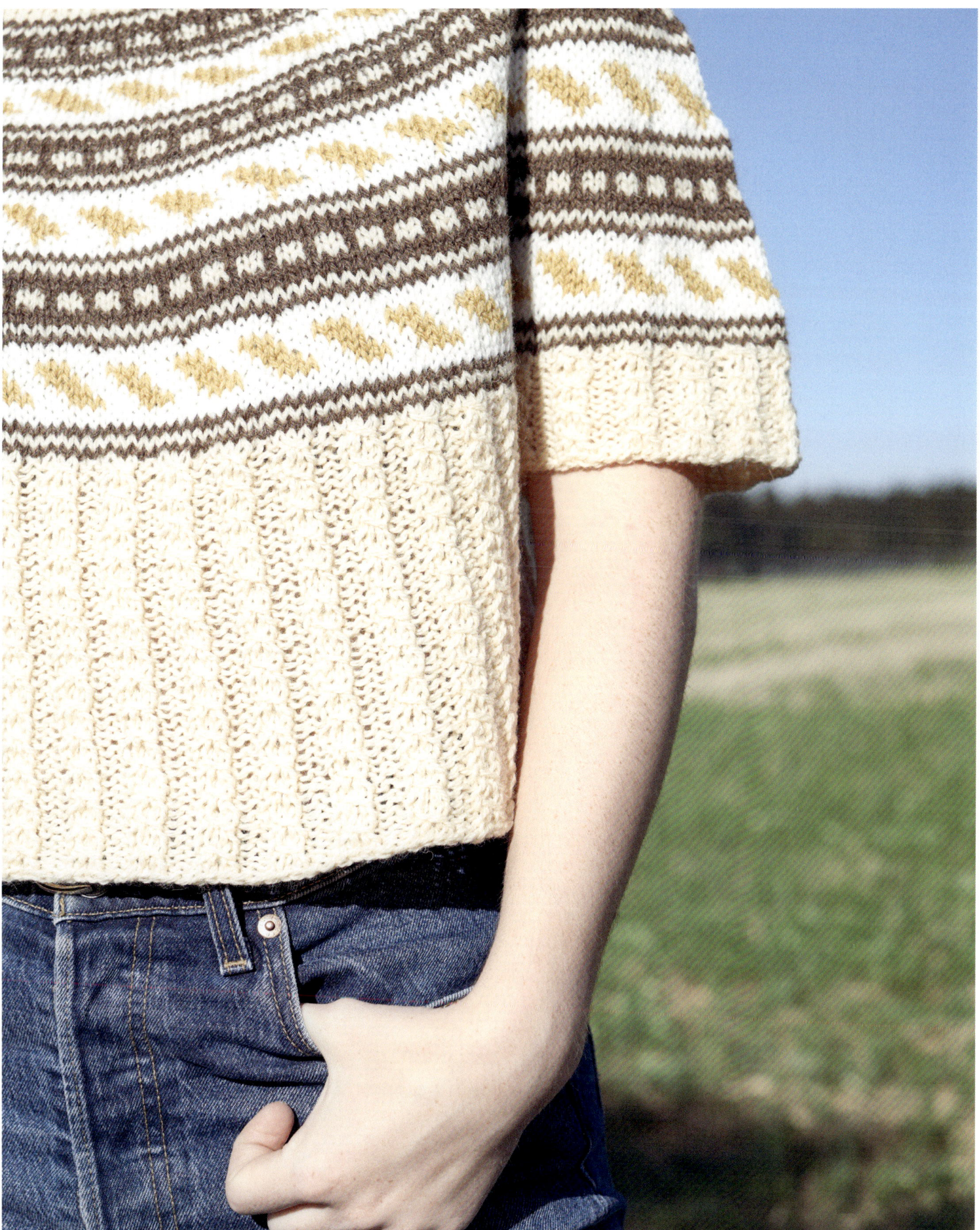

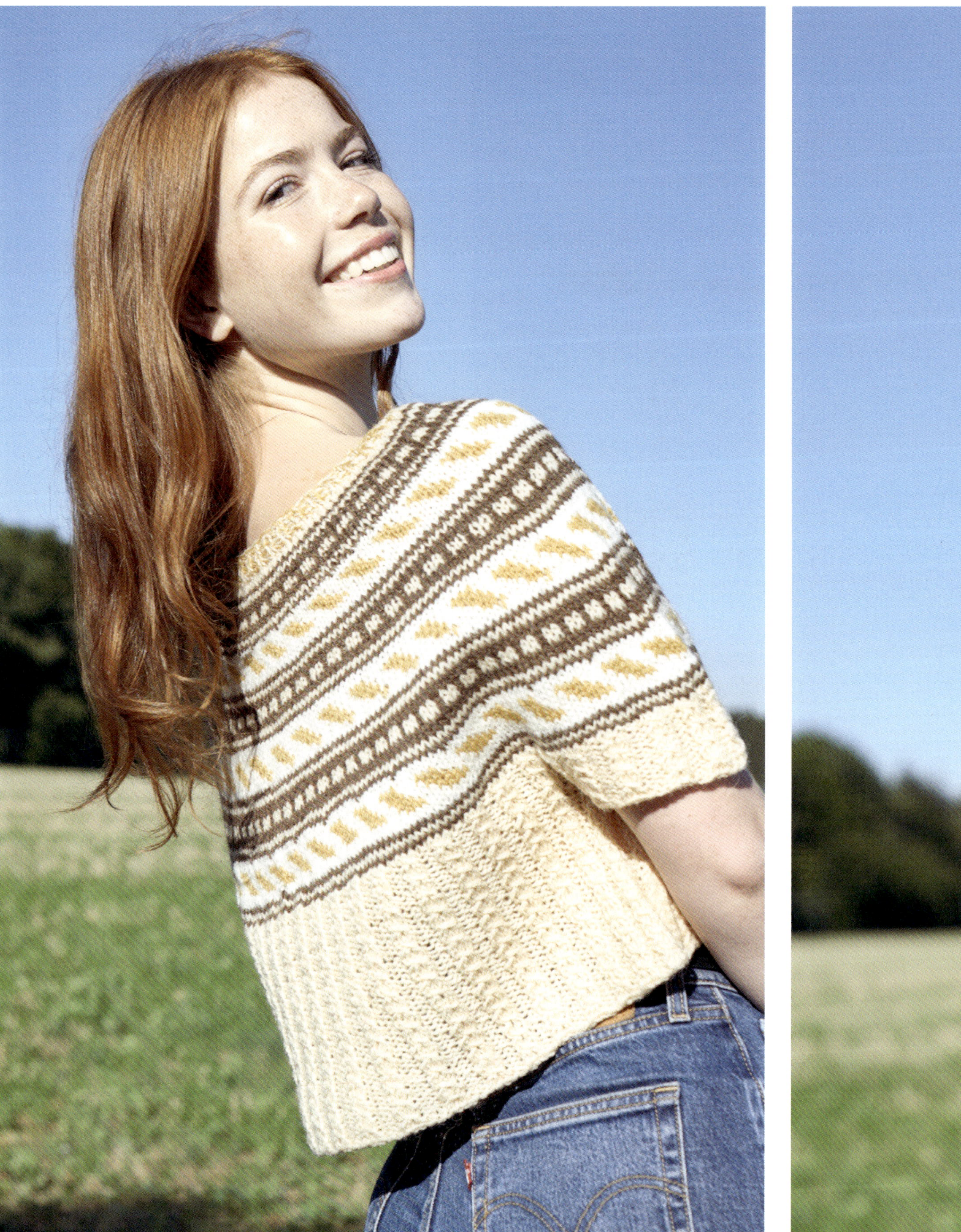

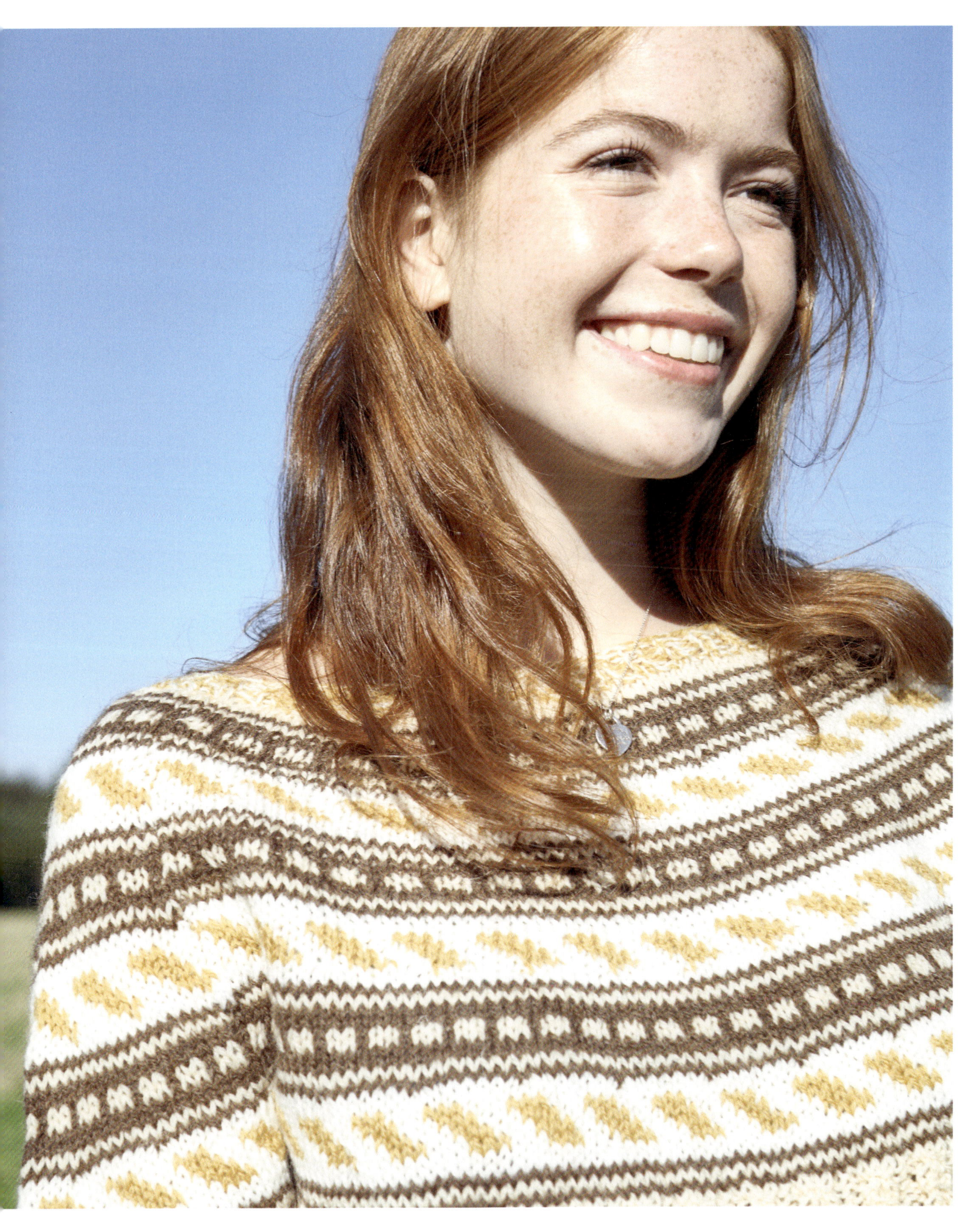

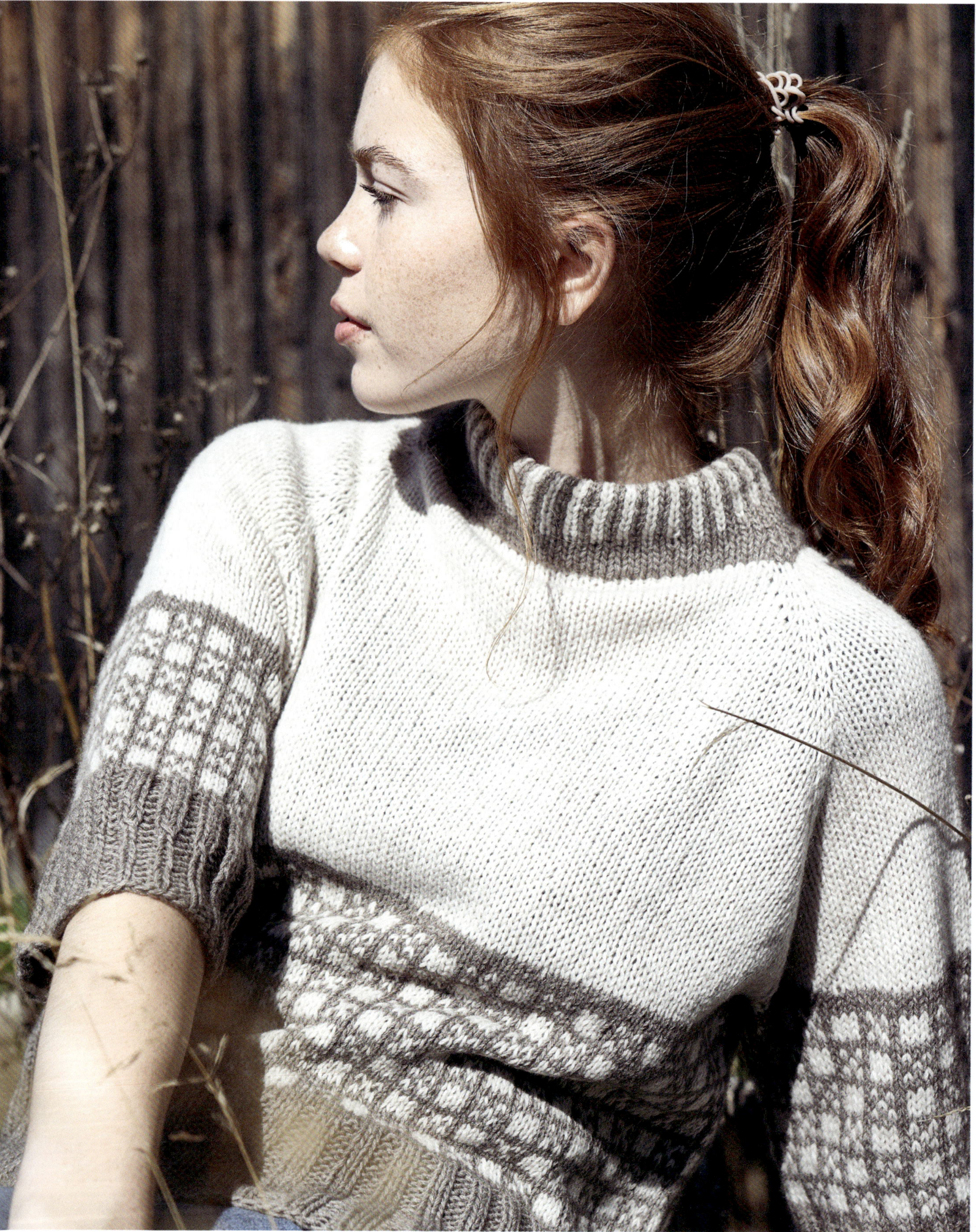

HAILEY

Legerer Raglanpullover mit Butterkeksmuster

GRÖSSEN

S (M/L/XL/XXL)

Brustumfang

100 (110/120/130/140) cm

Unterarmlänge

23 cm

Gesamtlänge

53 cm

MATERIAL

- Lang Yarns Yak (70 % Schurwolle, 30 % Yak, LL 120 m/50 g) in Sand (Fb 1103.00949), 350 (400/450/400/550) g, und in Steinbraun (Fb 1103.0039) 150 (200/250/250/250) g
- Rundstricknadeln in verschiedenen Längen, Nadelstärke 4,5 und 5,0 mm
- Seil oder Faden zum Stilllegen der Ärmel-M
- Maschenmarkierer
- Vernähnadel
- Schere

MASCHENPROBE

In glatt rechts mit NS 4,5 mm: 18 M x 26 R = 10 x 10 cm

Im Muster mit NS 5,0 mm: 22 M x 20 R = 10 x 10 cm

MUSTER

Grundmuster

Glatt rechts in der angegebenen Strickschrift und Musterfolge.

Bundmuster

2 M rechts, 2 M links im Wechsel.

Raglanmaschen

2 M glatt rechts.

Zunahmen

Siehe bebilderte Erklärung im Grundlagenteil Seite 15.

SO GEHT'S:

96 M in Sand mit NS 4,5 mm anschlagen, die Arbeit zur Rd schließen, dabei darauf achten, dass sich die M nicht verdrehen. Einen MM zur Rd-Bezeichnung setzen = Ende des VT, vor den RgM zu Beginn des linken Ärmels.

RAGLAN

1. Rd: MM umsetzen, 2 RgM rechts, MM setzen, 1 Zun, 8 M rechts für den linken Ärmel, 1 Zun, MM setzen, 2 RgM rechts, MM setzen, 1 Zun, 36 M rechts für das RT, 1 Zun, MM setzen, 2 RgM rechts, MM setzen, 1 Zun, 8 M rechts für den rechten Ärmel, 1 Zun, MM setzen, 2 RgM rechts, MM setzen, 1 Zun, 36 M rechts für das VT, 1 Zun str [= 104 M].

MM in den folgenden Rd jeweils umsetzen.

2. Rd: 2 RgM rechts, 10 M rechts für den linken Ärmel, 2 RgM rechts, 38 M rechts für das RT, 2 RgM rechts, 10 M rechts für den rechten Ärmel, 2 RgM rechts, 38 M rechts für das VT.

Diese 2 Rd noch 23x (27x/31x/35x/39x) str und gleichzeitig die Raglanzunahmen wie beschrieben weiterführen [= 288 (320/352/384/416) M].

ÄRMEL VOM KÖRPER TRENNEN

1 RgM rechts str. Folgende M auf einem separaten Seil stilllegen: 1 RgM, die nächsten 56 (64/72/80/88) Ärmel-M sowie die nächste RgM, 4 (5/6/7/8) Achsel-M neu anschlagen; 1 RgM, die nächsten 84 (92/100/108/116) M für das RT und die folgende RgM rechts str; die nächste RgM sowie die folgenden 56 (64/72/80/88) Ärmel-M und die nächste RgM auf einem separaten Seil stilllegen, 4 (5/6/7/8) Achsel-M neu anschlagen (mittig einen MM zur Rd-Bezeichnung setzen), 1 RgM, die nächsten 84 (92/100/108/116) M für das RT rechts str [= 180 (198/216/234/252) M].

KÖRPER

2 Rd in Sand rechts str.

2 Rd in Steinbraun rechts str, hier in der 2. Rd gleichmäßig verteilt +4 (+2/0/+6/+4) M zun [= 184 (200/216/240/256) M].

In der nächsten Rd mit der Strickschrift und NS 5,0 mm beginnen: 23x (25x/27x/30x/32x) den Mustersatz von 8 M str.

Insgesamt 32 Rd im Muster str = 4x den Mustersatz in der Höhe.

Faden in Sand abschneiden.

2 Rd in Steinbraun rechts str, hierbei in der letzten Rd gleichmäßig verteilt 12 M abn [= 172 (188/204/228/244) M].

Anschließend insgesamt 24 Rd im Bundmuster str: *2 M rechts, 2 M links*, von * bis * 43x (47x/51x/57x/61x) str.

Danach alle M im Muster abketten.

ÄRMEL

Die stillgelegten 58 (66/74/82/90) Ärmel-M (inkl. der RgM) wieder auf eine Rundstricknadel legen, direkt aus dem Achselrand des Körperteils 4 (5/6/7/8) Achsel-M aufnehmen und mittig davon einen MM zur Rd-Bezeichnung setzen [= 62 (71/80/89/98) M].

2 Rd in Sand rechts str.

2 Rd in Steinbraun rechts str, hier in der 2. Rd gleichmäßig verteilt +2 (+1/0/-1/-2) M ab- bzw. zunehmen [= 64 (72/80/88/96) M].

In der nächsten Rd mit der Strickschrift und NS 5,0 mm beginnen: 8x (9x/10x/11x/12x) den Mustersatz von 8 M str.

Insgesamt 24 Rd im Muster str = 3x den Mustersatz in der Höhe.

Faden in Sand abschneiden.

2 Rd in Steinbraun rechts str, hierbei in der 2. Rd gleichmäßig verteilt 8 M abn [= 56 (64/72/80/88) M].

Anschließend insgesamt 9 Rd im Bundmuster str: *2 M rechts, 2 M links*, von * bis * 14x (16x/18x/20x/22x) str.

In der nächsten Rd jeweils 2 M rechts zusstr: *2 M rechts zusstr, 2 M links*, von * bis * 14x (16x/18x/20x/22x) str [= 42 (48/54/60/66) M].

Nun weitere 9 Rd str: *1 M rechts, 1 M links*, von * bis * 14x (16x/18x/20x/22x) str.

Alle M im Muster abketten.

KRAGEN

Aus der Anschlagkante in Steinbraun aus jeder M 1 M aufnehmen = 104 M, hierfür zwischen den RgM am Ende des RT (zwei RgM) beginnen und einen MM zur Rd-Bezeichnung setzen.

1. Rd: 2 M rechts überzogen zusstr, 8 M rechts, 2 M rechts zusstr, 2 M rechts überzogen zusstr, 36 M rechts, 2 M rechts zusstr, 2 M rechts überzogen zusstr, 8 M rechts, 2 M rechts zusstr, 2 M rechts überzogen zusstr, 36 M rechts, 2 M rechts zusstr [= 96 M].

2. Rd: Alle M rechts str.

3. Rd: 2 M rechts überzogen zusstr, 6 M rechts, 2 M rechts zusstr, 2 M rechts überzogen zusstr, 34 M rechts, 2 M rechts zusstr, 2 M rechts überzogen zusstr, 6 M rechts, 2 M rechts zusstr, 2 M rechts überzogen zusstr, 34 M rechts, 2 M rechts zusstr [= 88 M].

VERKÜRZTE REIHEN ZUR KRAGENFORMUNG

9 M rechts str, Arbeit wenden.

Wende-M, 55 M links str, Arbeit wenden.

Wende-M, 57 M rechts str, Arbeit wenden.

Wende-M, 59 M links, Arbeit wenden, 91 M rechts str = die Rd ist zu Ende am VT zwischen den RgM.

16 Rd in dem folgenden Streifenmuster str:

1 M in Sand, 1 M in Steinbraun, von * bis * 40 x str.

1 Rd rechts in Steinbraun str.

Nun noch 5 Rd im Bundmuster str: *2 M rechts, 2 M links*, von * bis * 20 x str, alle M im Muster abketten.

Den Kragen nach innen umschlagen und an die Anschlagkante nähen.

FERTIGSTELLEN

Alle Fäden sorgfältig vernähen. Den Pullover gemäß den Herstellerangaben des Garns waschen, liegend in Form bringen und trocknen lassen.

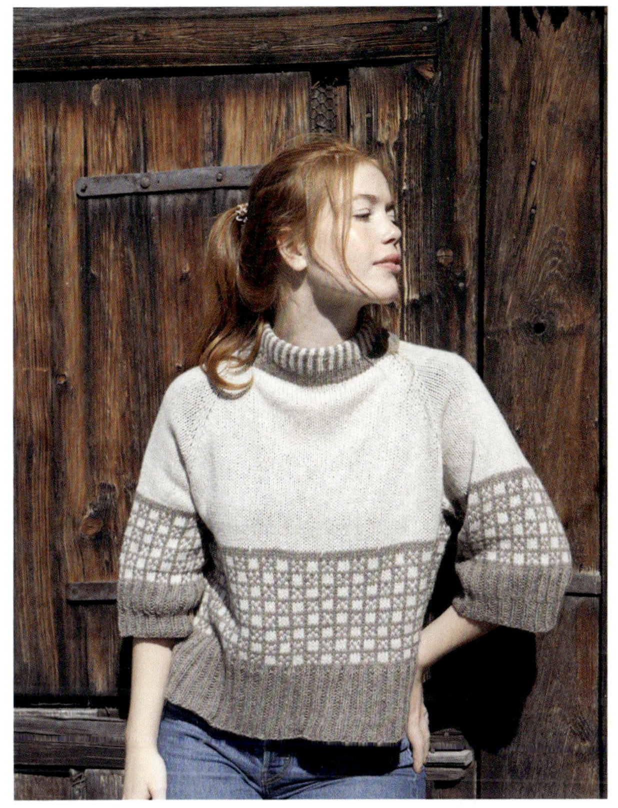

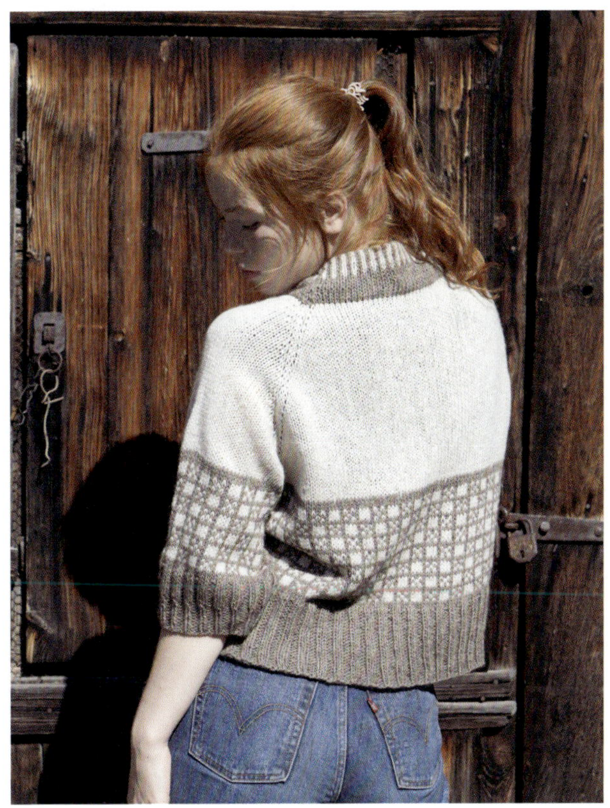

STRICKSCHRIFT

8	7	6	5	4	3	2	1	
□	■	□	■	□	□	□	■	8
■	□	■	■	□	□	□	■	7
□	■	□	■	□	□	□	■	6
■	■	■	■	■	■	■	■	5
□	□	□	■	□	■	□	■	4
□	□	□	■	■	□	■	■	3
□	□	□	■	□	■	□	■	2
■	■	■	■	■	■	■	■	1

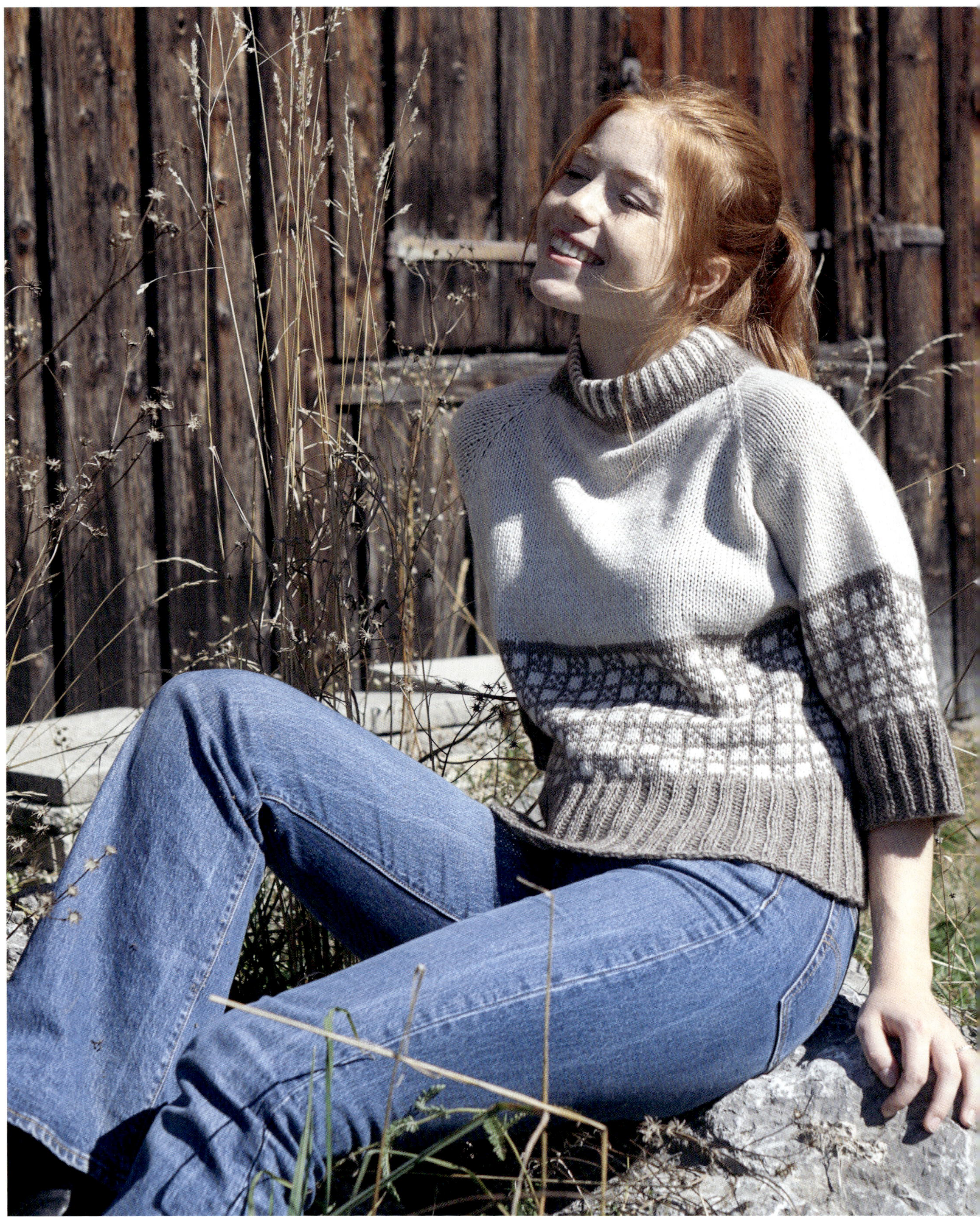

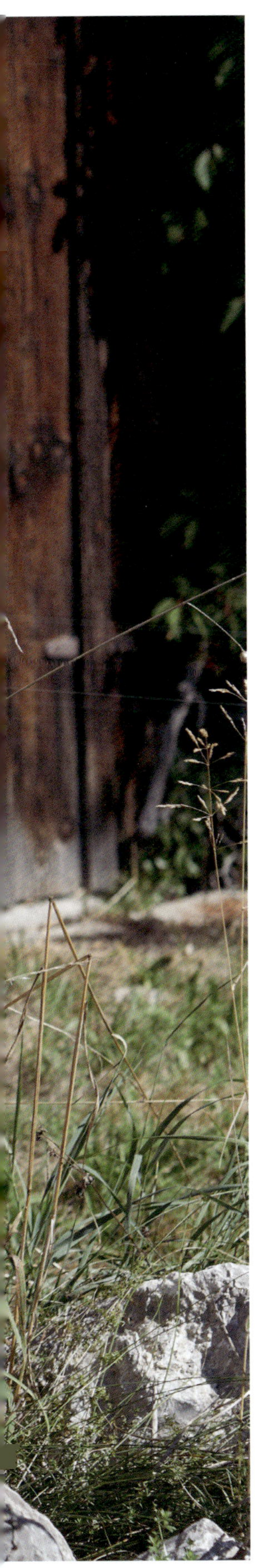

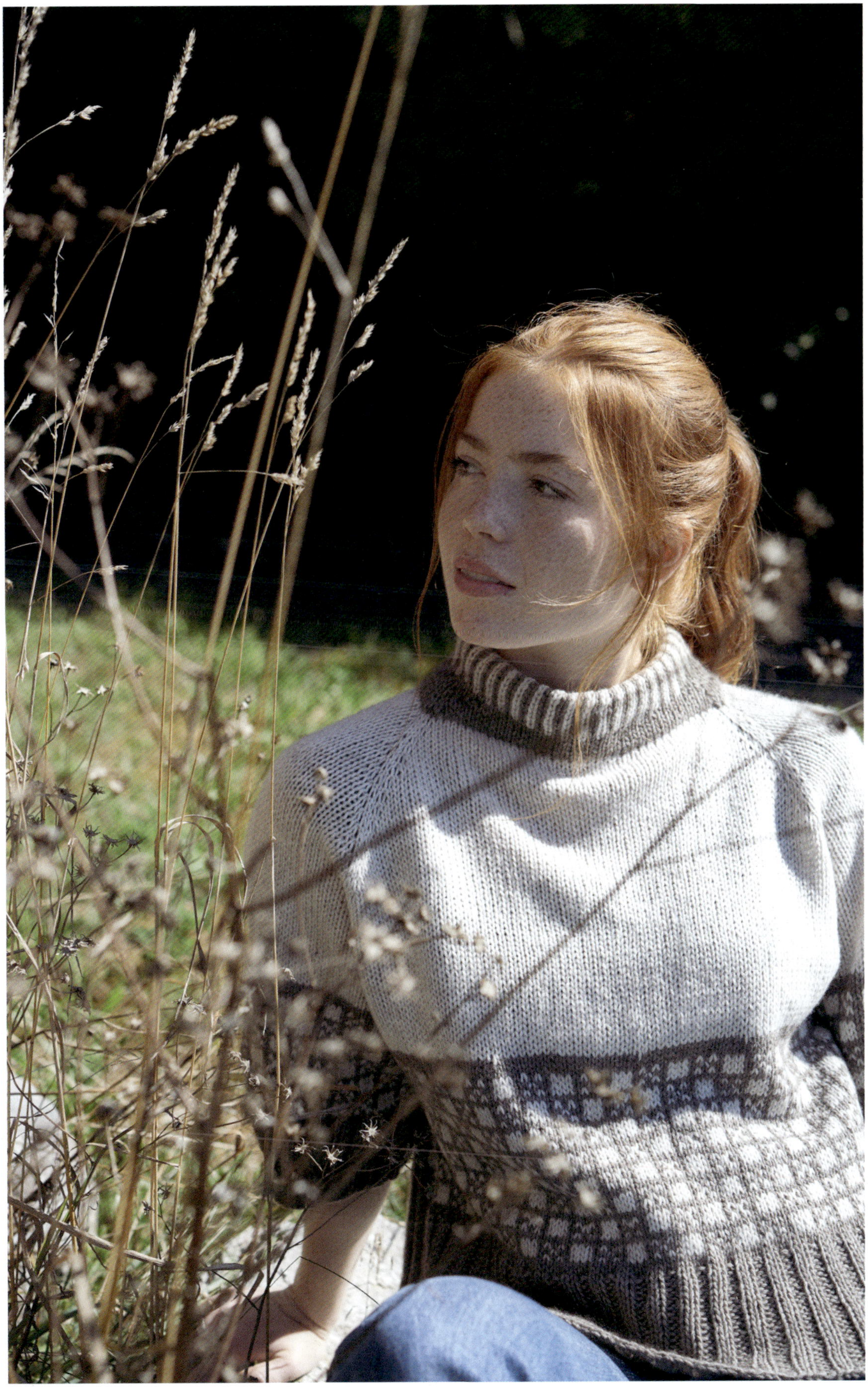

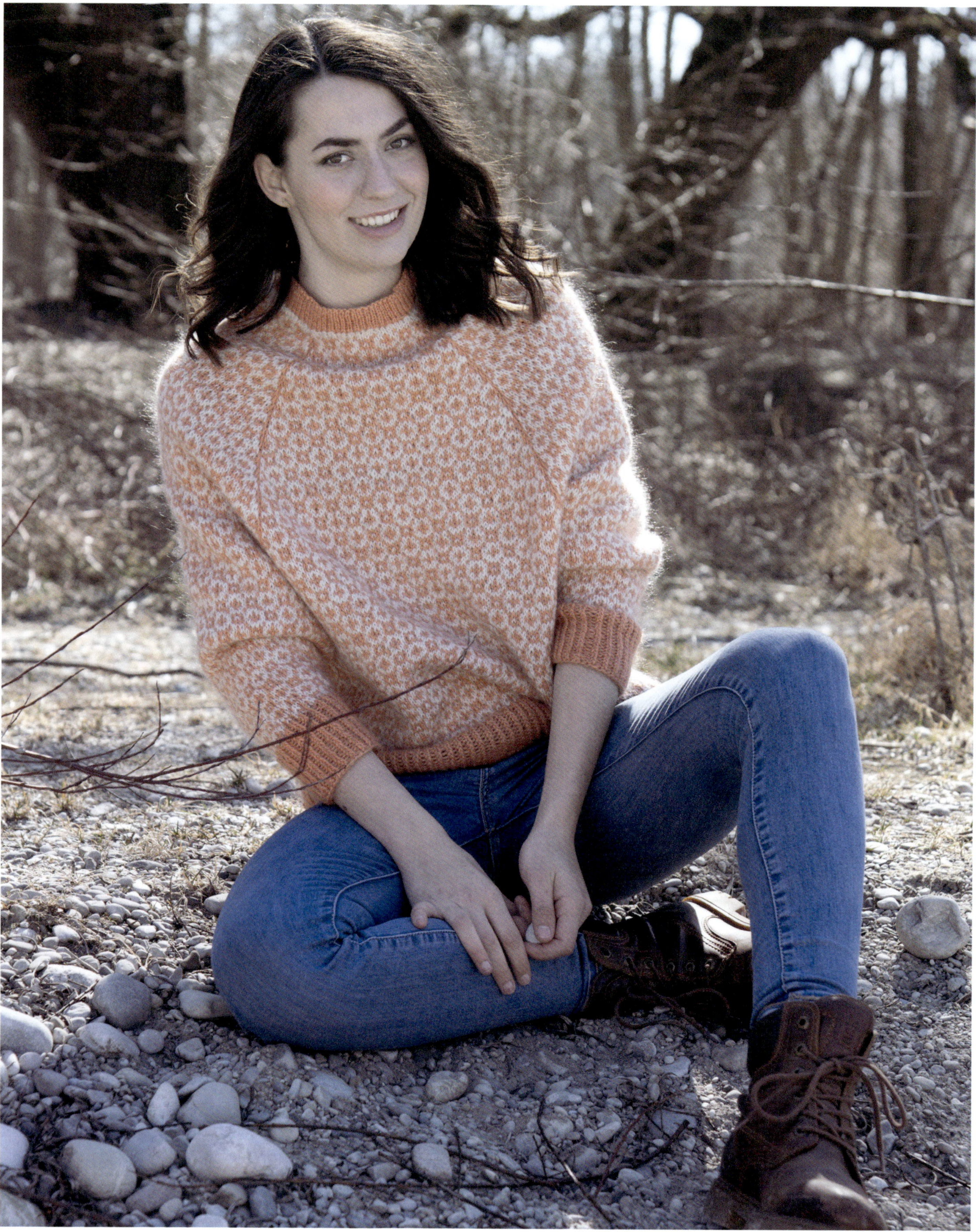

CAITRIONA

Pullover mit Fledermausärmeln

GRÖSSEN

S (M/L/XL/XXL)

Brustumfang

96 (104/110/116/122) cm – durch den Fledermauslook erhält man ca. 22 (25/28/32/35) cm Mehrweite

Raglanlänge

48 cm

Unterarmlänge

28 cm

Gesamtlänge

57 cm

MATERIAL

- Rauma Finull PT2 (100 % Norsk Ull, LL 50 g/175 m) in Hummer (Fb 4069), 150 (200/250/300/350) g, in Weiß (Fb 0401), 150 (200/250/300/350) g
- Rauma Plum (70 % Super Kidmohair, 30 % Polyamid, LL 250 m/25 g) in Hummer (Fb 189), 75 (75/100/125/125) g, und in Weiß (Fb 003), 75 (75/100/125/125) g
- Rundstricknadeln in verschiedenen Längen, Nadelstärke 4,5 mm
- Maschenmarkierer
- Vernähnadel
- Schere

MASCHENPROBE

Im Muster: 24/25 M x 24 R = 10 x 10 cm

MUSTER

Grundmuster

Glatt rechts in der angegebenen Strickschrift und Musterfolge.

Bundmuster

1 M rechts verschr, 1 M links, von * bis * fortlaufend wdh.

Verkürzte Reihen

Bebilderte Erklärung im Grundlagenteil auf Seite 19.

Zunahmen

Bebilderte Erklärung im Grundlagenteil auf Seite 15.

Raglanmaschen

1 M rechts in Hummer.

SO GEHT'S:

Es wird jeweils 1 Faden Finull mit 1 Faden Plum in der passenden Fb zusammengestrickt.

FORMUNG DES HINTEREN HALSAUSSCHNITTES

88 (104/120/136/152) M in Weiß anschlagen. Die Arbeit zur Rd schließen, dabei darauf achten, dass sich die M nicht verdrehen, MM zur Rd-Bezeichnung setzen = Ende VT vor RgM.

1. R in Weiß: 1 RgM rechts, MM setzen, 1 Zun, 24 (28/32/36/40) M rechts für den linken Ärmel, 1 Zun, 1 RgM rechts, MM setzen, 1 Zun, 16 (20/24/28/32) M rechts für das RT, 1 Zun, MM setzen, 1 RgM rechts, MM setzen, 1 Zun, 24 (28/32/36/40) M rechts für den rechten Ärmel, 1 Zun, MM setzen, 1 M rechts für das VT str, Arbeit wenden. Die MM jeweils an der entsprechenden Stelle umsetzen.

2. R in Weiß: Wende-M, RgM links, 26 (30/34/38/42) M für den rechten Ärmel, 1 RgM links, 18 (22/26/39/34) M für das RT, 1 RgM links, 26 (30/34/38/42) M für den linken Ärmel str, 1 RgM links, 1 M links für das VT, Arbeit wenden.

3. R in Weiß: Doppel-M, 1 RgM rechts, MM setzen, 1 Zun, 26 (30/34/38/42) M rechts für den linken Ärmel, 1 Zun, 1 RgM rechts, MM setzen, 1 Zun, 18 (22/26/30/34) M rechts für das RT, 1 Zun, MM setzen, 1 RgM rechts, MM setzen, 1 Zun, 26 (30/34/38/42) M rechts für den rechten Ärmel, 1 Zun, MM setzen, 1 M rechts, plus 1 M rechts für das VT str, Arbeit wenden.

4. R: Wende-M, 1 M links, RgM links, 28 (32/36/40/44) M für den rechten Ärmel, 1 RgM links, 20 (24/28/32/36) M für das RT, 1 RgM links, 28 (32/36/40/44) M für den linken Ärmel str, 1 RgM links, 1 M links, plus 1 M links für das VT, Arbeit wenden.

BEGINN DES MUSTERS UND DER RAGLANZUNAHMEN

1. Rd: Wende-M, 1 M rechts, 1 RgM in Hummer.

LINKER ÄRMEL

Größe S:

1 Zun (die 5. M des Mustersatzes), die 6–8. M des Mustersatzes, 3x den Mustersatz, 1x die 1.–3. M des Mustersatzes. 1 Zun (die 4. M des Mustersatzes) [= 32 M]

Größe M:

1 Zun (die 7. M des Mustersatzes), 1x die 8. M des Mustersatzes, 4x den Mustersatz, 1x die 1. M des Mustersatzes, 1 Zun (die 2. M des Mustersatzes) [= 36 M].

Größe L:

1 Zun (die 5. M des Mustersatzes), die 6.–8. M des Mustersatzes, 4x den Mustersatz, 1x die 1.–3. M des Mustersatzes. 1 Zun (die 4. M des Mustersatzes) [= 40 M].

Größe XL:

1 Zun (die 7. M des Mustersatzes), 1x die 1. M des Mustersatzes, 5x den Mustersatz, 1x die 1. M des Mustersatzes, 1 Zun (2. M des Mustersatzes) [= 44 M].

Größe XXL:

1 Zun (die 5. M des Mustersatzes), die 6.–8. M des Mustersatzes, 5x den Mustersatz, 1x die 1.–3. M des Mustersatzes. 1 Zun (die 4. M des Mustersatzes) [= 48 M].

1 RgM in Hummer.

RÜCKTEIL

Größe S:

1 Zun (die 5. M des Mustersatzes), die 6.–8. M des Mustersatzes, 2x den Mustersatz, 1x die 1.–3. M des Mustersatzes. 1 Zun (die 4. M des Mustersatzes) [= 24 M].

Größe M:

1 Zun (die 7. M des Mustersatzes), 1x die 8. M des Mustersatzes, 3x den Mustersatz, 1x die 1. M des Mustersatzes, 1 Zun (die 2. M des Mustersatzes) [= 28 M].

Größe L:

1 Zun (die 5. M des Mustersatzes), die 6.–8. M des Mustersatzes, 3x den Mustersatz, 1x die 1.–3. M des Mustersatzes. 1 Zun (die 4. M des Mustersatzes) [= 32 M].

Größe XL:

1 Zun (die 7. M des Mustersatzes), 1x die 8. M des Mustersatzes, 4x den Mustersatz, 1x die 1. M des Mustersatzes, 1 Zun (die 2. M des Mustersatzes) [= 36 M].

Größe XXL:

1 Zun (die 5. M des Mustersatzes), 1x die 6.–8. M des Mustersatzes, 4x den Mustersatz, 1x die 1.–3. M des Mustersatzes, 1 Zun (die 4. M des Mustersatzes) [= 40 M].

1 RgM in Hummer.

RECHTER ÄRMEL

Siehe linker Ärmel, 1 RgM in Hummer.

VORDERTEIL

Wie RT arb = 8 Zun insgesamt pro Rd [= 116 (132/148/164/180) M].

2. Rd: 1 RgM, 32 (36/40/44/48) M im Muster für den linken Ärmel, 1 RgM, 24 (28/32/36/40) M für das RT,

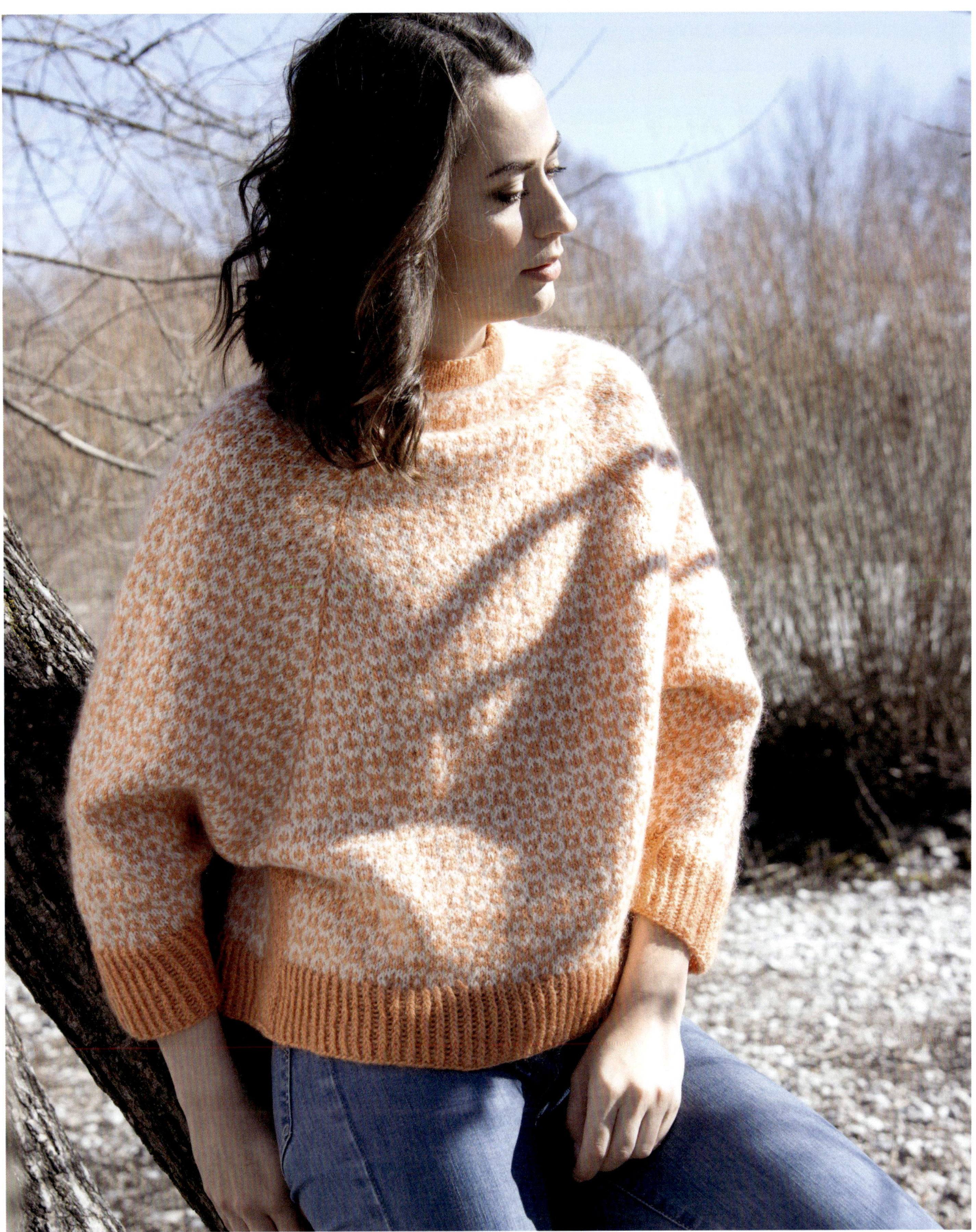

1 RgM, 32 (36/40/44/48) M im Muster für den rechten Ärmel, 1 RgM, 24 (28/32/36/40) M für das VT.

Nun weiter gemäß der Strickschrift arbeiten, diese fortlaufend in der Breite und 12 x in der Höhe str und dabei für die lange Raglanschräge noch 47 x 8 M in jeder 2. Rd zun [= 492 (508/524/540/556) M].

TRENNUNG VON KÖRPER UND ÄRMEL

MM entfernen, RgM str, 126 (130/134/138/142) M für den linken Ärmel stilllegen, 4 (6/8/10/12) Achsel-M mit beiden Fäden neu anschlagen, 118 (122/126/134/138) M für das RT im Muster weiterstr, 1 RgM in Hummer str, 126 (130/134/138/142) M für den rechten Ärmel stilllegen, 4 (6/8/8/12) Achsel-M mit beiden Fäden neu anschlagen, 1 RgM in Hummer str, 4 (6/8/8/12) Achsel-M mit beiden Fäden neu anschlagen, 118 (122/126/134/138) M für das VT im Muster weiterstr, MM setzen zur neuen Rd-Bezeichnung [= 248 (260/272/292/304) M].

Für Größe S/L/XXL werden die RgM sowie jeweils die 1. und letzte Achsel-M zu dem Muster hinzugefügt, sodass vollständige Mustersätze vor und nach den Achsel-M entstehen.

Für Größe M und XL werden die RgM zu den Achsel-M hinzugefügt und uni in Hummer gestrickt.

Die Achsel-M werden uni in Hummer gestrickt.

Für Größe S/L/XXL wird die RgM zu dem Muster dazugefügt, sodass ein halber Mustersatz jeweils vor und nach den Achsel-M entsteht.

Für Größe M und XL wird die RgM sowie jeweils 1 Achsel-M zu dem Muster hinzugefügt, sodass ein kompletter Mustersatz vor und nach den Achsel-M entsteht.

Die Achsel-M werden uni in Hummer gestrickt.

Insgesamt 28 Rd (2,5 x den Mustersatz in der Höhe) ab Achsel str.

Den weißen Arbeitsfaden abschneiden und nun weiter in Hummer str:

Die Achsel-M rechts str, MM setzen, innerhalb des RT gleichmäßig verteilt 19 (15/15/15/15) M abnehmen, einen MM setzen, die folgenden Achsel-M rechts str, MM setzen, innerhalb des VT 19 (15/15/15/15) M abnehmen, MM setzen.

Die Achsel-M weiterhin rechts str, die M des RT im Bundmuster str, hierbei mit 1 M links beginnen und enden, die folgenden Achsel-M rechts str, die M des VT im Bundmuster str, hierbei mit 1 M links beginnen und enden.

Nach insgesamt 15 Rd alle M rechts abketten.

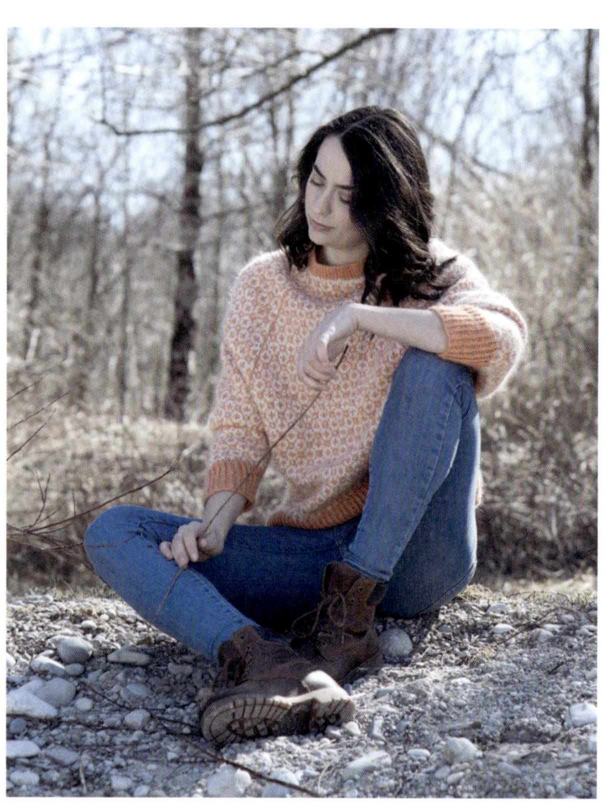

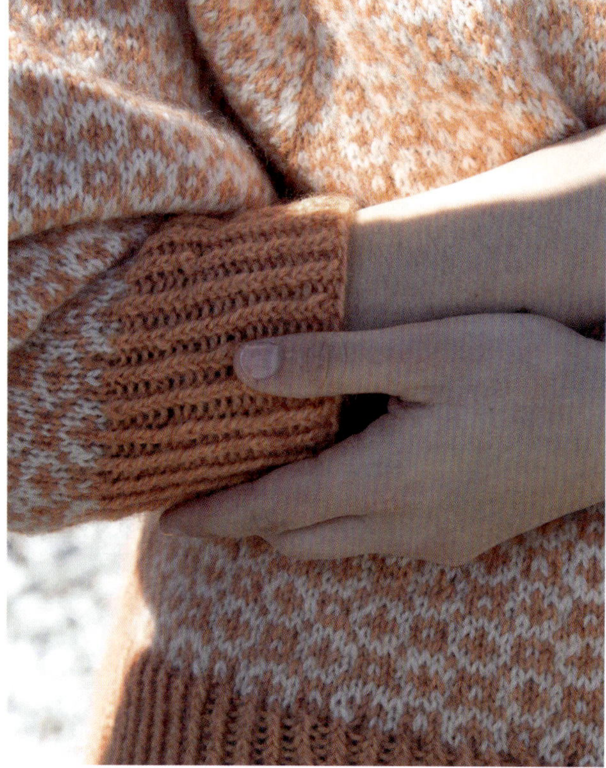

ÄRMEL

Die stillgelegten 126 (130/134/138/142) M für den Ärmel wieder auf eine Stricknadel legen. Direkt aus dem Achselrand des Körpers 4 (6/8/8/12) Achsel-M aufnehmen (mittig einen MM zur Rd-Bezeichnung setzen) und weiter im Grundmuster gemäß der Strickschrift arbeiten. Die neu aufgenommenen Achsel-M werden durchgehend uni in Hummer gestrickt [= 130 (136/142/146/154) M].

Für die seitliche Schrägung des Ärmels werden in jeder Rd vor und nach den Achsel-M je 1 M abgenommen:

1 (2/3/3/5) Achsel-M str, nun die letzte Achsel-M mit der 1. M des Musters rechts überzogen zusstr (die Achsel-M in Hummer liegt oben auf), alle M der Rd bis zu der letzten M im Grundmuster vor den Achsel-M str. Diese M sowie die 1. Achsel-M rechts zusstr (die Achsel-M in Hummer liegt oben), 1 (2/3/3/5) Achsel-M str.

Diese Abn insgesamt noch 38x wdh = 78 Abn [= 52 (58/64/68/76) M].

Arbeitsfaden in Weiß abschneiden und weiter in Hummer str.

2 (3/4/4/6) Achsel-M rechts str, innerhalb der nächsten 48 (52/56/60/64) M gleichmäßig verteilt 5 (7/9/11/13) M abn, 2 (3/4/4/6) Achsel-M rechts str.

2 (3/4/4/6) Achsel-M rechts str, *1 M links, 1 M rechts verschr*, von * bis * 21x (22x/23x/24x/25x) str, 1 M links, 2 (3/4/4/6) Achsel-M rechts str.

Nach 15 Rd alle M rechts str.

KRAGEN

Aus dem Anschlagrand in Hummer 72 (88/104/120/136) M auffassen, einen MM zur Rd-Bezeichnung setzen und 8 Rd glatt rechts str. Anschließend 1 Rd linke M str = Klapprand.

Weitere 8 Rd glatt rechts str, alle M abketten.

Den Kragen nach innen klappen und an der Anschlagkante annähen.

FERTIGSTELLEN

Alle Fäden sorgfältig vernähen. Den Pullover gemäß den Herstellerangaben des Garns waschen und liegend trocknen lassen.

STRICKSCHRIFT

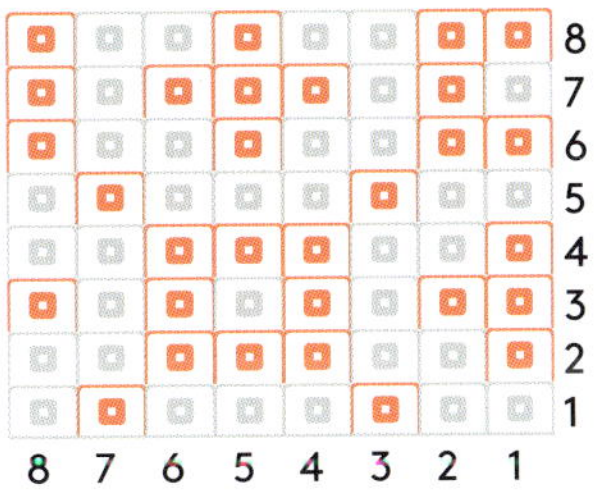

■	□	□	■	□	□	■	■	8
■	□	■	■	■	□	■	□	7
■	□	□	■	□	□	■	■	6
□	■	□	□	□	■	□	□	5
□	□	■	■	■	□	□	■	4
■	□	■	□	■	□	■	■	3
□	□	■	■	■	□	□	■	2
□	■	□	□	□	■	□	□	1
8	7	6	5	4	3	2	1	

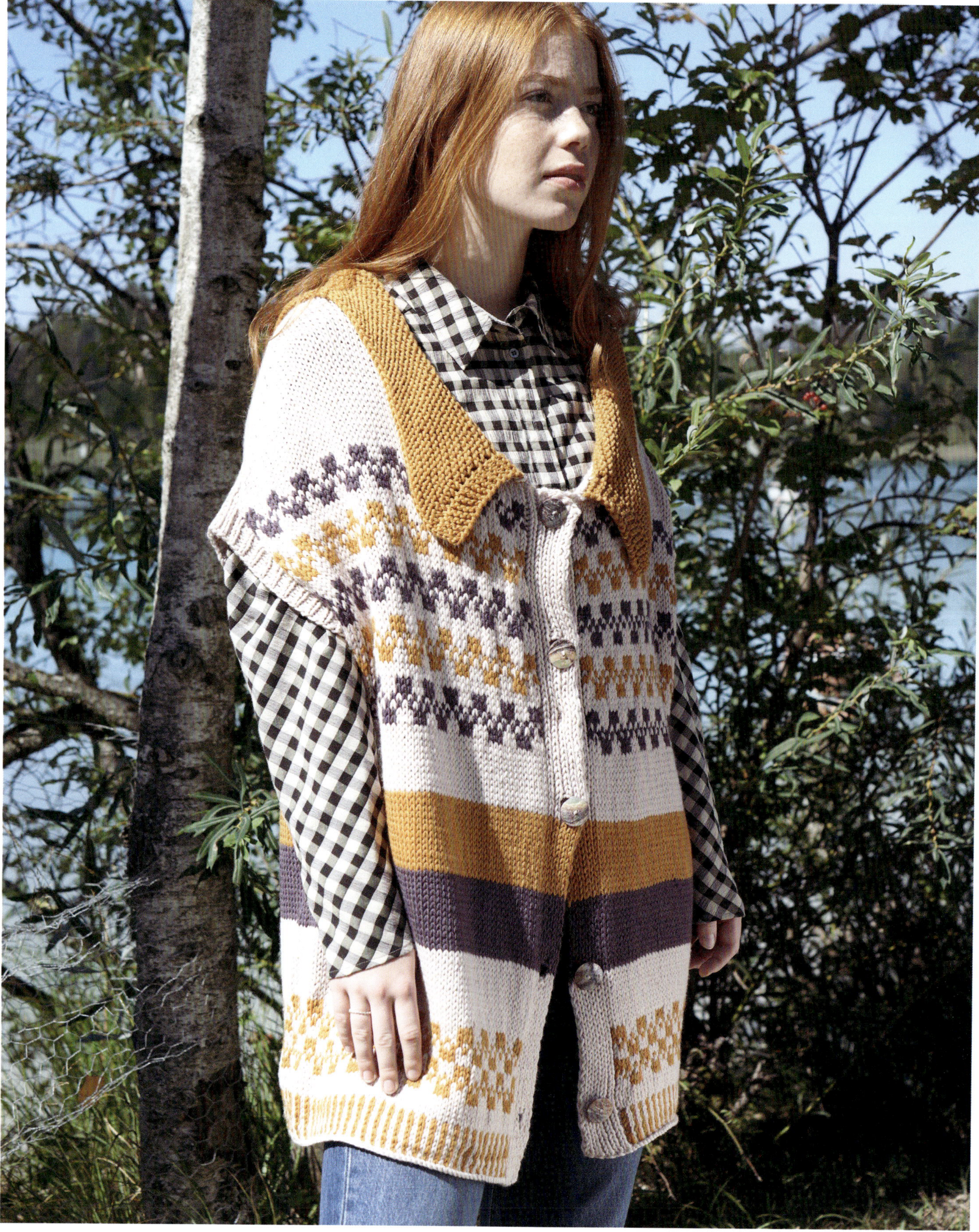

SHONA

Lässige Oversize-Weste

◆◆◆

GRÖSSEN

Einheitsgröße

Brustumfang

130 cm

Gesamtlänge

75 cm

MATERIAL

- Rosy Green Wool Big Merino Hug (100 % organic Merino extra fine, LL 160 m/100 g) in Sahne (Fb 118), 400 g, in Karamell (Fb 136), 200 g, und in Amethyst (Fb 134), 100 g
- 5 Jim Knopf Perlmuttknöpfe Agoya in Dunkelviolett Ø 26 mm, Artikel 11957
- Rundstricknadeln in verschiedenen Längen, Nadelstärke 5,5 mm
- Maschenraffer oder zwei Fäden zum Stilllegen der Schultermaschen
- Maschenmarkierer
- Vernähnadel
- Schere

MASCHENPROBE

In glatt rechts: 16/17 M x 25 R = 10 x 10 cm

Im Muster: 18 M x 25 R = 10 x 10 cm

MUSTER

Grundmuster

Glatt rechts in der angegebenen Strickschrift und Musterfolge.

STRICKWEISE

Die Weste wird ausgehend von der Halspartie über eine breite Schulternaht gestrickt. Die Vorderteile und das Rückteil werden durch Zun rechts und links der Schulternaht geformt. Der breite Kragen wird separat angestrickt, die Knopflochblende wird direkt angestrickt.

SO GEHT'S:

48 M in Sahne mit NS 5,5 mm anschlagen.

1. R: 1 RM rechts, 1 M rechts, MM setzen, (1 M links, 2 M rechts, 1 M links = Schulter-M), MM setzen, 36 M rechts für das RT, MM setzen, (1 M links, 2 M rechts, 1 M links = Schulter-M), MM setzen, 1 M rechts, 1 RM rechts.

2. R: 1 RM links, (2 M aus 1 M str: 1 M links, 1 M links verschr), (4 Schulter-M: 1 M rechts, 2 M links, 1 M rechts), (2 M aus 1 M str: 1 M links, 1 M links verschr), 34 M links für das RT, (2 M aus 1 M str: 1 M links, 1 M links verschr), (4 Schulter-M: 1 M rechts, 2 M links, 1 M rechts), (2 M aus 1 M str: 1 M links, 1 M links verschr), 1 RM links [= 52 M].

3. R: 1 RM rechts, 1 M rechts, (2 M aus 1 M str: 1 M rechts, 1 M rechts verschr), 4 Schulter-M mustergemäß str, (2 M aus 1 M str), 36 M rechts, (2 M aus 1 M str), 4 Schulter-M mustergemäß str, (2 M aus 1 M str) 1 M rechts, 1 RM rechts [= 56 M].

4. R: 1 RM links, 2 M links, (2 M aus 1 M str: 1 M links, 1 M links verschr), 4 Schulter-M mustergemäß str, (2 M aus 1 M str), 38 M links, (2 M aus 1 M str), 4 Schulter-M mustergemäß str, (2 M aus 1 M str), 2 M links, 1 RM links [= 60 M].

Die 3.–4. R noch 7x (14 R) wdh [= 116 M].

FORMUNG DES HALSAUSSCHNITTS AN DEN VORDERTEILEN

1. R: Beginn linkes VT: RM rechts, 1 M rechts aus dem QF zun, 17 M rechts, (2 M aus 1 M str), 4 Schulter-M str, (2 M aus 1 M str), 68 M rechts, (2 M aus 1 M str), 4 Schulter-M str, (2 M aus 1 M str), 17 M rechts, 1 M aus dem QF zun, 1 RM rechts [= 122 M].

2. R: RM links, 19 M links, (2 M aus 1 M str), 4 Schulter-M str, (2 M aus 1 M str), 70 M links, (2 M aus 1 M str), 4 Schulter-M str, (2 M aus 1 M str) 19 M links, RM [= 126 M].

3. R: RM rechts, 20 M rechts, (2 M aus 1 M str), 4 Schulter-M str, (2 M aus 1 M str), 72 M rechts, (2 M aus 1 M str), 4 Schulter-M, (2 M aus 1 M str), 20 M rechts, RM rechts [= 130 M].

4. R: RM links, 21 M links, (2 aus 1 M str), 4 Schulter-M str, (2 aus 1 M str), 74 M links, (2 aus 1 M str), 4 Schulter-M str, (2 aus 1 M str), 21 M links, RM links [= 134 M].

5. R: RM rechts, 1 M rechts aus dem QF zun, 22 M rechts, (2 M aus 1 M str), 4 Schulter-M str, (2 M aus 1 M str), 76 M rechts, (2 M aus 1 M str), 4 Schulter-M str, (2 M aus 1 M str), 22 M rechts, 1 M aus dem QF zun, 1 RM rechts [= 140 M].

6. R: Wie die 4. R str [= 144 M].

7. R: RM rechts, 1 M rechts aus dem QF zun, 25 M rechts, (2 M aus 1 M str), 4 Schulter-M str, (2 M aus 1 M str), 80 M rechts, (2 M aus 1 M str), 4 Schulter-M str, (2 M aus 1 M str), 25 M rechts, 1 M aus dem QF zun, 1 RM rechts [= 150 M].

8. R: Wie die 4. R str [= 154 M].

9. R: 2 zusätzliche M aufstr bzw. 2 zusätzliche M am Ende der 8. R zun, 29 M rechts, (2 M aus 1 M), 4 Schulter-M str, (2 M aus 1 M str), 84 M rechts, (2 M aus 1 M str), 4 Schulter-M, (2 M aus 1 M str), 29 M rechts, 2 zusätzliche M aufnehmen [= 162 M].

10. R: Wie die 4. R str [= 166 M].

11. R: 3 zusätzliche M am Ende der 10. R aufstr, 33 M rechts, (2 M aus 1 M), 4 Schulter-M str, (2 M aus 1 M str), 88 M rechts, (2 M aus 1 M str), 4 Schulter-M, (2 M aus 1 M str), 33 M rechts, 2 zusätzliche M aufnehmen = 176 M.

12. R: Wie die 4. R str [= 180 M].

13. R: 4 zusätzliche M aufstr bzw. 4 zusätzliche M am Ende der 12. R zun, 38 M rechts, (2 M aus 1 M), 4 Schulter-M str, (2 M aus 1 M str), 92 M rechts, (2 M aus 1 M str), 4 Schulter-M, (2 M aus 1 M str), 38 M rechts, 4 zusätzliche M aufnehmen = 192 M.

14. R: Wie die 4. R str [= 196 M].

15. R: 17 zusätzliche M aufstr bzw. 17 zusätzliche M am Ende der 14. R zun, 44 M rechts, (2 M aus 1 M), 4 Schulter-M str, (2 M aus 1 M str), 96 M rechts, (2 M aus 1 M str), 4 Schulter-M, (2 M aus 1 M str), 44 M rechts, 17 zusätzliche M aufnehmen [= 234 M].

17 M = 6 M für das VT, 11 M Blende.

16. R: RM rechts, *1 M links, 1 M rechts*, von * bis * 5x str = Blende, 51 M links, (2 M aus 1 M str), 4 Schulter-M str, (2 M aus 1 M str), 98 M links, (2 M aus 1 M str), 4 Schulter-M str, (2 M aus 1 M str), 51 M links, *1 M rechts, 1 M links*, von * bis * 5x str, RM mit Faden vor der Arbeit abh [= 238 M].

17. R: RM rechts, 10 M Blende, 52 M rechts, (2 M aus 1 M str), 4 Schulter-M str, (2 M aus 1 M str), 100 M rechts, (2 M aus 1 M str), 4 Schulter-M str, (2 M aus 1 M str), 52 rechts, 10 M Blende, RM mit Faden vor der Arbeit abh [= 242 M].

18. R: RM rechts, 10 M Blende, 53 M links, (2 M aus 1 M str), 4 Schulter-M str, (2 M aus 1 M str), 102 M links, (2 M aus 1 M str), 4 Schulter-M str, (2 M aus 1 M str), 53 M links, 10 M Blende, RM mit Faden vor der Arbeit abh [= 246 M].

19. R: RM rechts, 10 M Blende, 54 M rechts, (2 M aus 1 M str), 4 Schulter-M str, (2 M aus 1 M str), 104 M rechts, (2 M aus 1 M str), 4 Schulter-M str, (2 M aus 1 M str), 54 M rechts, 1. Knopfloch: *1 M links, 1 M rechts*, von * bis * 2x str, 3 M, ohne zu str, abketten, diese 3 M direkt wieder anschlagen, restl 3 M mustergemäß str, RM mit Faden vor der Arbeit abh [= 250 M].

Weitere 4 Knopflöcher im Abstand von 22 R auf die gleiche Art einarbeiten.

20. R: RM rechts, 10 M Blende, 55 M links, (2 M aus 1 M str), 4 Schulter-M str, (2 M aus 1 M str), 106 M links, (2 M aus 1 M str), 4 Schulter-M str, (2 M aus 1 M str), 55 M links, 10 M Blende, RM mit Faden vor der Arbeit abh = 254 M. Hier im Bereich der VT für den Musterausgleich jeweils 2 M links, im RT 5 M links verschr aus dem QF zun = 58 M pro VT/113 M für das RT [= 263 M].

Die Zun für die Schultern sind hier beendet und die Vorderteile und das Rückteil werden separat zu Ende gestrickt.

LINKES VORDERTEIL

Es bleiben hier nur die M des linken VT auf der Nadel, die 4 Schulter-M werden jeweils auf einem M-Raffer oder einem Faden stillgelegt, die M für das RT und das rechte VT werden ebenfalls auf separaten Seilen/Fäden stillgelegt.

Hier wird nun gemäß der Strickschrift gestrickt, die 10 M der Blende sowie die RM werden in den folgenden 37 R in Sahne gestrickt.

RM, 10 M Blende in Sahne, den Mustersatz von 6 M 9x str, 1x 1.–3. M des Mustersatzes str, RM in Sahne rechts str.

Die 16 R des Mustersatzes 2x, die 1.–5. R 1x str.

Anschließend die M auf einem separaten Seil/Faden stilllegen.

RÜCKTEIL

Die 113 M des RT wieder auf eine Stricknadel legen und direkt gemäß der Strickschrift str:

RM in Sahne, 18x den Mustersatz à 6 M, 1x die 1.–3. M des Mustersatz, RM in Sahne.

Die 16 R des Mustersatz 2x str, die 1.–5. R 1x str.

Anschließend die M auf einem separaten Seil/Faden stilllegen.

RECHTES VORDERTEIL

Die 69 M des rechten VT wieder auf die Stricknadel legen und gegengleich zum linken VT str.

Die 16 R des Mustersatzes 2x, die 1.–5. R 1x str.

In der 6. R der Strickschrift (RR) werden alle Teile miteinander verbunden:

69 M des rechten VT, 113 M des RT, 69 M des linken VT [= 251 M].

In der folgenden Einteilung breite Streifen wie folgt str:

RM, 10 M Blende, 229 M glatt rechts, 10 M Blende, RM.

10 R in Sahne.

12 R in Karamell.

12 R in Amethyst.

12 R in Sahne, in der 11. R gleichmäßig verteilt 4 M abn, die Blende hierbei aussparen [= 247 M].

Anschließend die 9.–12. R der Strickschrift 2x in der Höhe str = 8 R:

RM, 10 M Blende in Sahne, 37x den Mustersatz à 6 M, 1x die 1.–3. M des Mustersatzes, 10 M Blende, 1 RM in Sahne.

4 R in Sahne str:

RM, 10 M Blende, 225 M glatt rechts, 10 M Blende, RM.

8 R in der folgenden Fb-Einteilung str:

RM, 10 M Blende in Sahne, *1 M rechts in Karamell, 1 M rechts in Sahne*, von * bis * 112x str, 1 M rechts in Karamell, 10 M Blende, RM in Sahne.

In den RR die M und Fb str, wie sie erscheinen.

1 R in Sahne str und anschließend alle M auf der Rückseite der Arbeit rechts abketten.

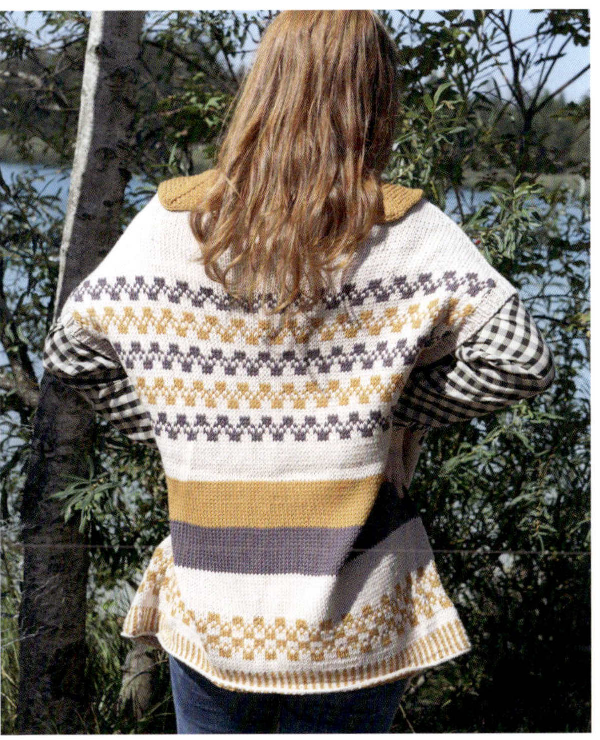

KRAGEN

Der Kragen wird in kraus rechts gestrickt.

Aus der Innenseite der Anschlagkante 105 M in Karamell aufnehmen (35 M pro VT, 35 M RT).

1. R: RM rechts abh, 34 M rechts, MM setzen, 3 M links, MM setzen, 29 M rechts, MM setzen, 3 M links, MM setzen, 34 M rechts, RM rechts.

2. R: RM rechts abh, 4 M rechts, 1 U, 30 M rechts, 1 U, 3 M rechts, 1 U, 29 M rechts, 1 U, 3 M rechts, 1 U, 30 M rechts, 1 U, 5 M rechts [= 111 M].

3. R: RM rechts abh, 4 M rechts, U rechts str, 30 M rechts, U rechts str, 3 M links, U rechts str, 29 M rechts, U rechts str, 3 M links, U rechts str, 30 M rechts, U rechts str, 5 M rechts.

Die 2.–3. R noch 14 x wdh (insgesamt 30 R) [= 195 M].

In der nächsten R alle M locker rechts abketten.

ÄRMELBORTE

Linker Ärmel: Beginnend an der Achsel aus dem VT 35 M auffassen, die stillgelegten 4 Schulter-M auf die Nd legen und die M str, wie sie erscheinen, aus dem RT 34 M auffassen [= 73 M].

1.–6. Rd: *1 M rechts, 1 M links*, von * bis * 17 x wdh, 1 M rechts, 1 M links, 2 M rechts, 1 M links, *1 M rechts, 1 M links, von * bis * 17 x wdh.

Anschließend alle M im Muster locker abketten.

Den rechten Ärmel gegengleich str.

FERTIGSTELLEN

Alle Fäden sorgfältig vernähen. Die Weste gemäß den Herstellerangaben des Garns waschen, liegend in Form bringen und trocknen lassen. Die Knöpfe mit der naturfarbenen Seite annähen.

STRICKSCHRIFT

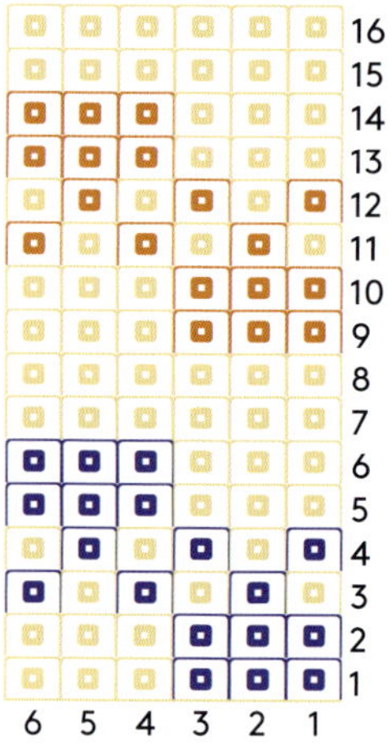

Die Strickschrift wird gemäß den Angaben in der Anleitung gestrickt.

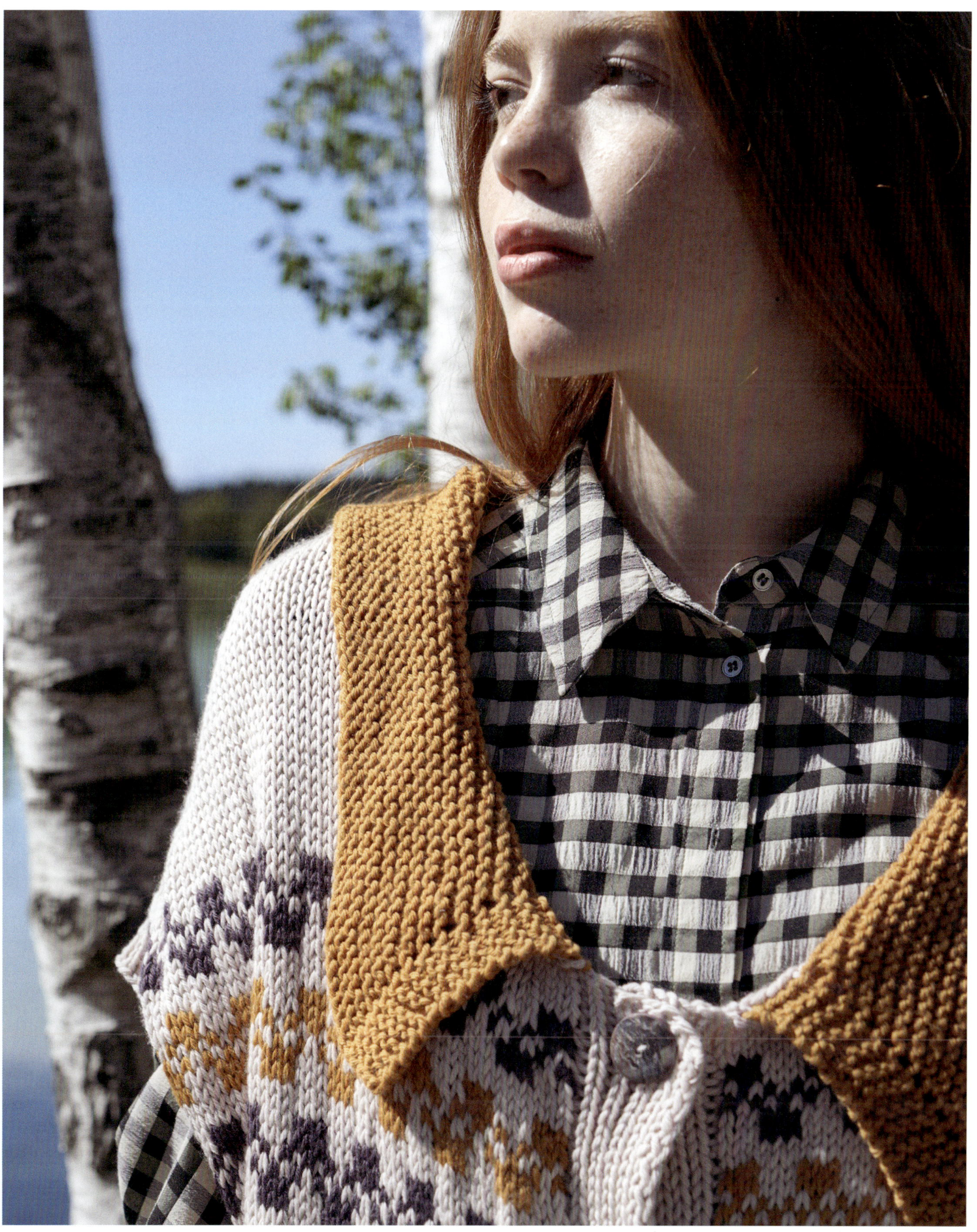

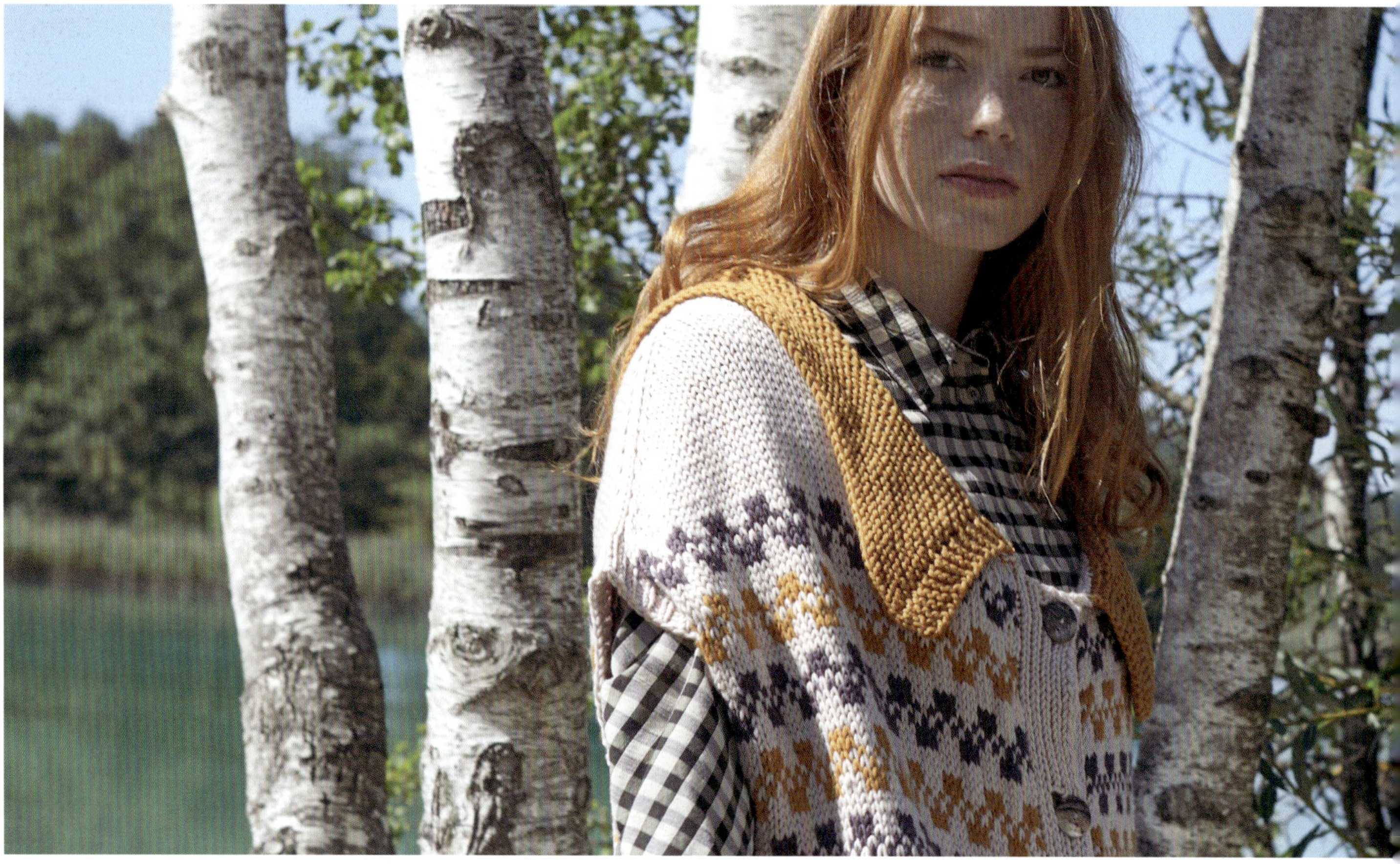

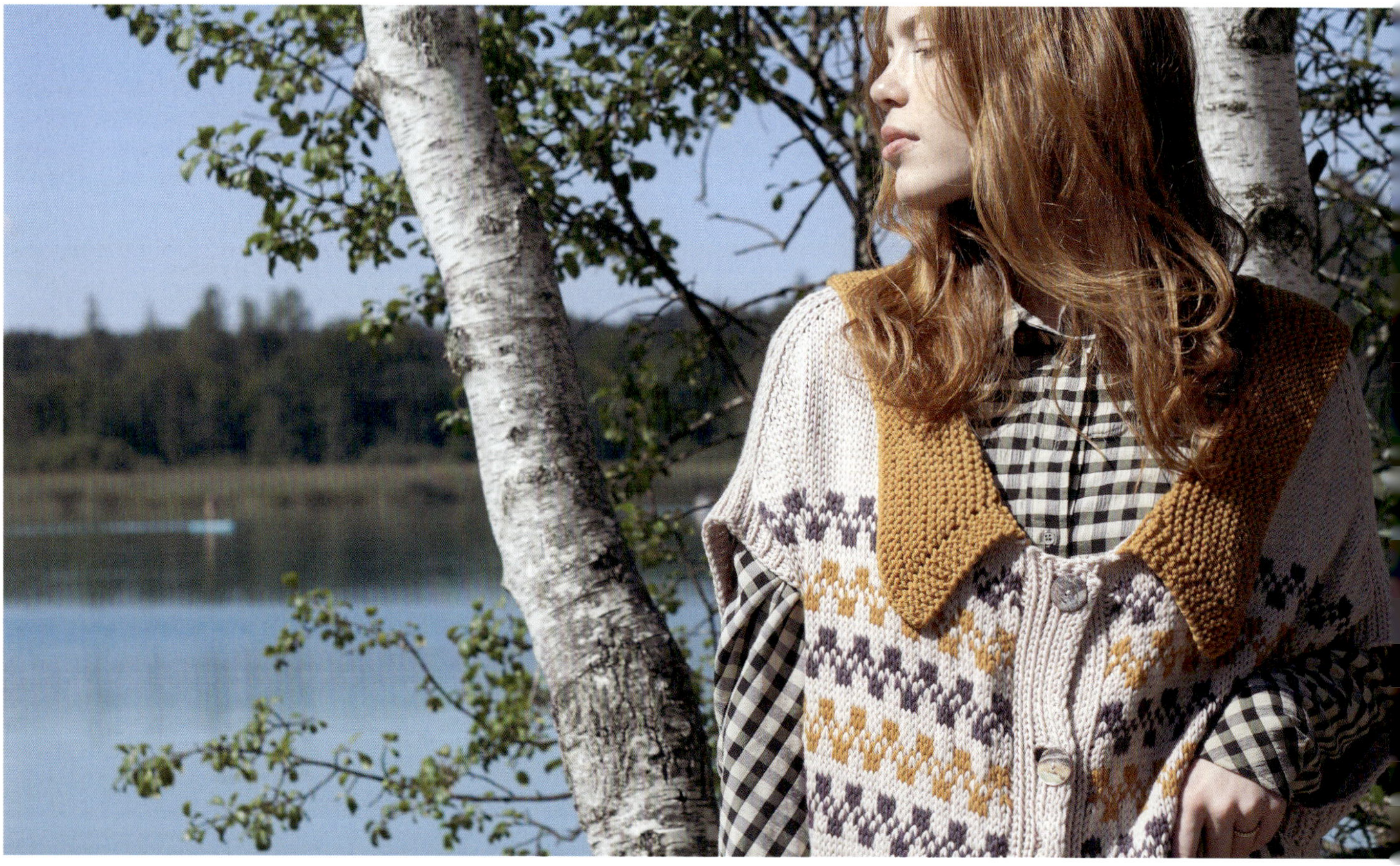

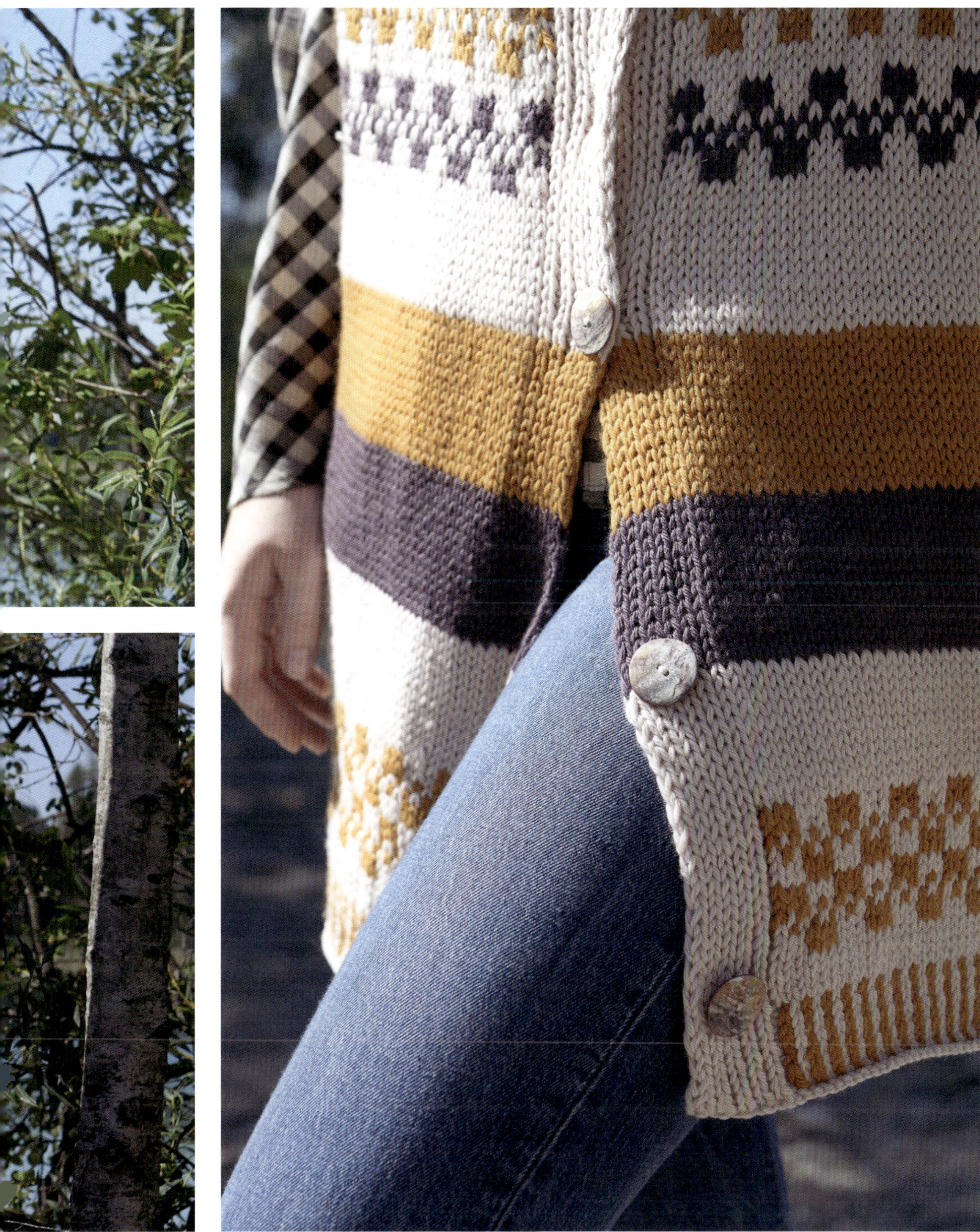

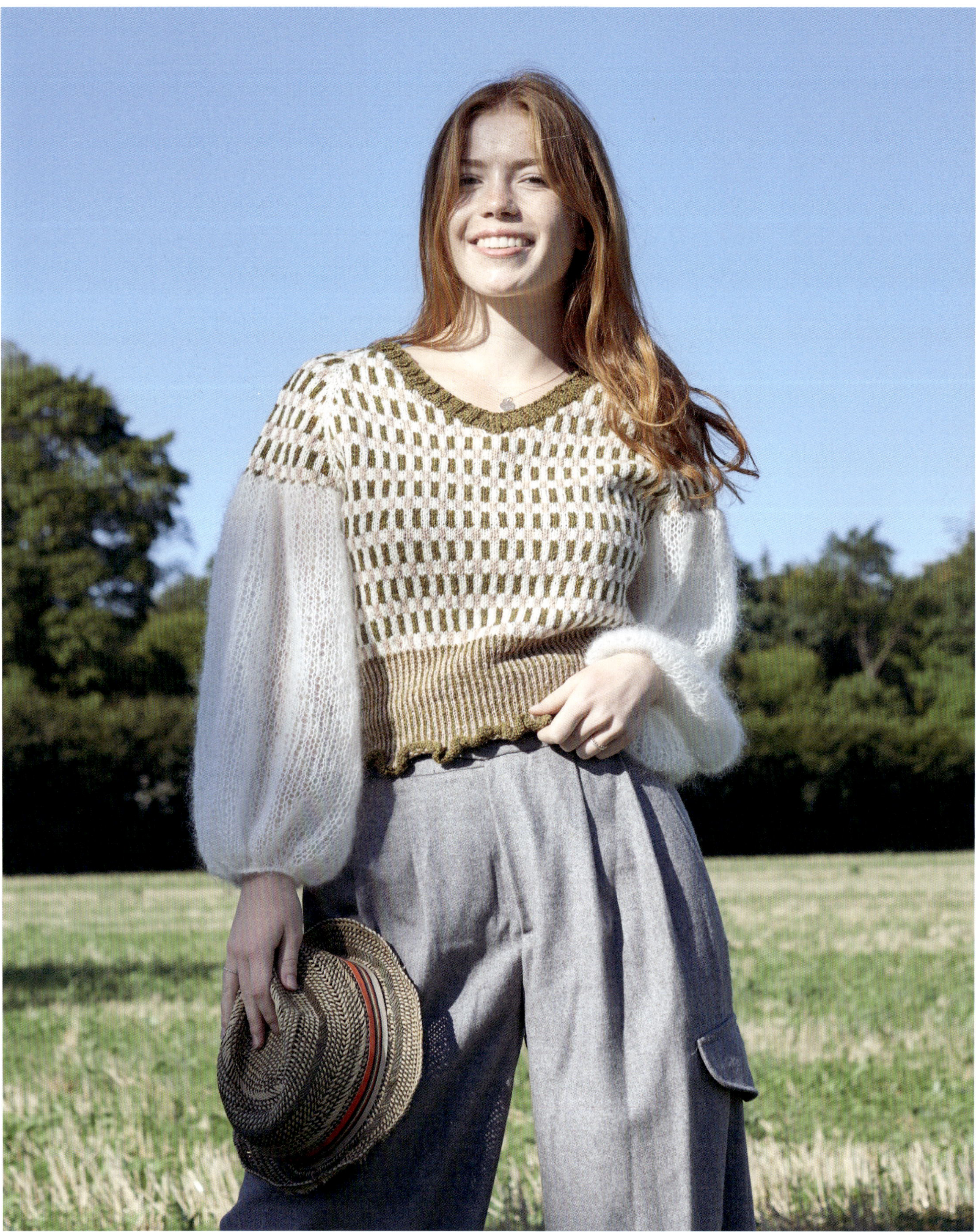

ENYA

V-Neck-Pullover mit luftigen Ärmeln

◆◆◆

GRÖSSEN

S (M/L/XL/XXL)

BRUSTUMFANG

85 (95/105/115/125) cm

Gesamtlänge

55 cm

Unterarmlänge

43 cm

MATERIAL

- Rauma Finull (100 % Norsk Ull, LL 175 m/50 g) in Moos (Fb 4129), 100 (100/150/150/200) g, in Rosa (Fb 4138), 50 (50/100/100/100) g, und in Weiß (Fb 0401), 100 (100/150/150/150) g
- Rauma Plum (70 % super Kid Mohair, 30 % Polyamid, LL 250 m/50 g) in Weiß (Fb 003), 150 g
- Rundstricknadeln in verschiedenen Längen, Nadelstärke 3,0 und 3,5 mm und Nadelstärke 8,0 mm für die Ärmel
- Separates Seil oder Fäden zum Stilllegen der Ärmel-M
- Maschenmarkierer
- Schere
- Vernähnadel

MASCHENPROBE

Im Muster: 24 M x 25 R = 10 x 10 cm

MUSTER

Grundmuster

Glatt rechts in der angegebenen Strickschrift und Musterfolge.

Raglanmaschen

2 M glatt rechts in Weiß

SO GEHT'S:

86 (90/102/106/118) M in Moos mit NS 3,5 mm anschlagen und direkt in der folgenden M-Einteilung gemäß der Strickschrift str:

Bei Bedarf MM setzen und jeweils an der entsprechenden Stelle umsetzen.

1. R: Linkes VT: RM rechts, 1 M in Weiß, **1 Zun in Moos**, einen MM zur Rd-Bezeichnung setzen, 2 RgM in Weiß, linker Ärmel: **1 Zun in Moos**, *2 M in Weiß, 2 M in Moos*, von * bis * 3x (3x/4x/4x/5x) str, 2 M in Weiß, **1 Zun in Moos**, 2 RgM in Weiß, RT: **1 Zun in Moos**, *2 M in Weiß, 2 M in Moos*, von * bis * 11x (12x/13x/14x/15x) str, 2 M in Weiß, **1 Zun in Moos**, 2 RgM in Weiß, rechter Ärmel: **1 Zun in Moos**, *2 M in Weiß, 2 M in Moos*, von * bis * 3x (3x/4x/4x/5x) str, 2 M in Weiß, **1 Zun in Moos**, 2 RgM in Weiß, rechtes VT: **1 Zun in Moos**, 2 M in Weiß + 1 M in Moos mit beiden Fäden zun [= 95 (99/111/115/127) M].

2. R: Alle M links str, die Fb, wie sie erscheinen, am Ende der R eine M in Moos mit beiden Arbeitsfäden für das VT aufn [= 96 (100/112/116/128) M].

Die Raglanzunahmen (hier fett unterlegt) noch 23x (27x/31x/35x/39x) str, dabei die Zun folgerichtig in das Muster einfügen.

Für den V-Neck werden noch 8x (8x/8x/10x/11x) 1 M, 2x (3x/4x/4x/5x) 2 M, 2x 3 M, 1x 4 M zugenommen, auch diese M folgerichtig gemäß der Strickschrift einfügen = 23 (25/27/29/31) M für den V-Neck pro halbem VT. Nach Beendigung der Zun werden in der folgenden R die VT zusammengestrickt, hier die RM des rechten und linken VT mit in das Muster einfügen = 48 (52/56/60/64) M für das VT. Ab dieser Stelle wird in Rd weitergestrickt und die Zun für den Raglan zu Ende gestrickt.

ÄRMEL VOM KÖRPER TRENNEN

Ab Rd-Bezeichnung linker Ärmel, vor den RgM, für den linken Ärmel M auf einem separaten Seil stilllegen: 2 RgM, 60 (64/72/76/84) Ärmel-M, 2 RgM. 6 neue Achsel-M mit beiden Arbeitsfäden anschlagen (neue Rd-Bezeichnung: MM mittig setzen), 94 (106/118/130/142) M für das RT im Muster str. Für den rechten Ärmel M auf einem separaten Seil stilllegen: 2 RgM, 60 (64/72/76/84) Ärmel-M, 2 RgM. 6 Achsel-M mit beiden Arbeitsfäden anschlagen, 96 (108/120/132/144) M für das VT im Muster str [= 202 (226/250/274/298) M].

Das Muster bis zu einer Gesamthöhe – gemessen ab Anschlag RT – von 39 cm (10x den Mustersatz von 10 R) str. Anschließend weitere 13 cm in folgender Fb-Einteilung str:

1 M in Rosa, 1 M in Moos, von * bis * fortlaufend wdh.

RÜSCHENRAND

1. Rd: In Moos und NS 3,0 mm *1 M rechts, 1 U* fortlaufend bis zum Ende der Rd str [= 404 (452/500/548/596) M].

2. Rd: Alle M und Umschläge rechts str.

3.–4 Rd: Alle M rechts str.

Alle M rechts abketten.

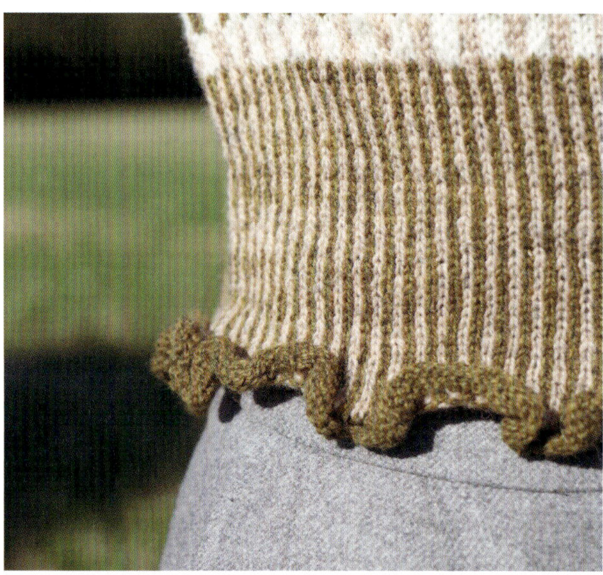

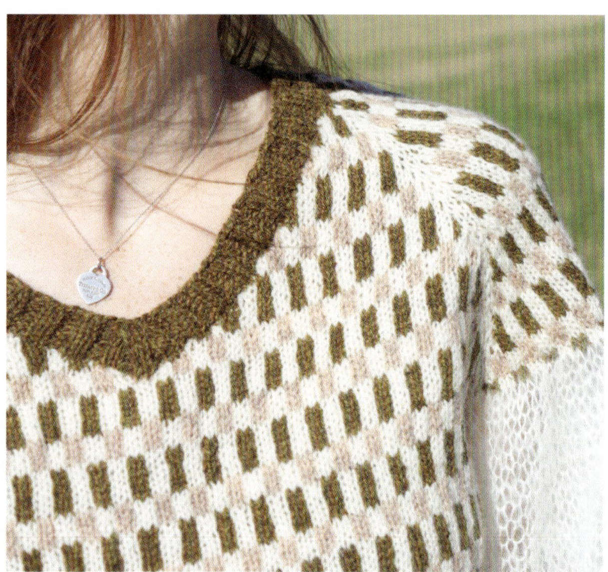

KRAGEN

Für den Kragen werden M aus der Anschlag- und Ausschnittkante aufgenommen. Rd-Beginn ist an der rechten RgM des RT: In Moos und NS 3,0 mm 38 (42/46/50/54) M für das RT, 12 M für den Ärmel, 36 (40/44/48/52) M für die linke VT-Hälfte, 2 M in der V-Neck-Spitze, 36 (40/44/48/52) M für die rechte VT-Hälfte, 12 M für den Ärmel aufnehmen.

1. Rd: *2 M links, 2 M rechts*, von * bis * fortlaufend bis zu den 2 M vor den mittleren 2 M der V-Neck-Spitze str, diese 2 M links str, 2 Mittel-M rechts str, *2 M links, 2 M rechts*, von * bis * bis zum Rd-Ende wdh.

2. Rd: Alle M mustergemäß bis zu der letzten M vor den 2 Mittel-M str: Diese M mit der 1. M der Mittel-M rechts zusstr, die nächste Mittel-M mit der folgenden M rechts überzogen zusstr.

1. und 2. Rd noch 3 x wdh. Diese Abn noch 3 x in jeder 2. Rd str, anschließend alle M locker im Muster abketten.

ÄRMEL

Die Ärmel werden zweifädig in Plum gestrickt.

Die 64 (68/76/80/88) Ärmel-M auf eine Stricknadel NS 3,5 mm legen, aus dem Achselrand des Körpers 6 Achsel-M mit 2 Fäden Plum auffassen [= 70 (74/82/86/94) M]

Anschließend mit NS 8,0 mm 41 cm glatt rechts in Rd str.

3 Rd glatt rechts mit NS 3,5 mm str.

In der nächsten Rd *1 M rechts, 2 M rechts überzogen zusstr*, von * bis * wdh.

1 Rd glatt rechts str und anschließend alle M rechts abketten.

FERTIGSTELLEN

Alle Fäden sorgfältig vernähen. Den Pullover gemäß den Herstellerangaben des Garns waschen und liegend trocknen lassen.

STRICKSCHRIFT

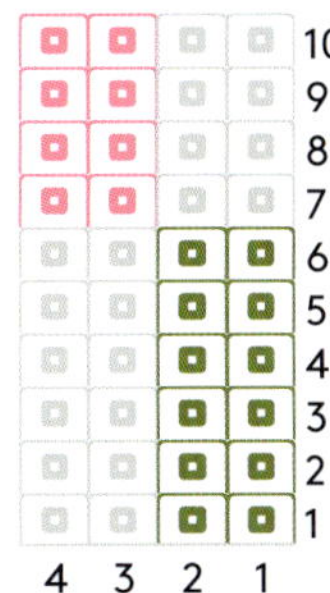

Die Strickschrift wird gemäß den Angaben in der Anleitung gestrickt.

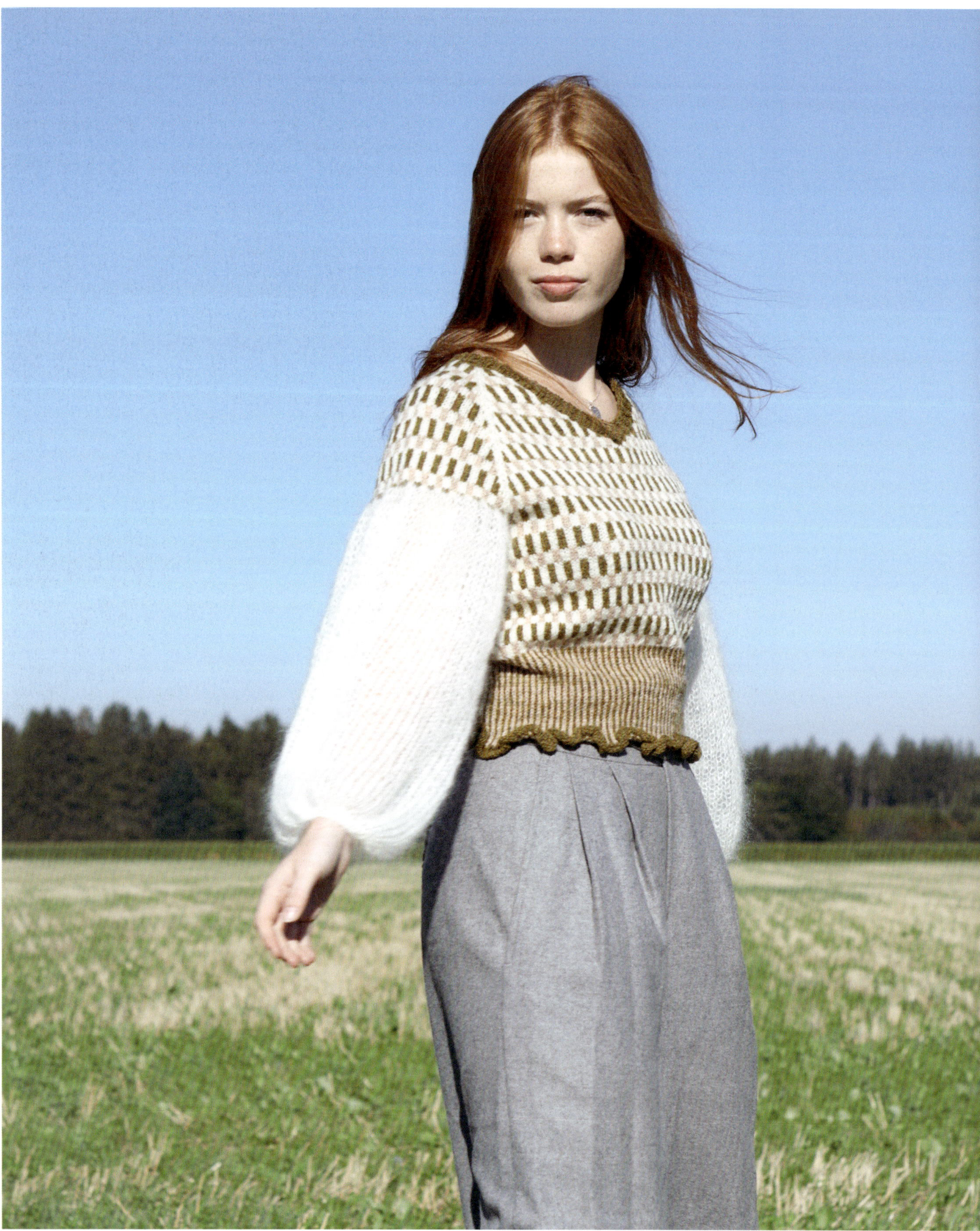

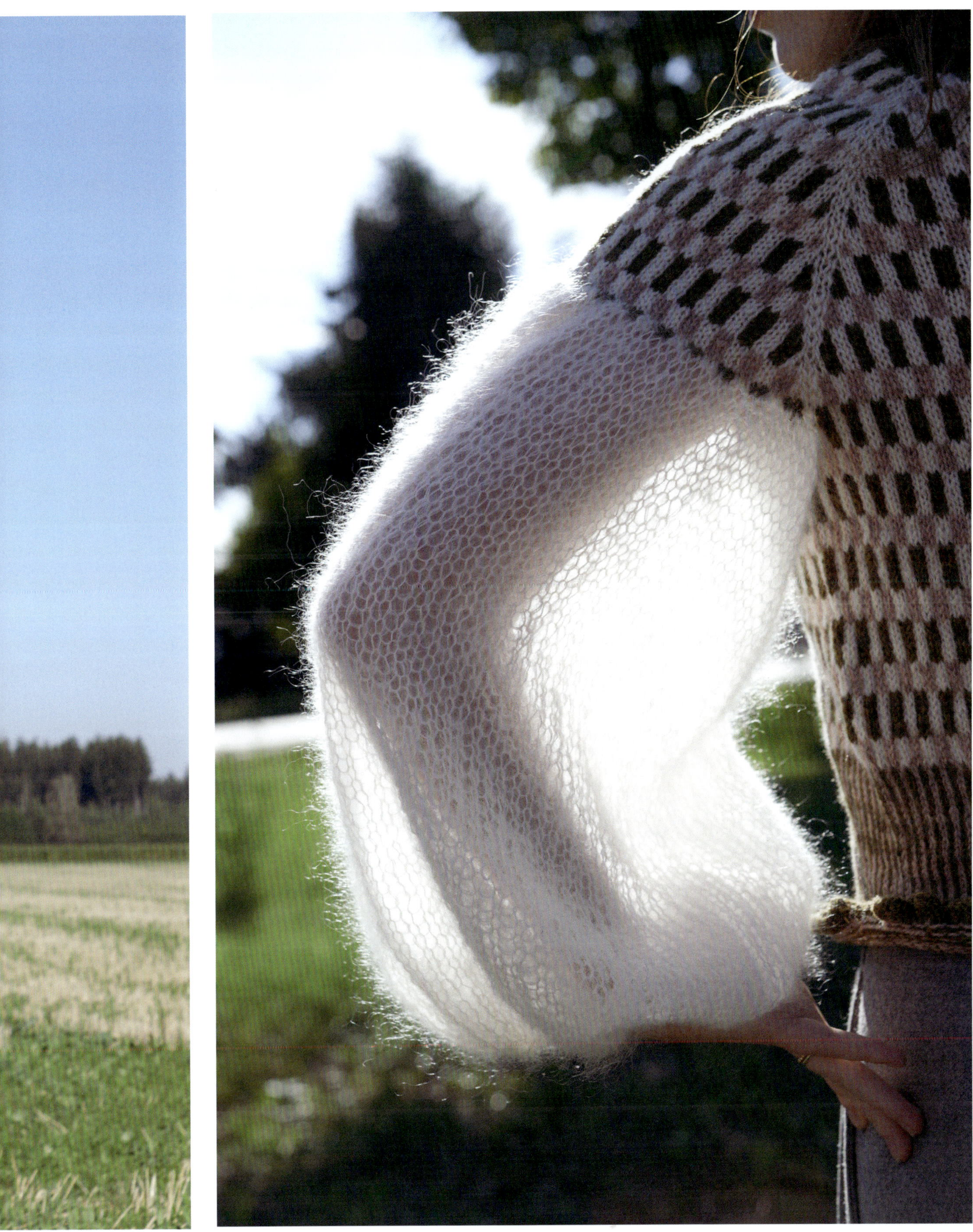

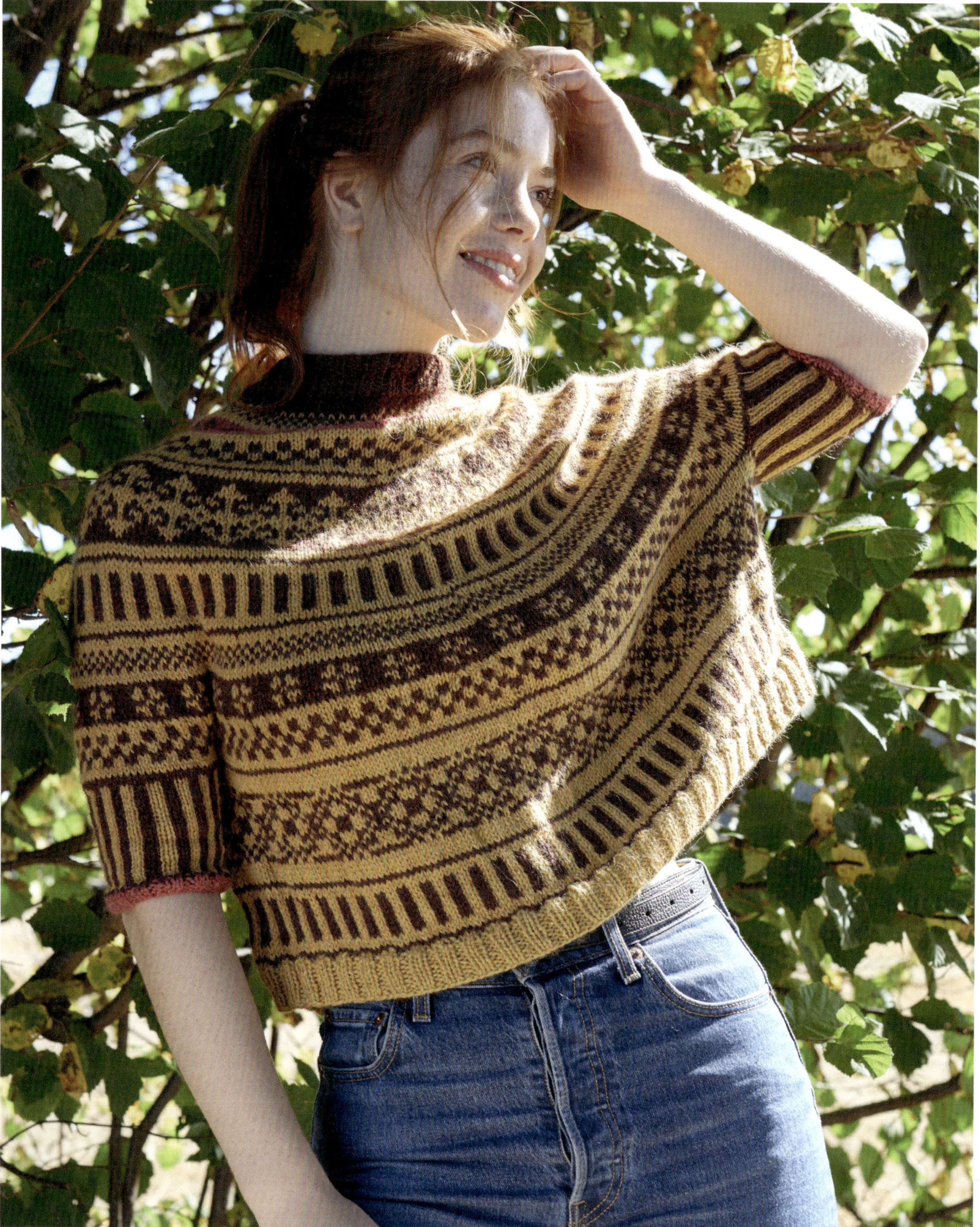

SHARNI

Sweatshirt im Poncho-Look

◆◆◆

GRÖSSEN

S (M/L/XL)

Brustumfang

100 (110/120/130) cm (Oberweite plus Komfortweite von + 10 cm)

Unterarmlänge

ca. 12 cm – variabel

Gesamtlänge

ca. 57 cm (inkl. Kragen)

MATERIAL

- Pascuali Alpaca Fino (100 % Alpaca, LL 120 m/50 g) in Braun (Fb 034), 250 (300/350/400) g, in Gelb (Fb 032), 200 (250/300/250/400) g, in Ziegelrot (Fb 035) 50 g
- Rundstricknadeln in verschiedenen Längen, Nadelstärke 4,0 mm und 4,5 mm
- Evtl. ein Nadelspiel für die Ärmelbündchen
- Maschenmarkierer
- Vernähnadel
- Schere

MASCHENPROBE

Im Muster mit NS 4,5 mm: 24 M x 25 R = 10 x 10 cm

MUSTER

Grundmuster

Glatt rechts in der angegebenen Strickschrift und Musterfolge.

Bundmuster

In Rd: 2 M rechts, 2 M links im Wechsel.

SO GEHT'S:

108 (112/116/120) M in Braun anschlagen. Die Arbeit zur Rd schließen, dabei darauf achten, dass sich die M nicht verdrehen, einen MM zur Rd-Bezeichnung setzen (Mitte des RT).

Gemäß der nachfolgenden Musterfolge str:

2 Rd in Braun str, dabei in der 2. Rd nach jeder 2. M 1 M rechts verschr aus dem QF zun [= 162 (168/174/180) M].

4 Rd gemäß Muster 1 str.

2 Rd in Gelb str, in der 2. Rd zum Musterausgleich folgende M zu-/abnehmen: -2 (+2/-4/0) [= 160 (170/170/180) M].

7 Rd gem Muster 2 str.

2 Rd in Gelb str, in der 2. Rd zum Musterausgleich folgende M zu-/abnehmen: 0 (-2/-2/0) M [= 160 (168/168/180) M].

6 Rd gemäß Muster 3 str.

2 Rd in Gelb str, in der 2. Rd zum Musterausgleich folgende M zu-/abnehmen: +2 (0/+4/0) M [= 162 (168/174/180) M].

1 Rd in Braun str.

2 Rd in Gelb str, dabei in der 2. Rd nach jeder 3. M 1 M rechts verschr aus dem QF zun [= 216 (224/232/240) M].

17 Rd gemäß Muster 4 str.

2 Rd in Gelb str, nach jeder 4. M 1 M rechts verschr aus dem QF zun [= 270 (280/290/300) M].

1 Rd Braun, dabei zum Musterausgleich folgende M zunehmen: +2 (0/+2/0) [= 272 (280/292/300) M].

7 Rd gemäß Muster 5 str.

2 Rd in Gelb, in der 1. Rd zum Musterausgleich folgende M abnehmen: -2 (0/-2/0) [= 270 (280/290/300) M].

1 Rd in Braun str.

1 Rd in Gelb str, dabei aus dem QF zun:

Größe S:

Nach jeder 9. M aus dem QF zun[= 300 M].

Größe M, L, XL:

Nach jeder 5. M 1 M rechts verschr zun [= 336/348/360 M].

4 Rd gemäß Muster 1 str.

2 Rd in Gelb str, in der 2. Rd zum Musterausgleich folgende M zu-/abnehmen: +4 (0/+4/0) M

[= 304 (336/352/360) M].

7 Rd gemäß Muster 6 str, in der 6. Rd zum Musterausgleich folgende M abnehmen: -4 (0/-4/0) M [= 300 (336/348/360) M].

1 Rd in Gelb str, hierbei aus dem QF zun wie folgt:

Größe M:

8 x nach der 42. M zun [= 344 M].

Größe L:

12 x nach jeder 13. M und 16 x nach jeder 12. M zun [= 376 M].

Größe XL:

18 x nach jeder 6. M und 36 x nach jeder 7. M 1 M rechts verschr aus dem QF zun [= 414 M].

6 Rd gemäß Muster 3 str, hier in der 6. Rd für Größe XL zum Musterausgleich 2 M zunehmen [= 416 M].

2 Rd in Gelb str, hier in der 1. Rd für XL 2 M abnehmen [= 414 M].

1 Rd in Braun str.

ÄRMEL VOM KÖRPER TRENNEN

2 Rd in Gelb str, hierbei in der 2. Rd die Ärmel-M von den Körper-M trennen:

Ab Rd-Bezeichnung Mitte RT:

55 (62/66/71) M für das rechte halbe RT str, 40 (48/56/64) Ärmel-M stilllegen, 2 Achsel-M neu anschlagen, 110 (124/132/143) M für das VT str, 40 (48/56/64) Ärmel-M stilllegen, 2 Achsel-M neu anschlagen, die restlichen 55 (62/66/72) M für das linke halbe RT str [= 224 (252/268/290) M].

Beide Arbeitsfäden abschneiden. Alle M der rechten RT-Hälfte bis zu den neu angeschlagenen Achsel-M unterhalb des rechten Ärmels, ohne zu str, auf die rechte Nd heben.

Mittig der Achsel-M einen MM zur neuen Rd-Bezeichnung setzen.

17 Rd in Muster 7 str, hier in der 1. Rd zum Musterausgleich folgende M zu-/abnehmen: +4 (0/-4/-2) M [= 228 (252/264/288) M].

2 Rd in Gelb str, in der 1. Rd für den Musterausgleich folgende M zu-/abnehmen: -4 (0/+4/0) M [= 224 (252/270/288) M].

1 Rd in Braun str.

2 Rd in Gelb str.

7 Rd gemäß Muster 5 str.

2 Rd in Gelb str.

1 Rd in Braun str.

2 Rd in Gelb str, in der 2. Rd gleichmäßig verteilt 24 (24/22/24) M abn (2 M rechts überzogen zusstr) [= 200 (228/248/264) M].

8 Rd in Braun im Bundmuster mit NS 4,0 mm str, anschließend alle M im Muster abketten.

ÄRMEL

Die stillgelegten 40 (48/56/64) Ärmel-M wieder auf eine kurze Rundstrick-Nd oder ein Nd-Spiel 4,0 mm legen, aus den Achsel-M des Körpers 2 M aufn und die Arbeit zur Rd schließen.

20 Rd in Braun im Bundmuster str, Faden abschneiden.

2 Rd im Bundmuster in Ziegelrot str, alle M mustergemäß abketten.

KRAGEN

Aus der Anschlagkante 112 (116/120/124) M mit NS 4,0 mm in Braun auffassen und 6 Rd im Bundmuster str.

In der nächsten Rd abnehmen, indem die 2 rechten M rechts zusstr werden.

Weitere 5 Rd *2 M links, 1 M rechts* str, anschließend alle M mustergemäß abketten.

FERTIGSTELLEN

Alle Fäden sorgfältig vernähen. Das Sweatshirt gemäß den Herstellerangaben des Garns waschen, liegend trocknen lassen.

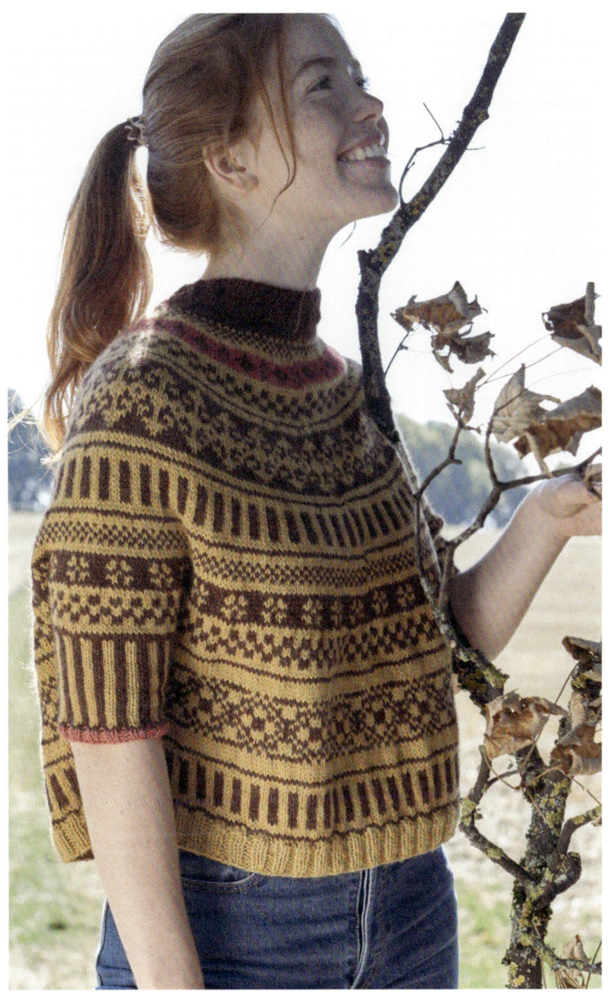

STRICKSCHRIFT 1

STRICKSCHRIFT 2

STRICKSCHRIFT 3

STRICKSCHRIFT 4

STRICKSCHRIFT 5

STRICKSCHRIFT 6

STRICKSCHRIFT 7

Gemäß der Musterfolge str.

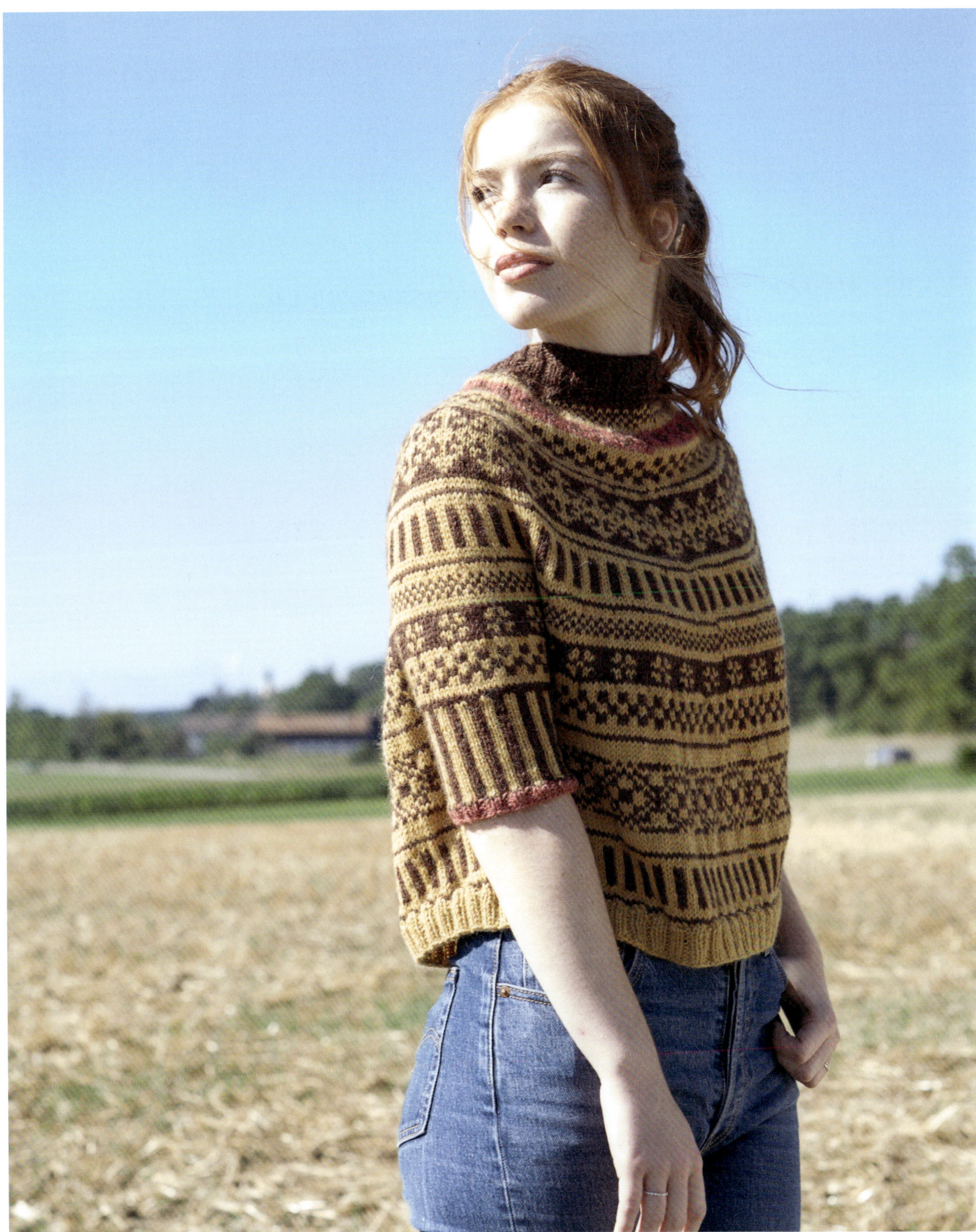

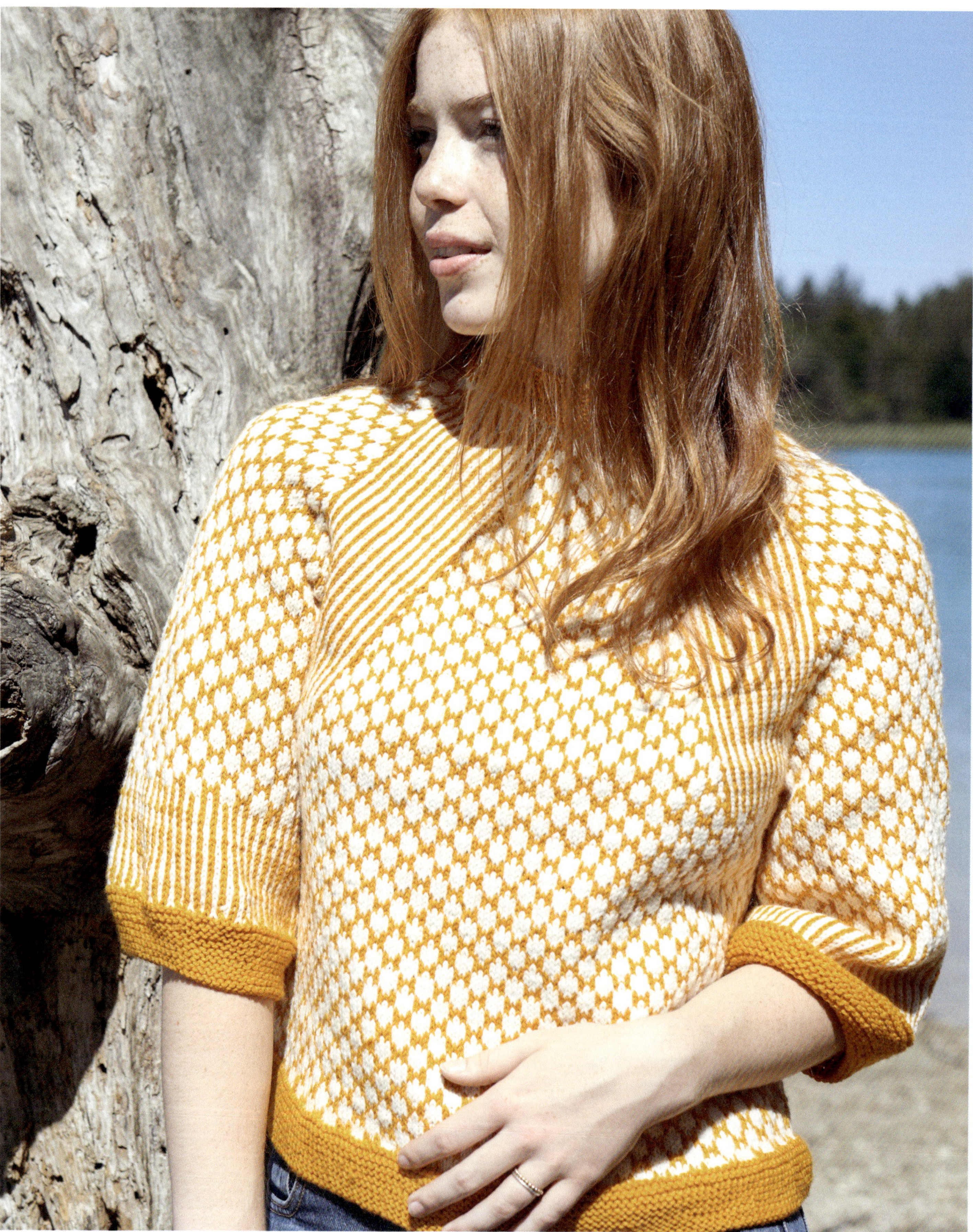

BRIANNA

Sweatshirt mit breiten Raglanstreifen

◆◆◆

GRÖSSEN

S (M/L/XL/XXL)

Brustumfang

88 (98/105/114/123) cm

Unterarmlänge

ca. 25 cm

Gesamtlänge

ca. 56 cm

MATERIAL

- Rosy Green Wool Cheeky Merino Joy (100 % Bio Merino extra fine, LL 320 m/100 g) in Sunflower (Orange, Fb 102), 300 (300/400/400/500) g, und in Edelweiß (Weiß, Fb 65) 200 (200/300/300/300) g
- Rundstricknadeln in verschiedenen Längen, Nadelstärke 3,0 mm und 3,5 mm
- Evtl. ein Nadelspiel für die Ärmelbündchen
- Maschenmarkierer
- Vernähnadel
- Schere

MASCHENPROBE

Im Muster mit NS 3,5 mm: 28 M x 29/30 R = 10 x 10 cm

MUSTER

Grundmuster

Glatt rechts in der angegebenen Strickschrift und Musterfolge.

Kraus rechts in Runden

1 Rd rechts, 1 Rd links im Wechsel str.

Raglanmaschen

Über 23 M: *1 M rechts in Orange, 1 M rechts in Weiß*, von * bis * 11x str, 1 M rechts in Orange.

Bundmuster für die Bündchen

Kraus rechts in Rd: 1. Rd: Rechte M str, 2. Rd: Linke M str, diese 2 Rd im Wechsel str.

Bundmuster für den Kragen

1 M rechts, 1 M links im Wechsel.

SO GEHT'S:

152 M in Weiß mit NS 3,5 mm anschlagen, die Arbeit zur Rd schließen, dabei darauf achten, dass sich die M nicht verdrehen.

1 Rd in Weiß str und dabei die M wie folgt einteilen:

Rd-Beginn nach den RgM links am Ende des VT:

MM setzen, 21 M für den linken Ärmel, MM setzen, 23 M für den Raglan, MM setzen, 9 M für das RT, MM setzen, 23 M für den Raglan, 21 M für den rechten Ärmel, MM setzen, 23 M für den Raglan, 9 M für das VT, 23 M für den Raglan.

Nun wird gemäß der Strickschrift das Muster gestrickt:

MM jeweils an der entsprechenden Stelle umsetzen.

Linker Ärmel: 1 Zun in Weiß, 3 x den Mustersatz à 6 M, 1 x die 1.–3. M des Mustersatzes, 1 Zun in Weiß, 23 RgM.

RT: 1 Zun in Weiß, 1 x den Mustersatz à 6 M, 1 x die 1.–3. M des Mustersatzes, 1 Zun in Weiß, 23 RgM.

Rechter Ärmel: 1 Zun in Weiß, 3 x den Mustersatz à 6 M, 1 x die 1.–3. M des Mustersatzes, 1 Zun in Weiß, 23 RgM.

VT: 1 Zun in Weiß, 1 x den Mustersatz à 6 M, 1 x die 1.–3. M des Mustersatzes, 1 Zun in Weiß, 23 RgM.

In der nächsten Rd = 2. Rd der Strickschrift werden alle M mustergemäß gestrickt = 160 M.

Die Raglanzunahmen werden, wie zuvor beschrieben, noch 32 x (38 x/44 x/50 x/56 x) gestrickt, die Zun werden folgerichtig in das Muster eingefügt [= 416 (464/512/560/608) M].

ÄRMEL VOM KÖRPER TRENNEN

Das Grundmuster wird ab dieser Stelle auch über die 23 RgM gestrickt.

Die 87 (99/111/123/135) M des linken Ärmels auf einem separaten Seil stilllegen, 11 Achsel-M neu anschlagen, die 112 (124/136/148/160) M des RT im Grundmuster gemäß der Strickschrift str, die nächsten 87 (99/111/123/135) M des rechten Ärmels auf einem separaten Seil stilllegen, 11 Achsel-M neu anschlagen, die 112 (124/136/148/160) M des VT im Grundmuster gemäß der Strickschrift str, einen MM zur Rd-Bezeichnung setzen [= 246 (270/294/318/342) M].

Die Achsel-M werden folgerichtig in das Grundmuster eingefügt.

Anschließend weiter im Grundmuster bis zu einer Höhe von ca. 52 cm str (gemessen in der Mitte des RT ab Anschlag).

Nun in Orange 10 Rd kraus rechts str, dafür in der 1. Rd 24 M gleichmäßig verteilt abn (2 M rechts überzogen zusstr), alle M rechts abketten.

ÄRMEL

Die 87 (99/111/123/135) Ärmel-M wieder auf eine Nadel legen und direkt aus der Achselkante des Körpers 12 Achsel-M aufnehmen: Die zusätzliche Achsel-M aus einer Ecke herausstr.

Die Achsel-M werden in das Muster eingefügt und weitere 14 cm gestrickt. Die letzte Rd ist die 6. R der Strickschrift [= 99 (111/123/135/147) M].

Nun 10 cm (30 Rd) mit NS 3,0 mm in folgendem Muster str: *1 M rechts in Orange, 1 M rechts Weiß*, von * bis * fortlaufend wdh. Dabei in der 1. Rd 1 M abn (2 M rechts überzogen zusstr) [= 98 (110/122/134/146) M].

Weitere 18 Rd in Orange kraus rechts str, hierfür in der 1. Rd gleichmäßig verteilt 26 M abn [= 72 (84/96/108/120) M].

Alle M rechts abketten.

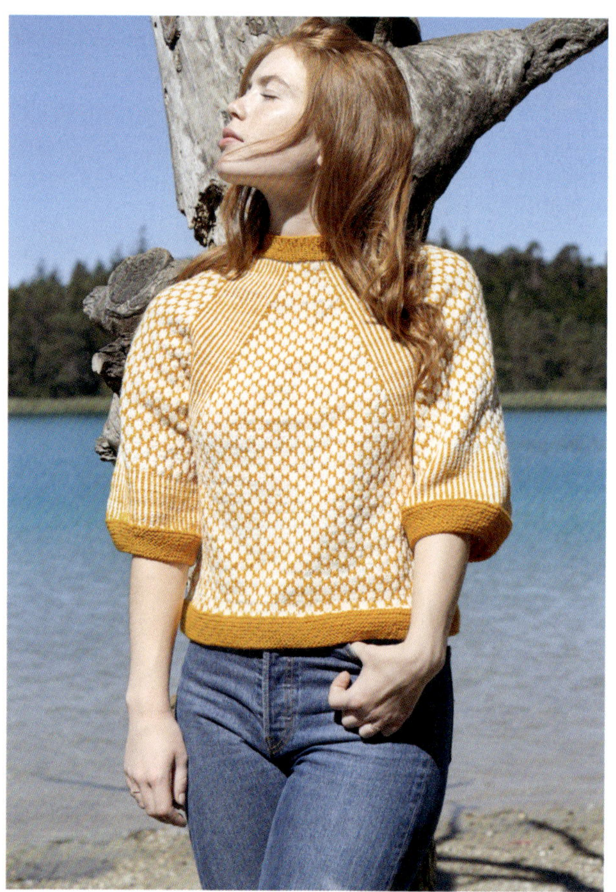

KRAGEN

Beginn vor den RgM des RT:

Aus der Anschlagkante aus jeder M 1 M in Orange mit Nd-Spiel 4,0 mm aufnehmen.

MM setzen, **1 M rechts**, MM setzen, 55 M für das RT im Bundmuster *1 M rechts, 1 M links* str, von * bis * 27x wdh, 1 M rechts str; MM setzen, **1 M rechts**, MM setzen, 21 M für den Ärmel: *1 M rechts, 1 M links*, von * bis * 10x wdh, 1 M rechts str, MM setzen, **1 M rechts**, MM setzen, 55 M für das VT: *1 M rechts, 1 M links* , von * bis * 27x wdh, 1 M rechts str, MM setzen, **1 M rechts**, MM setzen, 21 M für den Ärmel: *1 M rechts, 1 M links*, von * bis * 10x wdh, letzte M nicht str.

In der nächsten Rd werden jeweils vor und nach den fett unterlegten rechten M 2 M durch Zusstr von 3 M abgenommen (siehe Erklärung im Grundlagenteil Seite 17), MM an der entsprechenden Stelle umsetzen:

In die letzte M der Vor-Rd sowie die nächste rechte M mit der rechten Nd von links einstechen, anschließend in die 1. M des RT von links einstechen, 3 M sind nun auf der rechten Nd, die Mittel-M liegt oben auf, diese 3 M nun rechts zusstr, 53 M für das RT str, 3 M rechts zusstr, 19 M für den linken Ärmel str, 3 M rechts zusstr, 53 M für das VT str, 3 M rechts zusstr, 19 M für den rechten Ärmel str.

Diese Abn noch 2x in jeder 2. Rd str.

Anschließend alle M im Muster abketten.

FERTIGSTELLEN

Alle Fäden sorgfältig vernähen. Das Sweatshirt gemäß den Herstellerangaben des Garns waschen, liegend trocknen lassen.

STRICKSCHRIFT

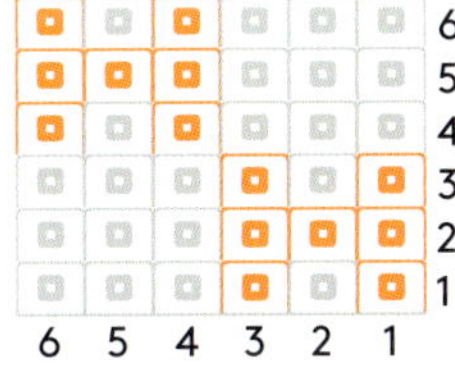

Die Strickschrift wird gemäß den Angaben in der Anleitung gestrickt.

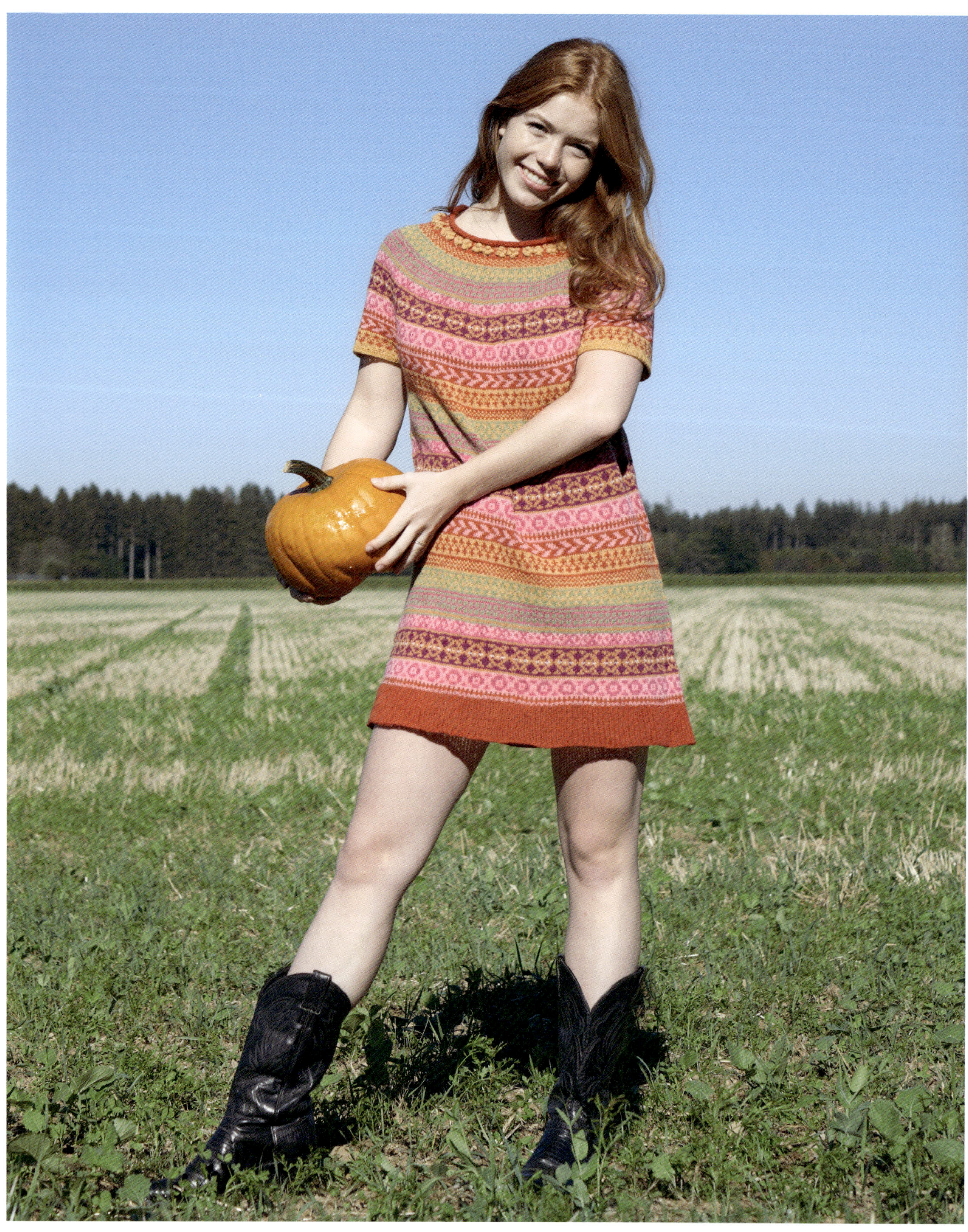

GEILLIS

Buntes Kleid mit Rundpasse

GRÖSSEN

S (M/L/XL)

Brustumfang

94 (104/114/124) cm

Gesamtlänge

ca. 85 cm

MATERIAL

- Holst Garn Supersoft (100 % Wolle, LL 287 m/50 g), in Brandy (Fb 077, Rot), 150 (150/200/200) g, in Allium (Fb 014, Rosa), 50 (50/100/100) g, in Sunrise (Fb 088, Gelb), 50 (50/100/100) g, in Peony (Fb 015, Pink), 100 (100/100/100) g, in Clementine (Fb 075, Orange), 50 (50/50/50) g, in Bleached White (Fb 049, Weiß), 50 (50/50/50) g, in Pea Green (Fb 067, Grün), 50 (50/50/50) g, in Magenta (Fb 018), 50 (50/50/50) g
- Rundstricknadeln in verschiedenen Längen, Nadelstärke 3,0 mm und 3,5 mm
- Häkelnadel Nadelstärke 3,5 mm
- Evtl. ein Nadelspiel für die Ärmelbündchen
- Maschenmarkierer
- Vernähnadel
- Schere

MASCHENPROBE

Im Muster mit NS 3,5 mm: 28 M x 30 R = 10 x 10 cm

MUSTER

Grundmuster

Glatt rechts in der angegebenen Strickschrift und Musterfolge.

Bundmuster

In Rd: 1 M rechts, 1 M links im Wechsel.

Noppe

Mit der Häkel-Nd in das angegebene M-Glied stechen, eine Schlinge durchziehen, *den Faden um die Häkel-Nd legen, erneut in dieselbe M einstechen und den Faden durchziehen*, von * bis * noch 3x wdh. Den Arbeitsfaden durch alle auf der Nd liegenden Schlingen durchziehen, den Faden nochmals um die Häkel-Nd legen und durch die einzelne Schlinge ziehen. Nun von hinten in die M unterhalb der M stechen, den Faden holen und durch beide Schlingen etwas fester anziehen. Die M auf die rechte Strick-Nd legen.

Verkürzte Reihen

Bebilderte Erklärung im Grundlagenteil auf Seite 19.

SO GEHT'S:

130 (134/138/142) M in Rot mit NS 3,5 mm anschlagen, zur Rd schließen, dabei darauf achten, dass sich die M nicht verdrehen. MM setzen, Rd-Beginn in der Mitte des RT.

2 Rd glatt links str.

4 Rd *1 M rechts in Gelb, 1 M rechts in Rot* str, von * bis * fortl wdh.

2 Rd in Gelb glatt rechts str.

In Rot verkürzte R für die Formung des Halsausschnittes str:

1. R: 37 (39/41/43) M rechts str, Arbeit wenden.

2. R: Wende-M, 75 (77/79/81) M links str, Arbeit wenden.

3. R: Wende-M, 77 (79/81/83) M rechts str, Arbeit wenden.

4. R: Wende-M, 79 (81/83/85) links str, Arbeit wenden.

5. R: Wende-M, 80 (82/84/86) M rechts str, Arbeit wenden.

6. R: Wende-M, 81 (83/85/87) M links str, Arbeit wenden.

Rd bis zum Rd-Ende rechts str.

In der nächsten Rd nach jeder 2. M 1 M rechts verschr aus dem QF zun [= 195 (201/207/213) M].

5 Rd im Muster 1 str, dabei zum Musterausgleich in der 1. Rd folgende M zun: +5 (+4/+3/+2) [= 200 (205/210/215) M].

6 Rd im Muster 2 str, Größe M und XL in der 1. Rd 1 M zum Musterausgleich zun.

1 Rd in Gelb str, zum Musterausgleich folgende M abn: -5 (-5/-3/-3) [= 195 (201/207/213) M].

1 Rd in Grün str, dabei nach jeder 3. M 1 M rechts verschr aus dem QF zun [= 260 (268/276/284) M].

7 Rd im Muster 3 str.

1 Rd in Grün str.

1 Rd in Pink str.

1 Rd in Grün str, dabei nach jeder 4. M 1 M rechts verschr aus dem QF zun [= 325 (335/345/355) M].

1 Rd in Pink str, zum Musterausgleich folgende M zun: +2 (+1/0/+2) M [= 327 (336/345/357) M].

5 Rd im Muster 4 str.

1 Rd in Pink str.

1 Rd in Grün str.

1 Rd in Orange str.

1 Rd in Grün str, zum Musterausgleich folgende M zun = +3 (+4/+5/+5) [= 330 (340/350/360) M].

5 Rd im Muster 5 str.

1 Rd in Pink, zum Musterausgleich 5 M gleichmäßig verteilt abn [= 325 (335/345/355) M].

1 Rd in Orange str.

1 Rd in Magenta str, dabei nach jeder 5. M 1 M rechts verschr aus dem QF zun [= 390 (402/414/426) M].

11 Rd im Muster 6 str, zum Musterausgleich in der 1. Rd folgende M zu-/abnehmen: 0 (-2/-4/+4) [= 390 (400/410/430) M].

1 Rd in Magenta str, zum Musterausgleich folgende M ab-/zunehmen: 0 (+2/+4/-4) [= 390 (402/414/426) M].

1 Rd in Orange, dabei für

Größe S:

30x nach jeder 9. M, 12x nach jeder. 10. M, für

Größe M/L/XL:

nach jeder 6. M 1 M rechts verschr aus dem QF zun [= 432 (469/483/497) M].

1 Rd in Rosa, zum Musterausgleich folgende M ab-/zunehmen: -2 (+1/-3/+3) M [= 430 (470/480/500) M].

7 Rd in Muster 7 str.

1 Rd in Rosa str.

3 Rd in Muster 8 str.

1 Rd in Rosa str.

1 Rd in Rot str.

6 Rd in Muster 9 str, zum Musterausgleich in der 1. Rd folgende M zu-/abnehmen: +2 (-2/0/-2) [= 432 (468/480/498) M].

1 Rd in Rot str, für

Größe L:

13x nach jeder 16. M und 16x nach jeder 17. M, für

Größe XL:

39x nach jeder. 10. M und 12x nach jeder 9. M 1 M rechts verschr aus dem QF zun [= 432 (468/512/548) M].

1 Rd in Gelb str.

7 Rd in Muster 10 str.

1 Rd in Rot str.

6 Rd in Muster 2 str.

1 Rd in Gelb str.

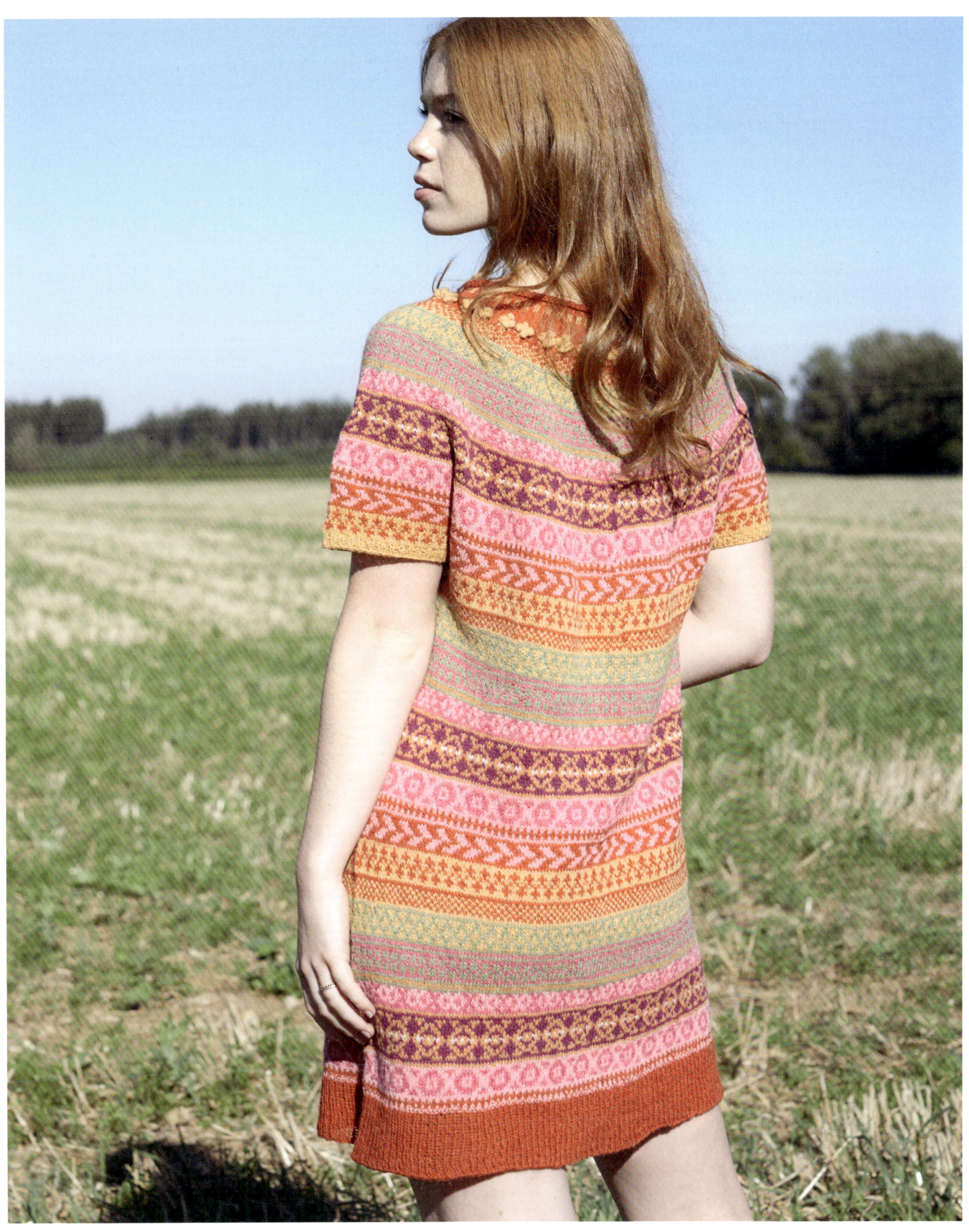

ÄRMEL VOM KÖRPER TRENNEN

Rd in Gelb str:

66 (73/80/87) M für die 1. Hälfte des RT str, 84 (89/96/100) M für den rechten Ärmel stilllegen, 6 Achsel-M neu anschlagen (mittig davon einen MM zur neuen Rd-Bezeichnung setzen). 132 (145/160/174) M für das VT str, 84 (89/96/100) M für den linken Ärmel stilllegen, 6 Achsel-M neu anschlagen, 66 (73/80/87) M für die 2. Hälfte des RT str [= 276 (303/332/360) M].

Den Arbeitsfaden abschneiden, alle M bis zur neuen Rd-Bezeichnung, ohne zu str, auf die rechte Nadel heben.

1 Rd in Grün str, dabei für Größe M zum Musterausgleich 1 M zun [= 304 M].

7 Rd im Muster 3 str.

* 1 Rd in Grün str, 1 Rd in Pink str *, von * bis * 2x str, hierbei zum Musterausgleich in der letzten Rd folgende M zu-/abnehmen: 0 (-1/+1/0) [= 276 (303/333/360) M].

5 Rd in Muster 4 str.

1 Rd in Pink str.

1 Rd in Grün str.

1 Rd in Orange str.

1 Rd in Grün str, hierbei zum Musterausgleich folgende M zu-/abnehmen: +4 (-3/-3/0) [= 280 (300/330/360) M].

5 Rd in Muster 5 str.

1 Rd in Pink str.

1 Rd in Orange str.

1 Rd in Magenta str.

11 Rd in Muster 6 str.

1 Rd Magenta str.

1 Rd Orange str.

1 Rd Rosa str.

7 Rd in Muster 7 str.

1 Rd in Rosa str.

3 Rd in Muster 8 str.

1 Rd in Rosa str.

1 Rd in Rot str, hierbei zum Musterausgleich für Größe S 4 M abnehmen [= 276 M].

6 Rd in Muster 9 str.

1 Rd in Rot str.

1 Rd in Gelb str, hierbei zum Musterausgleich für Größe L 2 M abnehmen [= 328 M].

7 Rd in Muster 10 str.

1 Rd in Gelb str.

1 Rd in Rot str.

5 Rd in Muster 2 str.

1 Rd in Gelb str.

1 Rd in Grün str.

7 Rd in Muster 3 str.

1 Rd in Grün str.

1 Rd in Pink str.

1 Rd in Grün str.

1 Rd in Pink str, hierbei zum Musterausgleich für Größe L 2 M zun = 330 M.

5 Rd in Muster 4 str.

1 Rd in Pink str.

1 Rd in Grün str.

1 Rd in Orange str.

1 Rd in Grün str, hierbei für Größe S zum Musterausgleich 4 M zun = 280 M.

5 Rd in Muster 5 str.

1 Rd in Pink str.

1 Rd in Orange str.

1 Rd in Magenta str.

11 Rd in Muster 6 str.

1 Rd in Magenta str.

1 Rd in Orange str.

1 Rd in Rosa str.

7 Rd in Muster 7 str.

1 Rd in Rosa str.

3 Rd in Muster 8 str.

1 Rd in Rosa str, hier jeweils die 9.+10. M rechts überzogen zusstr = -28 (-30/-33/-36) M [= 252 (270/297/324) M].

Anschließend mit NS 3,0 in Rot 12 cm im Bundmuster str, hier für Größe L in der 1. Rd zum Musterausgleich 1 M abn, anschließend alle M im Muster abketten.

ÄRMEL

Die stillgelegten 84 (89/96/100) Ärmel-M wieder auf eine Strick-Nd legen, aus dem Achselrand des Körpers direkt 6 Achsel-M in Gelb aufn (mittig zur Rd-Bezeichnung einen MM setzen) [= 90 (95/102/106) M].

1 Rd glatt rechts in Gelb str und hier gleichmäßig verteilt 26 (25/26/26) M abn [= 64/70/76/80 M].

3 Rd im Bundmuster str, anschließend alle M im Muster abketten.

FERTIGSTELLEN

Alle Fäden sorgfältig vernähen. Das Kleid gemäß den Herstellerangaben des Garns waschen, liegend in Form bringen und trocknen lassen.

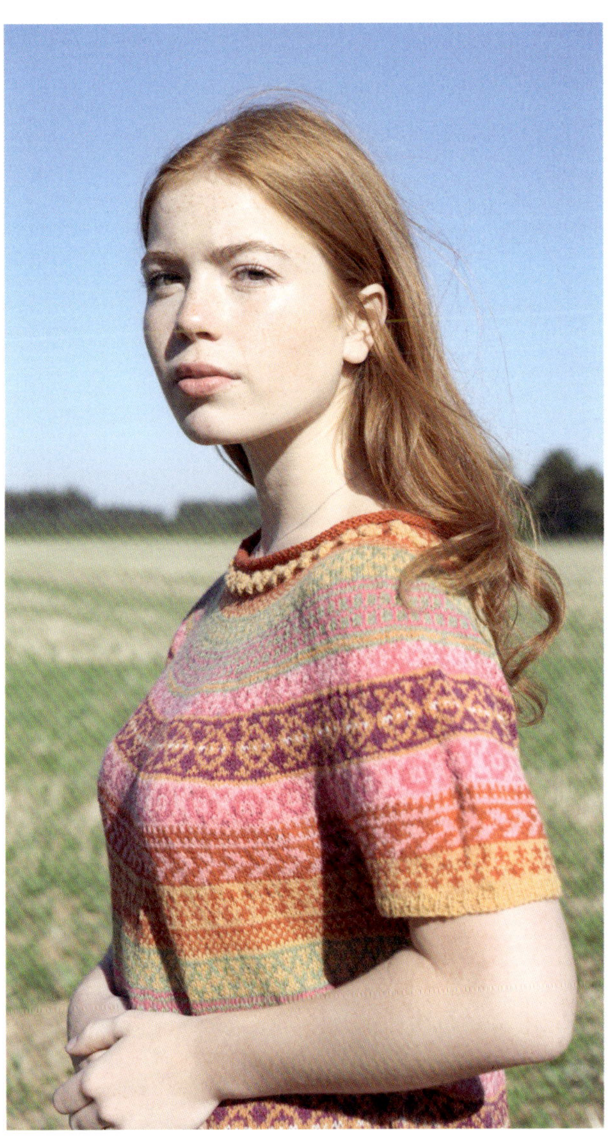

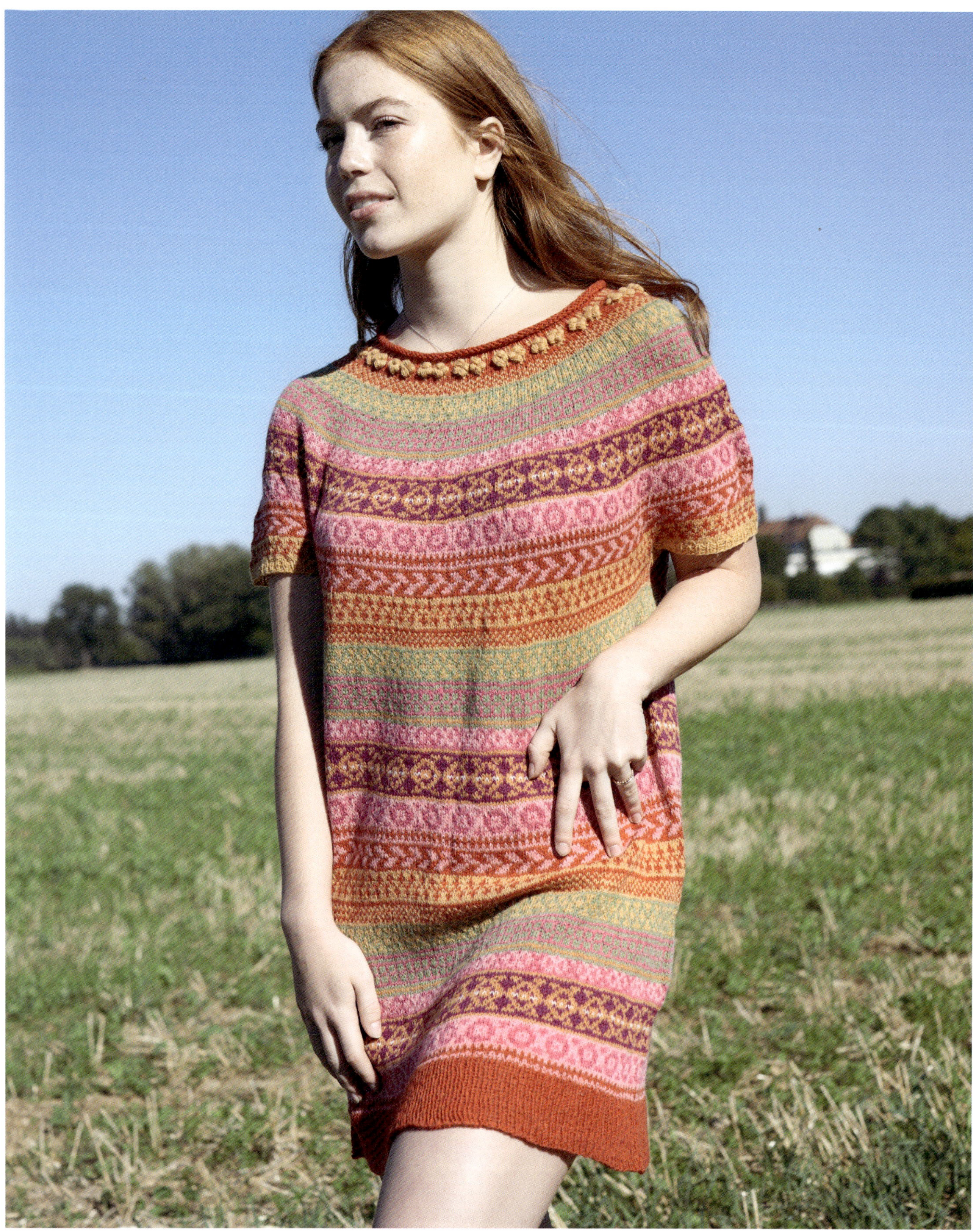

STRICKSCHRIFT 1

STRICKSCHRIFT 2

STRICKSCHRIFT 3

STRICKSCHRIFT 4

STRICKSCHRIFT 5

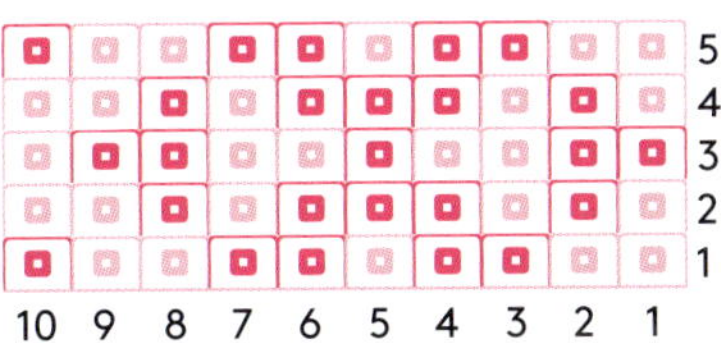

STRICKSCHRIFT 6

STRICKSCHRIFT 7

STRICKSCHRIFT 8

STRICKSCHRIFT 9

STRICKSCHRIFT 10

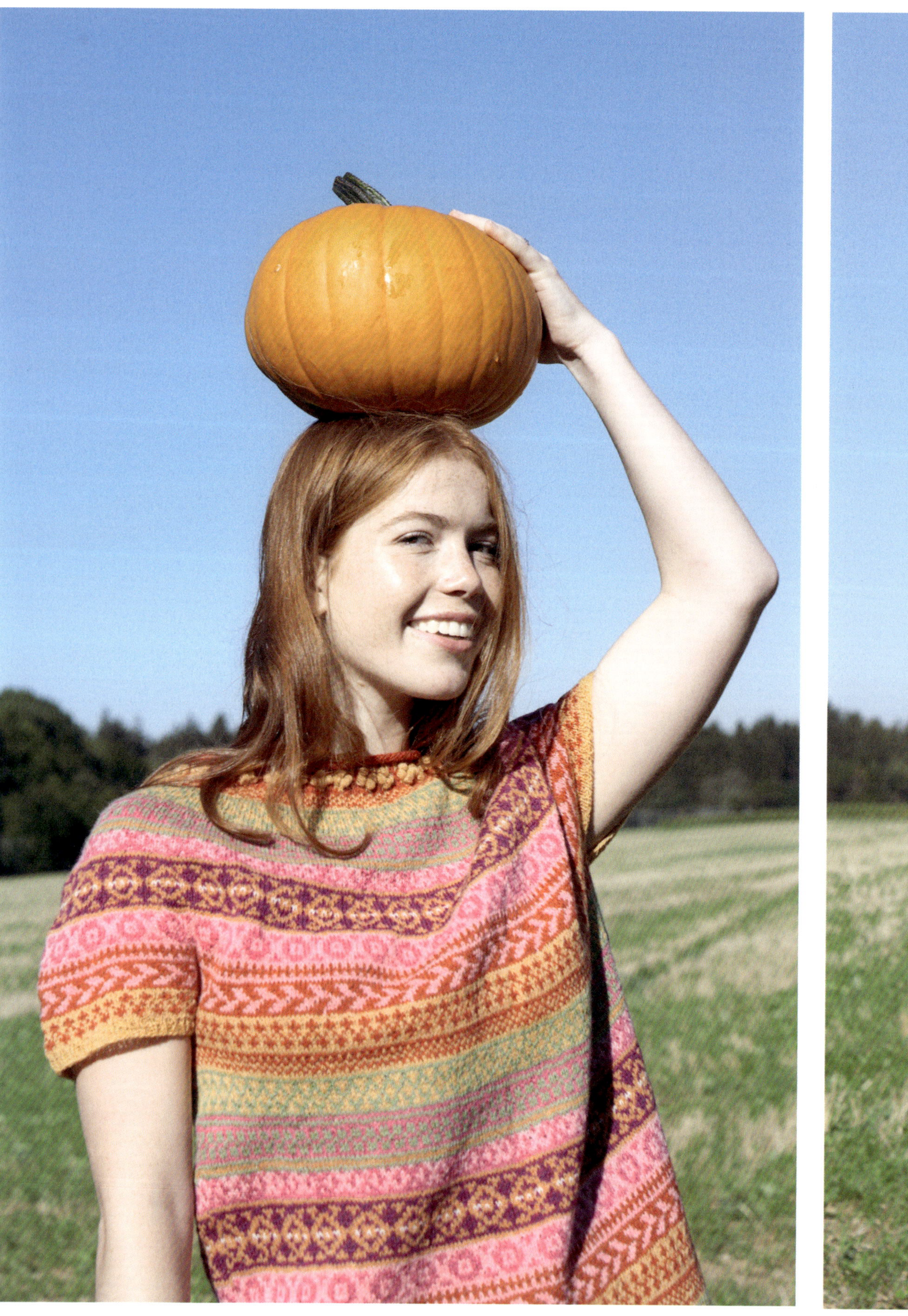

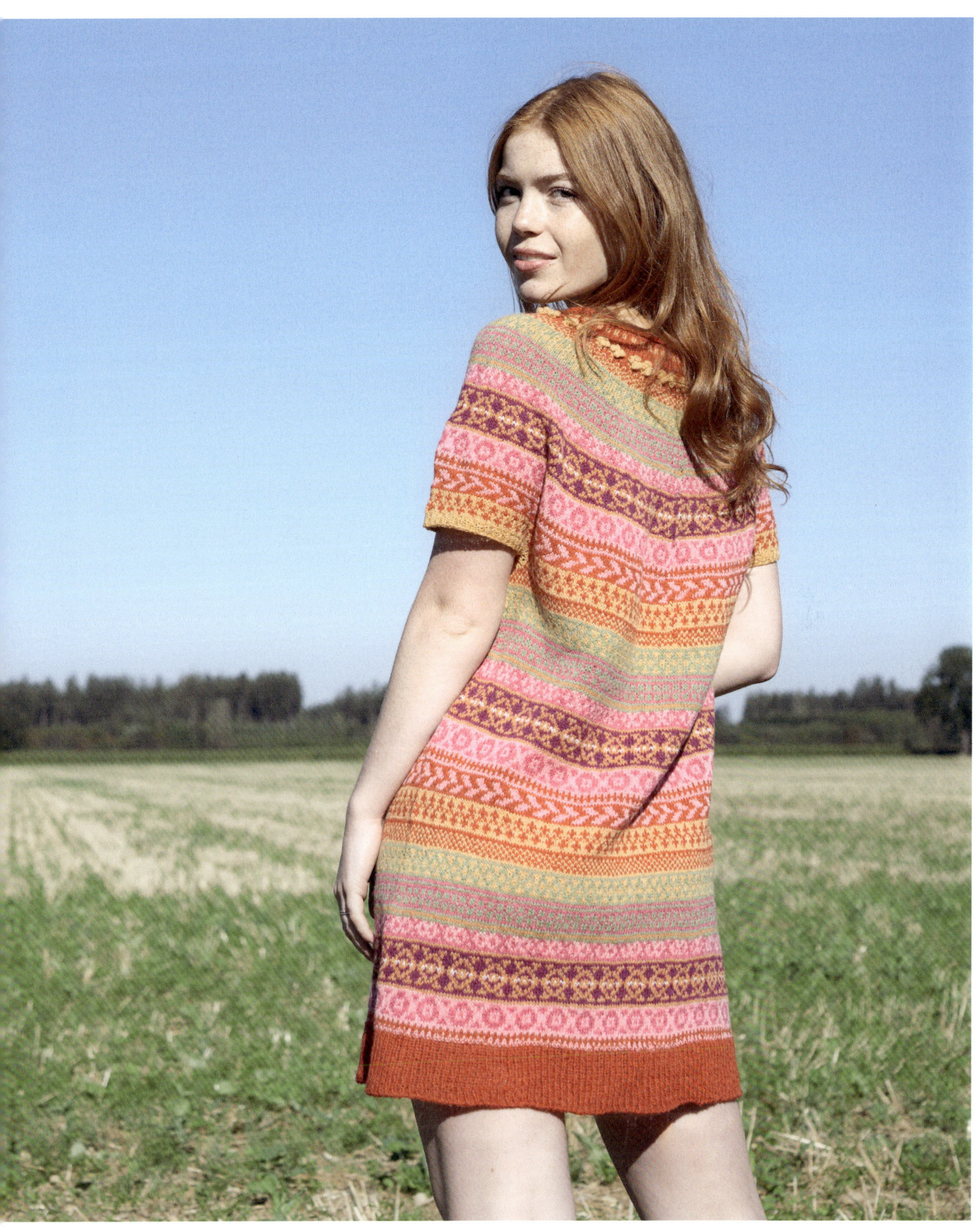

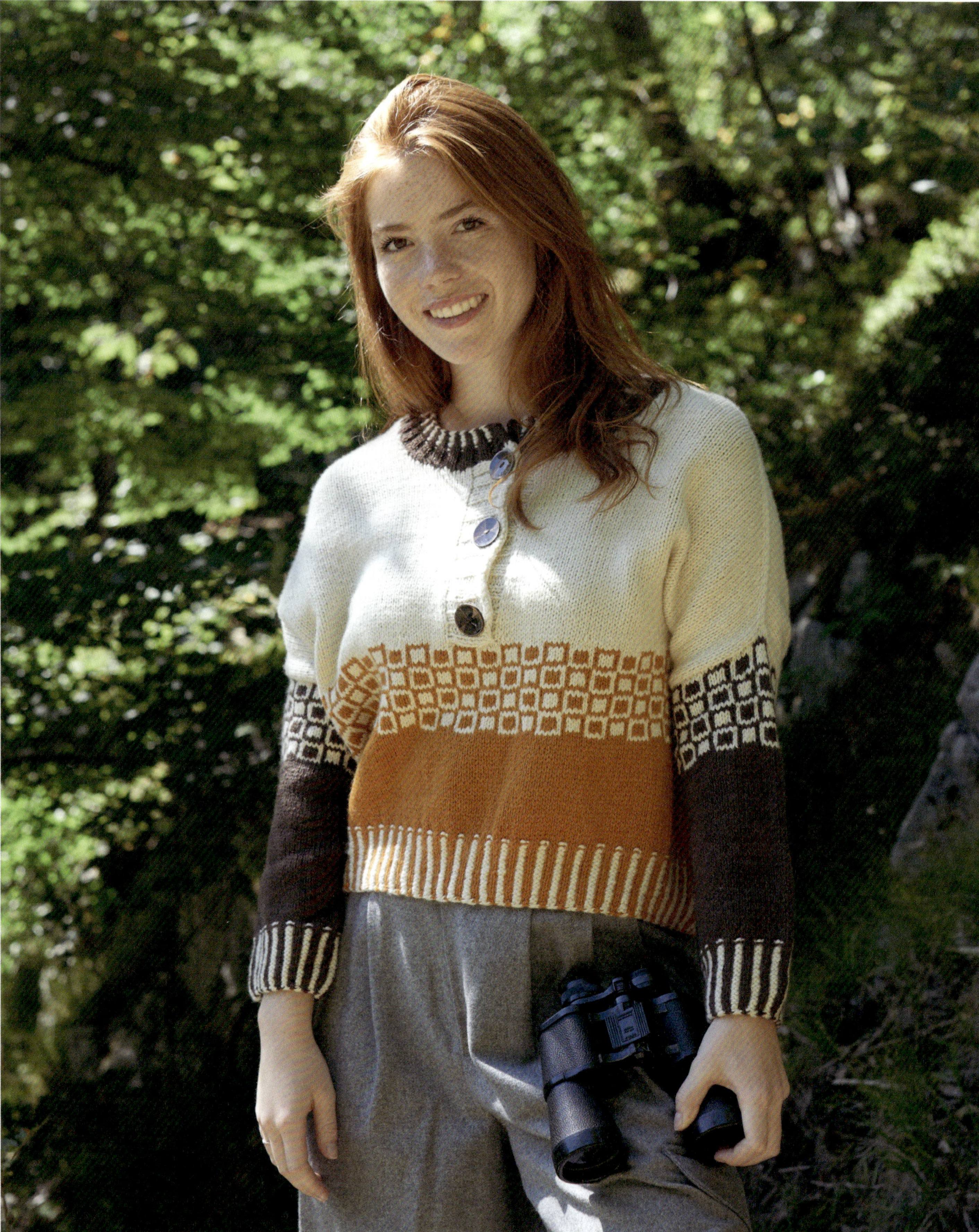

KIRSTIE

Cooles Sweatshirt mit Knopfleiste

◆◆◆

GRÖSSEN

S (M/L/XL)

Brustumfang

114 (124/134/144) cm (Oberweite plus Komfortweite von + 20 cm)

Unterarmlänge

ca. 32 cm

Gesamtlänge

ca. 52 cm

MATERIAL

- Pascuali Tibetan (70 % Virgin Wool, 30 % Yak, LL 125 m/50 g) in Offwhite (Fb 100), 250 (300/350/400) g, in Orange (Fb 117), 200 (250/300/350) g, und in Braun (Fb 111), 100 (150/200/250) g
- 3 Kokosnussknöpfe von Jim Knopf im Holzmuster Ø ca. 26 cm, Artikel 13469
- Rundstricknadeln in verschiedenen Längen, Nadelstärke 4,0 mm und 4,5 mm
- Evtl. ein Nadelspiel für die Ärmelbündchen
- Maschenmarkierer
- Vernähnadel
- Schere

MASCHENPROBE

Im Muster mit NS 4,5 mm: 19 M x 27 R = 10 x 10 cm

MUSTER

Grundmuster

Glatt rechts in der angegebenen Strickschrift und Musterfolge.

Bundmuster

2 M rechts in Orange bzw. Braun, 2 M links in Weiß im Wechsel str.

SO GEHT'S:

46 M in Weiß mit NS 4,5 anschlagen.

1. R (HR): RM rechts, (2 M aus 1 M str: 1 M rechts, 1 M rechts verschr), MM setzen, 2 M rechts, MM setzen, (2 M aus 1 M str), 36 M rechts, (2 M aus 1 M str), MM setzen, 2 M rechts, MM setzen, (2 M aus 1 M str), 1 RM [= 50 M].

In den folgenden R den MM jeweils an der entsprechenden Stelle umsetzen.

2. R (RR): RM links, 1 M links, (2 M aus 1 M str: 1 M links, 1 M links verschr), 2 M links, (2 aus 1 M str), 38 M links, (2 aus 1 M str), 2 M links, (2 aus 1 M str), 1 M links, RM links [= 54 M].

Die 1. und 2. R noch 8 x str [= 118 M].

Nun werden zusätzlich zu den Zun an den Schultern die Zun für den vorderen Halsausschnitt gestrickt:

Jeweils zu Beginn bzw. Ende der R 1 x 1 M, dann in jeder 4. R 2 x 1 M, 1 x 2 M, in jeder 2. R 1 x 2 M, 1 x 3 M, 1 x 5 M aufgenommen [= 228 M].

Die Zun für die VT-Hälften sind beendet, lediglich die Zun rechts und links der Schultern werden noch 3 x (7 x/ 11 x/15 x) in jeder R gestrickt, 240 (256/272/288) M = 120 (128/136/144) M für das RT, je 58 (62/66/70) M für die VT plus 2 x 2 Schulter-M.

Das RT und die VT werden nun separat bis zur Höhe des Armausschnittes gestrickt:

RECHTE VORDERTEIL-HÄLFTE

34 (40/28/26) R glatt rechts str, 8 zusätzliche am Ausschnittrand anschlagen, die M stilllegen

(Letzte R = HR).

LINKE VORDERTEIL-HÄLFTE

34 (40/28/26) R glatt rechts str, in der nächsten RR die M der rechten Hälfte dazunehmen und links abstr.

Für die Größe S/M die M stilllegen, für Größe L/XL noch weitere 18/26 R glatt rechts str, dann ebenfalls die M stilllegen.

RÜCKTEIL

34 (40/46/52) R glatt rechts str, anschließend die M des VT dazu nehmen und 1 Rd str, dabei unter dem rechten oder linken Arm einen MM zur Rd-Bezeichnung setzen [= 248 (264/280/296) M].

1 Rd in Weiß str, hier zum Musterausgleich folgende M ab-/zunehmen: +2 (-4/0/+4) M [= 250 (260/280/300) M].

Nun 20 Rd in der Strickschrift in den gezeichneten Fb str.

Anschließend 25 Rd glatt rechts in Orange str, in der letzten Rd für die Größe S 2 M für den Musterausgleich abn.

Weitere 20 Rd im Bundmuster str: *2 M rechts in Orange, 2 M links in Weiß*, von * bis * fortl wdh. Alle M im Muster abketten.

ÄRMEL

Aus der Ärmelkante 58 (70/82/94) M in Weiß auffassen, am unteren Ärmelrand (Achsel) einen MM zur Rd-Bezeichnung setzen.

1 Rd in Weiß str, zum Musterausgleich folgende M zu-/ abnehmen: +2 (0/-2/-4) M [= 60 (70/80/90) M].

20 Rd in der Strickschrift str, hier jedoch anstelle Orange in Braun str.

Anschließend 40 Rd glatt rechts in Dunkelbraun str, in der letzten Rd zum Musterausgleich 0 (-2/0/-2) M abnehmen.

Weitere 20 Rd im Bundmuster str: *2 M rechts in Braun, 2 M links in Weiß*, von * bis * fortl wdh. Alle M im Muster abketten.

AUSSCHNITT – BLENDE

Aus der vertikalen Ausschnittkante des linken VT 39 M in Weiß aufn.

1 RR str: RM links, 1 M links, *2 M rechts, 2 M links* 9 x str, RM links.

Weitere 11 R in dieser M-Einteilung str, anschließend die M mit einem Mini-I-Cord abketten, hierfür nur 1 M zusätzlich aufn (siehe Erklärung im Grundlagenteil Seite 22).

In die Blende der rechten VT-Hälfte werden nun noch zusätzlich 3 Knopflöcher eingestrickt. Dafür wie folgt vorgehen: 2 M wie zum links str abheben. *Die rechte M über die linke M ziehen, die nächste M wie zum Linksstr abh*, von * bis * noch 2 x wdh. Die letzte Abkett-M wieder auf die linke Nadel heben und 3 M neu anschlagen. In der nächsten R werden diese M mustergemäß gestrickt.

Die M gleich der linken VT aufnehmen und einteilen.

In der 6. R 3 Knopflöcher fadenlos einstr:
RM links, 1 M links, 2 M rechts, (1. Knopfloch), 12 M mustergemäß str, (2. Knopfloch), 12 M mustergemäß str, (3. Knopfloch), 1 M links, RM links.

Die Blende genau wie auf der rechten Seite beenden.

Nun die rechte Hälfte über die linke Hälfte der Blende legen und mit dem Matratzenstich in das VT einnähen (siehe Erklärung im Grundlagenteil Seite 24).

KRAGENBLENDE

142 M in Braun aus der Kragenkante ab rechtem VT aufnehmen (51 M VT, 40 M RT, 51 M VT).

RR: Die 1. + 2. M abh mit dem Faden vor der Arbeit, (I-Cord-)Faden dabei etwas anziehen, *2 M links, 2 M rechts*, von * bis * 34x str, 4 M links str.

HR: Die 1. + 2. M abh mit dem Faden hinter der Arbeit, Faden etwas anziehen, R mustergemäß zu Ende str.

Weiter 4 R in Braun str.

Nächste HR: 2 M abh, *2 M links in Weiß, 2 M rechts in Braun*, von * bis * 24x str, 2 M links in Weiß, 2 M rechts in Braun.

Insgesamt 4 R str, anschließend alle M im Muster abk.

FERTIGSTELLEN

Alle Fäden sorgfältig vernähen. Die Knöpfe an die Ausschnittblende nähen. Das Sweatshirt gemäß den Herstellerangaben des Garns waschen, liegend trocknen lassen.

STRICKSCHRIFT

10	9	8	7	6	5	4	3	2	1	
□	□	□	□	□	■	■	■	■	■	10
□	■	■	■	□	■	□	□	□	■	9
□	■	■	■	□	■	□	□	□	■	8
□	■	■	■	□	■	□	□	□	■	7
□	□	□	□	□	■	■	■	■	■	6
■	■	■	■	■	□	□	□	□	□	5
■	□	□	□	■	□	■	■	■	□	4
■	□	□	□	■	□	■	■	■	□	3
■	□	□	□	■	□	■	■	■	□	2
■	■	■	■	■	□	□	□	□	□	1

Die Strickschrift wird gemäß der Anleitung gestrickt. Im Körperteil werden die Fb wie gezeichnet gestrickt, in den Ärmeln wird anstelle Orange in Braun gestrickt.

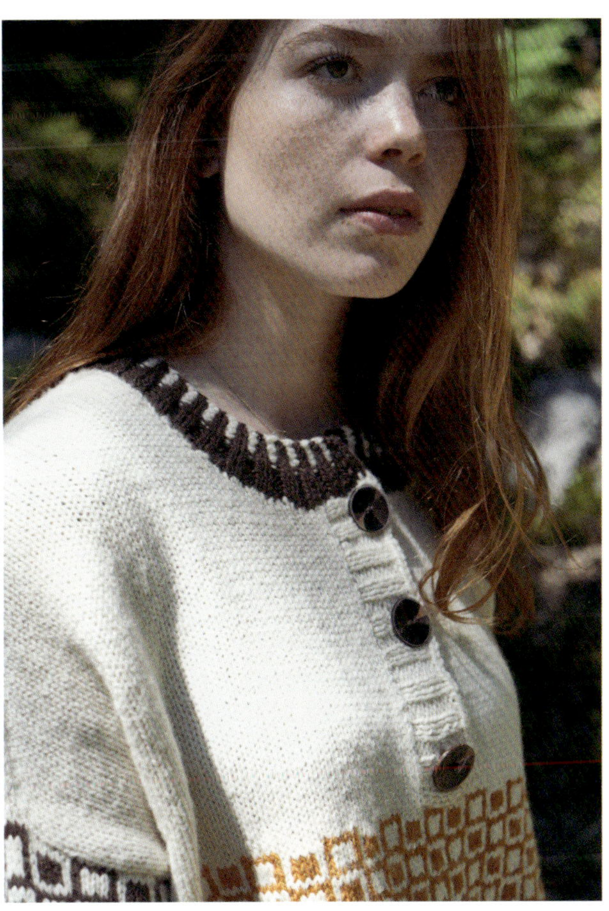

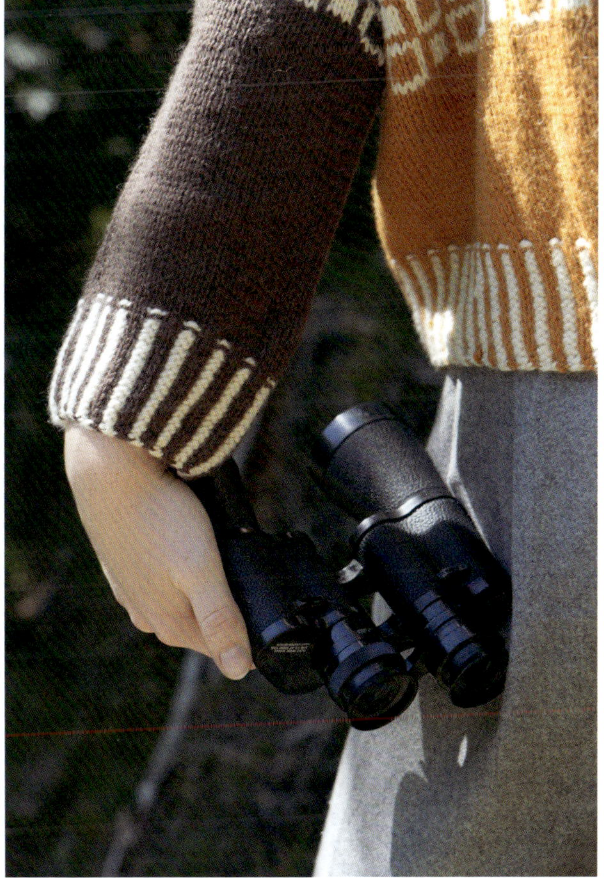

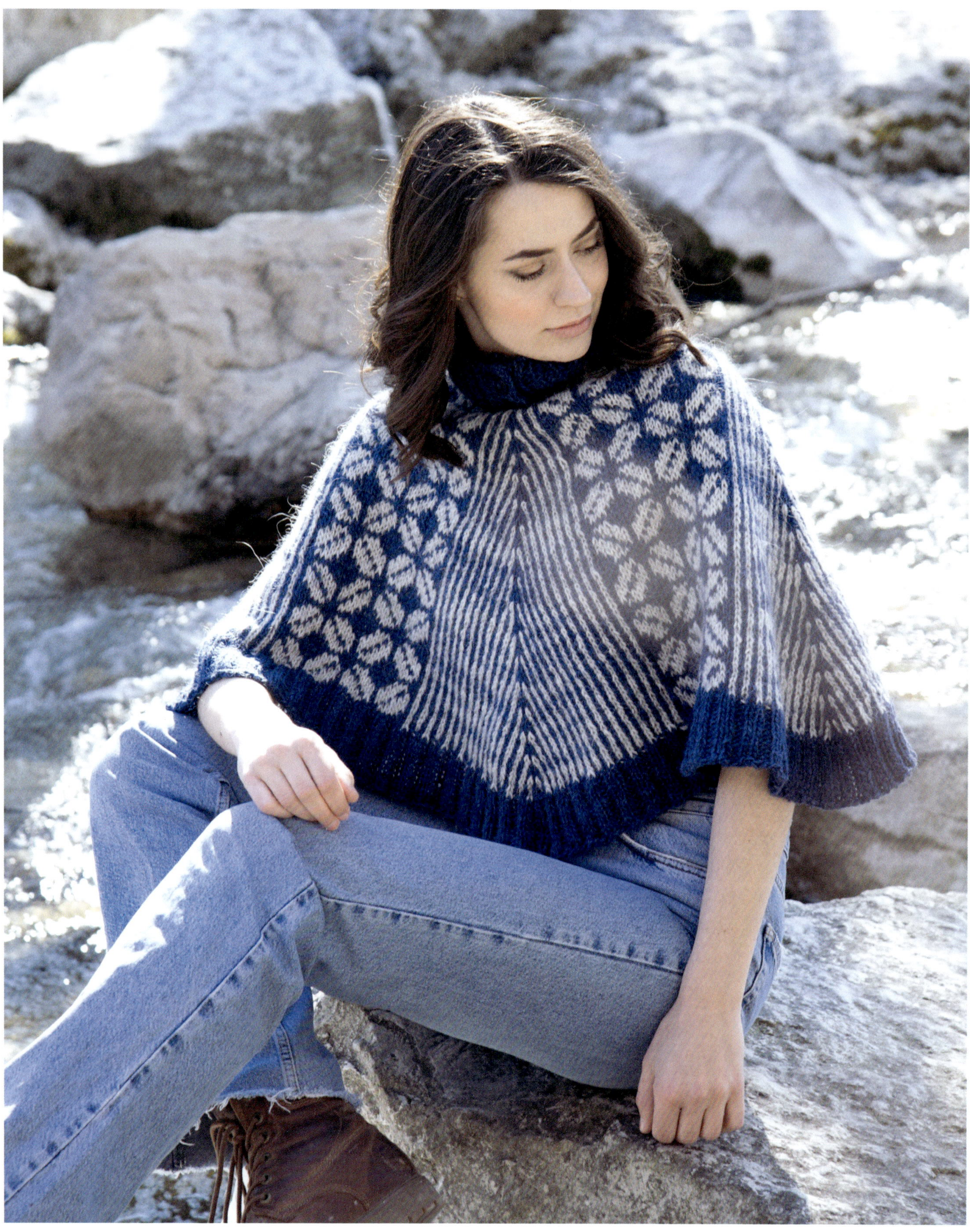

BRIDGET

Poncho

GRÖSSEN

Einheitsgröße

Untere Weite

130 cm

Gesamtlänge

50 cm

MATERIAL

- Ístex Lettlopi (100 % reine Schurwolle, LL 50 g/100 m) in Grau, (Fb 0054), 150 g, und in Blau (Fb 1403), 250 g
- 2 Jim Knopf Perlmuttknöpfe in Blau Matt 4-Loch Ø 28mm, Artikel 13764
- Rundstricknadeln in verschiedenen Längen, Nadelstärke 5,0 mm
- Maschenmarkierer
- Vernähnadel
- Schere

MASCHENPROBE

Im Muster: 20 M x 36 R = 10 x 10 cm

MUSTER

Grundmuster

Glatt rechts in der angegebenen Strickschrift und Musterfolge.

Bundmuster

In Rd: 2 M rechts, 2 M links im Wechsel.

Kragenmuster

In R: 1 M rechts, 1 M links im Wechsel, in der RR die M str, wie sie erscheinen.

Zunahmen rechts und links der Mittelmasche

Im Wechsel werden die Zun in Blau und Grau gestrickt, sodass ein vertikales Streifenmuster entsteht: Str Sie bis zur Mittel-M, stechen Sie mit der rechten Nadel von hinten in das rechte M-Glied der M unterhalb der Mittel-M ein und str dieses rechts verschr ab. Str Sie die Mittel-M rechts. Stechen Sie nun mit der linken Nadel mit der linken Nadel von hinten in das linke M-Glied der M unterhalb der Mittel-M ein und str dieses rechts verschr ab.

SO GEHT'S:

KRAGEN

91 M in Blau anschlagen und 14 R im Kragenmuster str: RM rechts, *1 M rechts, 1 M links*. Von * bis * 44x str, 1 M rechts, RM abh mit dem Faden vor der Arbeit.

In der 5. und 11. R am Ende der R jeweils ein Knopfloch einarbeiten: 86 M mustergemäß str, (1 Knopfloch).

Die Knopflöcher werden wie folgt gestrickt: 2 M wie zum Linksstr abheben. *Die rechte M über die linke M ziehen, die nächste M wie zum Linksstr abh*, von * bis * noch 2x wdh. Die letzte Abkettmasche wieder auf die linke Nadel heben und 3 M neu anschlagen. In der nächsten R werden diese M mustergemäß gestrickt.

KÖRPER

1 Rd in Blau glatt rechts str: RM, 4 M str, in den nächsten 81 M gleichmäßig verteilt 34 M zun, die Arbeit wird hier zur Rd geschlossen und dabei die letzten 5 M der R mit den ersten 5 M maschenweise zusammengestrickt, sodass die rechte Knopflochblende über der Blende des linken Kragenteils liegt, hier bereits vor der 4. M einen MM zur Rd-Bezeichnung setzen [= 120 M]

Nun gemäß der Strickschrift str und die M wie folgt einteilen:

1. R der Strickschrift in Blau: 27 weitere M für einen Mustersatz, MM setzen, 1 Mittel-M, MM setzen, 29 M für einen Mustersatz, MM setzen, 1 Mittel-M, MM setzen, 29 M für einen Mustersatz, MM setzen, 1 Mittel-M, MM setzen, 29 M für einen Mustersatz, MM setzen, 1 Mittel-M [= 120 M].

Die MM jeweils an der entsprechenden Stelle umsetzen.

2. R der Strickschrift: 29 M für den Mustersatz, 1 Zun in Grau, 29 M für den Mustersatz, 1 Zun in Grau, 29 M für den Mustersatz, 1 Zun in Grau, 29 M für den Mustersatz, 1 Zun in Grau [= 128 M].

3. R der Strickschrift: 29 M für den Mustersatz, (1 M Grau, 1 Mittel-M Blau, 1 M Grau), 29 M für den Mustersatz, (1 M Grau, 1 Mittel-M Blau, 1 M Grau), 29 M für den Mustersatz, (1 M Grau, 1 Mittel-M Blau, 1 M Grau), 29 M für den Mustersatz, (1 M Grau, 1 Mittel-M Blau, 1 M Grau).

4. R der Strickschrift: 29 M für den Mustersatz, (1 M in Grau, 1 Zun in Blau, 1 M in Grau), 29 M für den Mustersatz, (1 M in Grau, 1 Zun in Blau, 1 M in Grau), 29 M für den Mustersatz, (1 M in Grau, 1 Zun in Blau, 1 M in Grau), 29 M für den Mustersatz, (1 M in Grau, 1 Zun in Blau, 1 M in Grau) [= 136 M].

Die 14 Rd der Strickschrift insgesamt 5x in der Höhe str = 70 Rd, dabei, wie zuvor beschrieben, in jeder 2. Rd die Zun 33x rechts und links der Mittel-M str [= 384 M].

Mit einer Rd ohne Zun enden.

Nun weiter im Bundmuster str. In der 1. Rd werden pro Seite 3 M gleichmäßig verteilt zugenommen.

Die nächsten 93 M wie folgt str: *2 M links, 2 M rechts*, von * bis * wdh, hierbei zum Musterausgleich 3 M zun, enden mit 2 M links = 98 M, 1 Mittel-M, von ** bis ** 4x str.

Anschließend alle M im Muster locker abketten.

FERTIGSTELLEN

Alle Fäden sorgfältig vernähen. Die Knöpfe annähen. Den Poncho gemäß den Herstellerangaben des Garns waschen und liegend trocknen lassen.

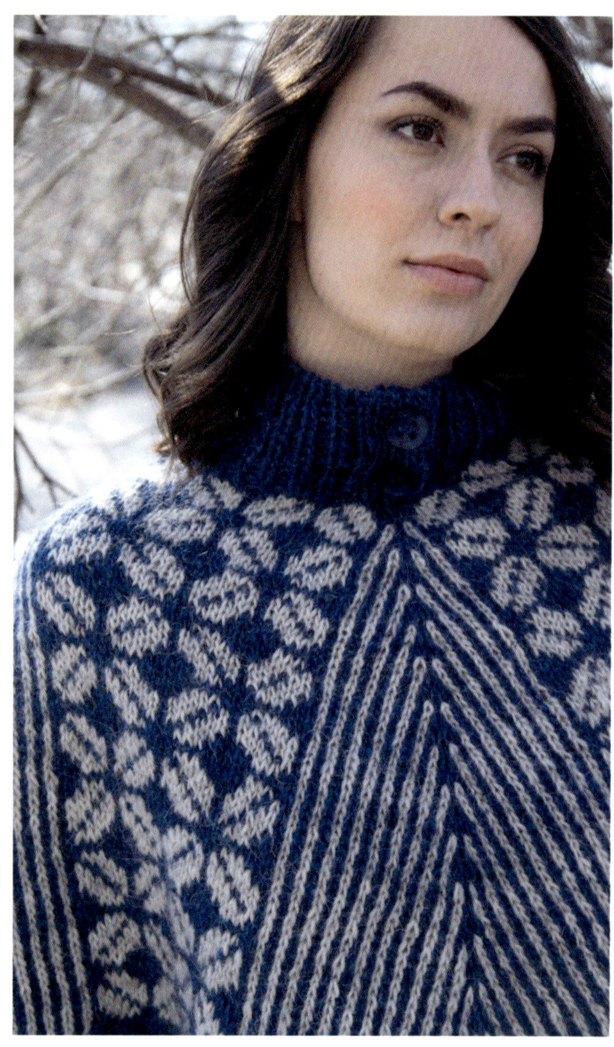

STRICKSCHRIFT

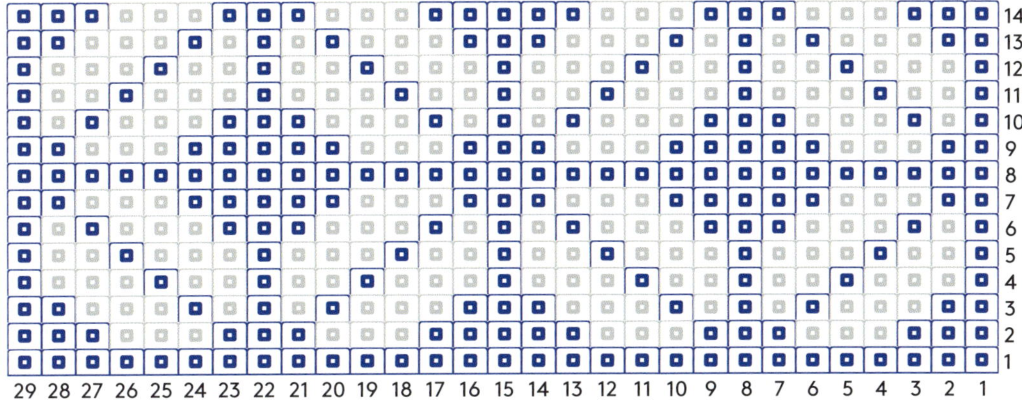

Die Strickschrift wird gemäß den Angaben in der Anleitung gestrickt.

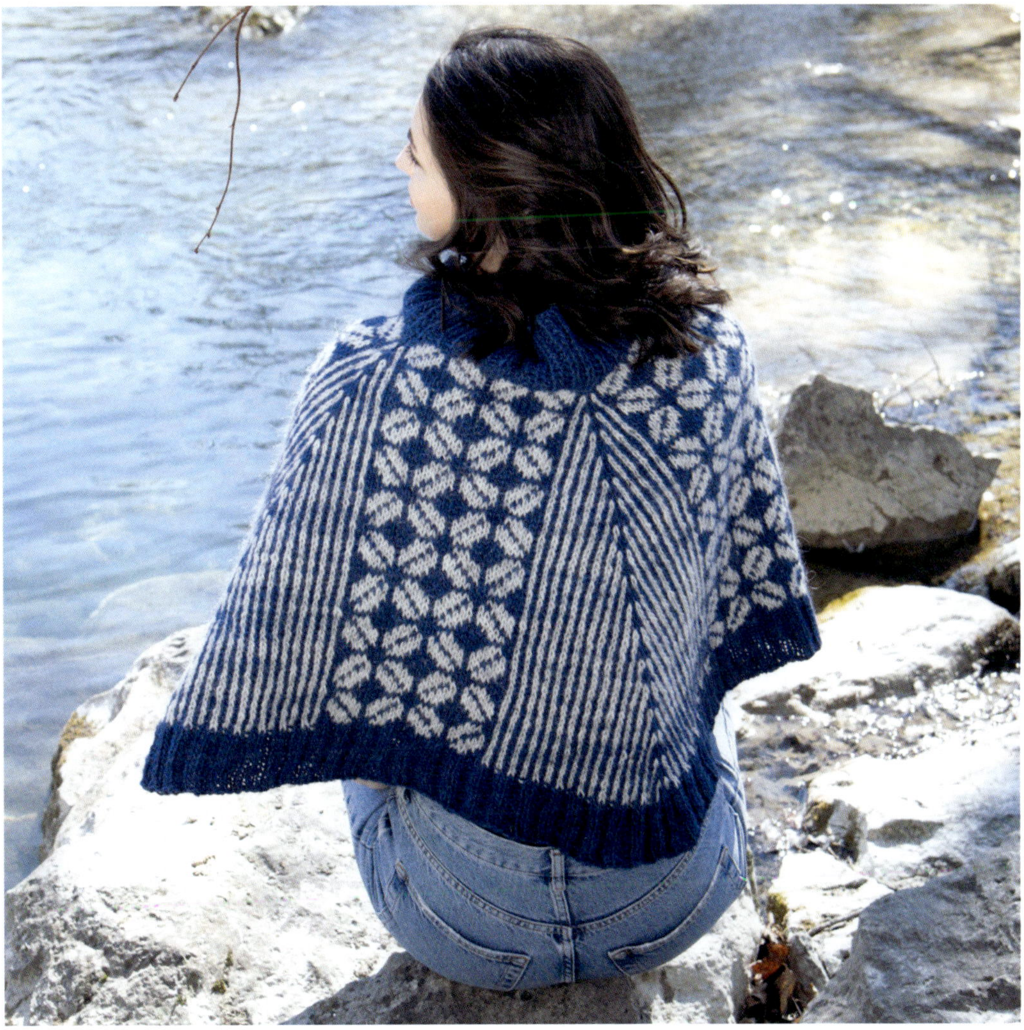

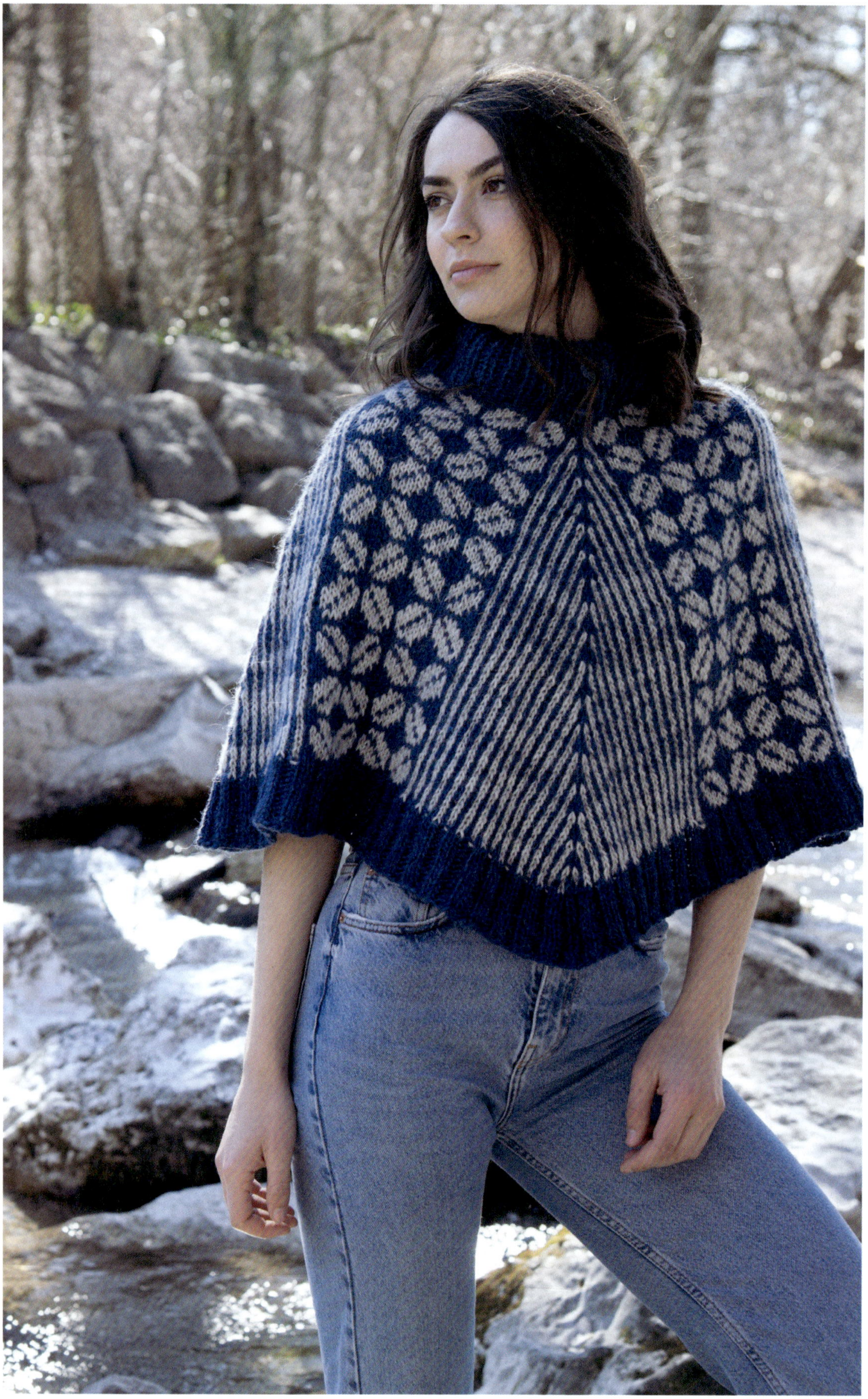

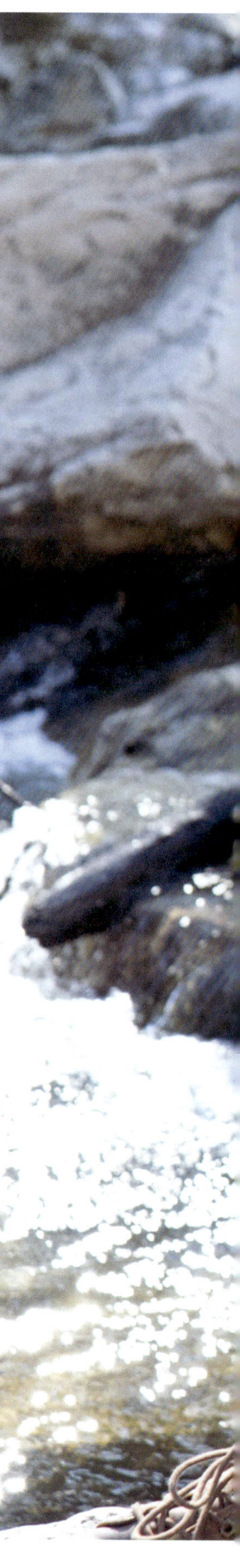

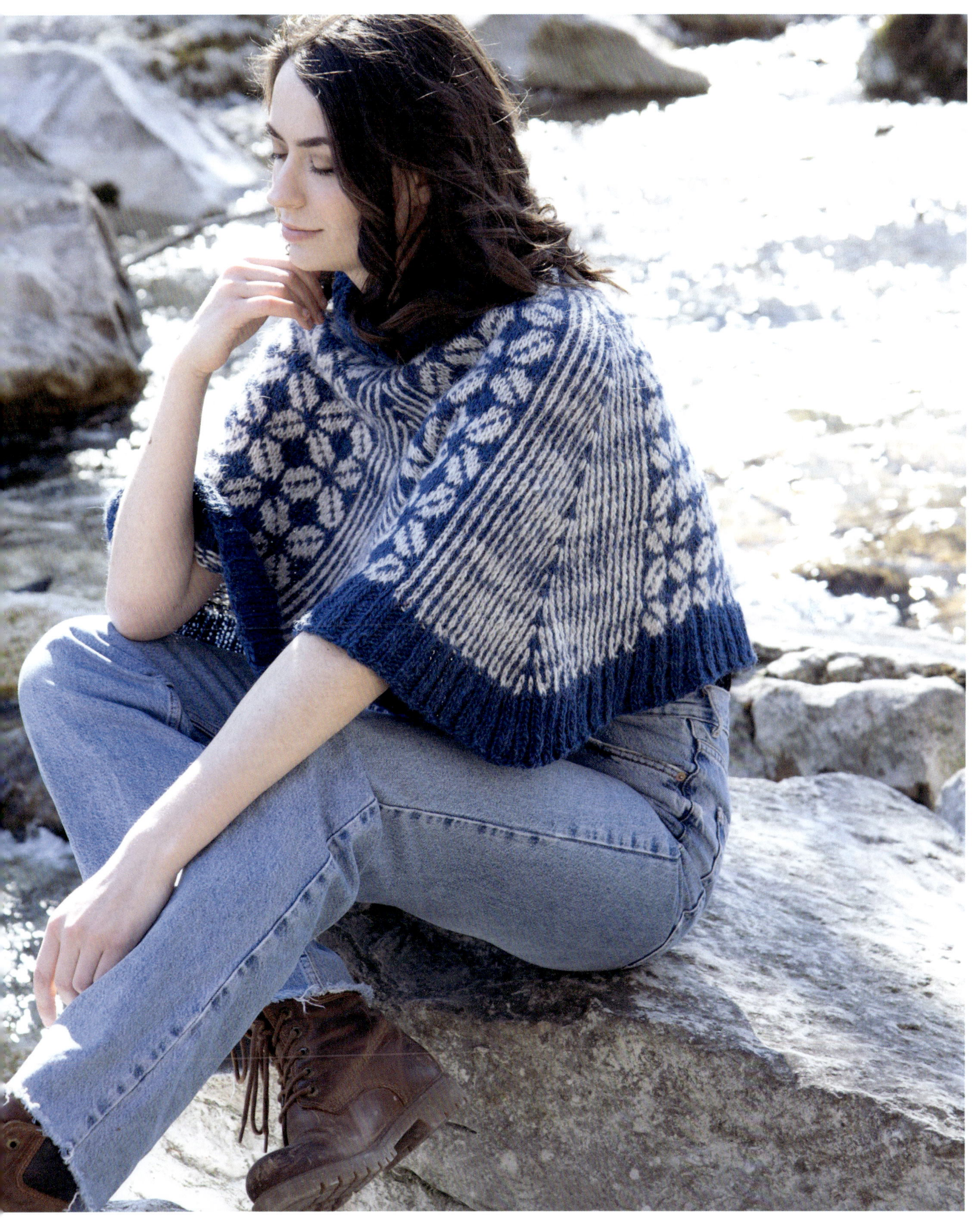

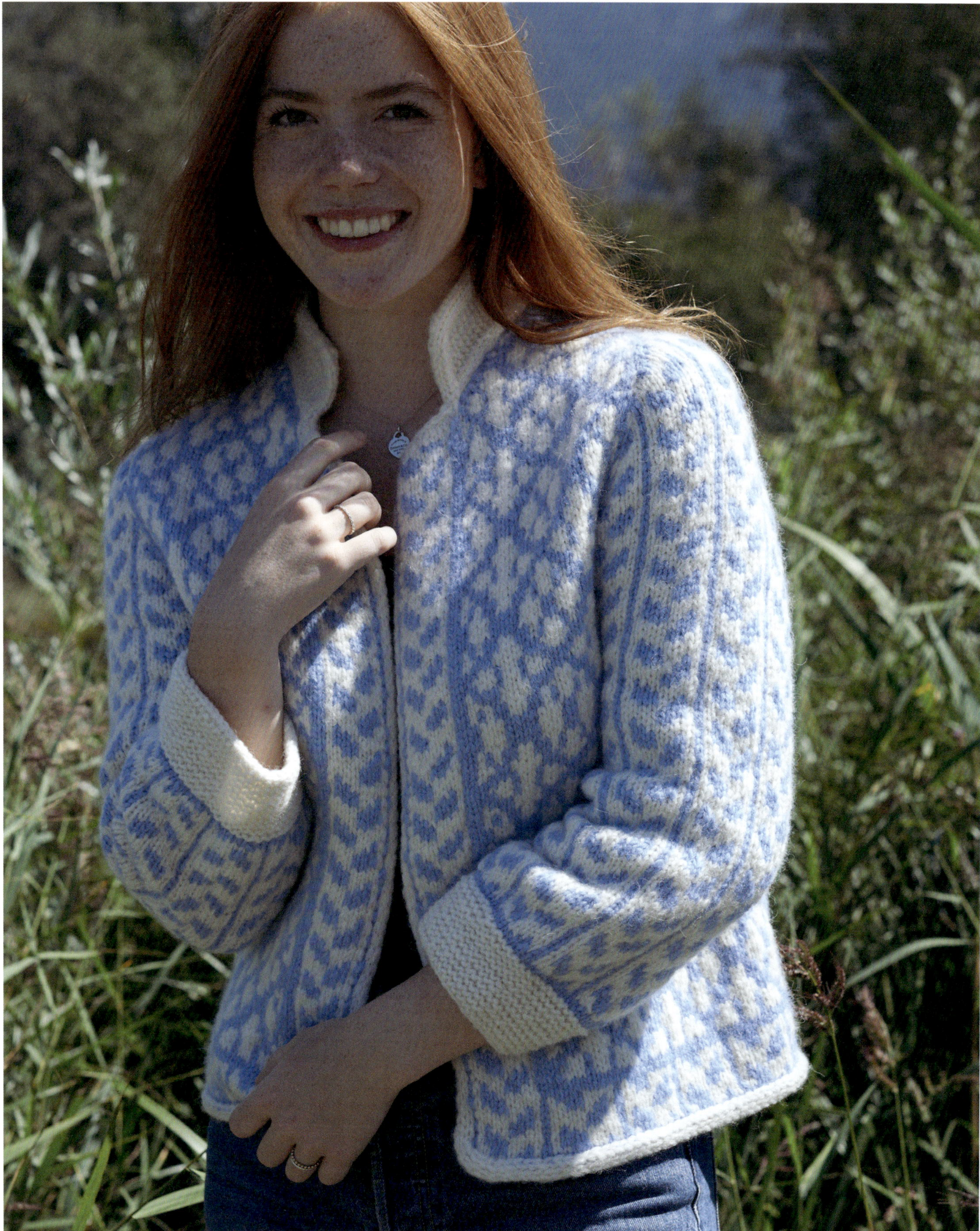

CLAIRE

Kurze Jacke

◆◆◆

GRÖSSEN

S–M (L–XL)

Brustweite

96 (116) cm

Unterarmlänge

42 cm

Gesamtlänge

65 cm

MATERIAL

- Holst Garn Cielo (42 % Alpaca, 42 % Merino, 16 % Polyamid, LL 125 m/50 g), in Waterfall (Blau), 300 (350) g, und in Winter White (Weiß), 300 (350) g
- Rundstricknadeln in verschiedenen Längen, Nadelstärke 6,0 mm
- Maschenmarkierer
- Vernähnadel
- Schere

MASCHENPROBE

Im Muster: 19 M x 21 R = 10 x 10 cm

MUSTER

Grundmuster

Glatt rechts in der angegebenen Strickschrift und Musterfolge.

Muster für Kragen und Bündchen

Kraus rechts in R: HR und RR rechte M.

Kraus rechts in Rd: 1. Rd: Rechte M, 2. Rd: Linke M, diese 2 Rd fortlaufend str.

I-Cord

Bebilderte Erklärung im Grundlagenteil Seite 22.

STRICKWEISE

Begonnen wird hier mit dem kleinen Strehkragen. Aus diesem werden die M für die Schultern und den Rücken gestrickt und durch Zun werden die Vorderteile und im Anschluss daran auch die Armpartien geformt.

Sobald alle Zun erfolgt sind, wird nach der Top-Down-Methode weitergestrickt.

SO GEHT'S:

KRAGEN

12 M in Weiß anschlagen.

1. R: 3 M rechts abh, den Faden hinter der Arbeit, Faden etwas anziehen (I-Cord-Rand), 6 M kraus rechts, 3 M glatt rechts (I-Cord-Rand).

2. R: 3 M links abh, den Faden vor der Arbeit, Faden etwas anziehen (I-Cord-Rand), 6 M kraus rechts, 3 M links (I-Cord-Rand).

Insgesamt 66 R str.

Nun *die 1. + 2. M rechts str, die 3. + 4. M rechts verschr zusstr, die M wieder zurück auf die linke Nd legen* und den Schritt * bis * wdh, bis nur noch die 3 M des I-Cords auf der Nadel liegen, diese 3 M stilllegen (hier eignet sich eine Sicherheitsnadel sehr gut).

Nun aus der Anschlagkante der Kragenhälften 12 M aufnehmen und gegengleich str, hier allerdings nur 65 R, den I-Cord auf der linken Arbeitsseite str:

Die 1. + 2. M links str, die 3. + 4. M links zusstr. Diese 3 M nach und nach zurück auf die rechte Nadel heben und auch hier diesen Arbeitsschritt wdh, bis nur noch die 3 M des I-Cord auf der Nadel liegen. Diese 3 M ebenfalls auf einer Sicherheitsnadel stilllegen.

ANSTRICKEN DES RÜCKTEILS UND DER SCHULTERN

42 M in Blau aus dem I-Cord Rand aufnehmen, hier von der Mitte aus abzählen, es bleiben jeweils 24 R kraus rechts auf den Seiten liegen.

RR: Rechtes VT: RM links, (1 Zun = 2 M aus 1 M heraus-str: 1 M links, 1 M links verschr), MM setzen, rechte Schulter: 3 M links, MM, RT: (1 Zun), 30 M links, (1 Zun), MM, linke Schulter: 3 M links, MM, linkes VT: (1 Zun), RM links [= 46 M].

HR: Beginn des Musters.
Linkes VT: Inkl. Zun 9.–12. M des Mustersatzes Strickschrift 1: 1 M zus für den Ausschnitt aus dem I-Cord des Kragens aufn, 1 M im Muster (1 Zun) [= 4 M].
3 M rechts in Blau für die Schulter.
RT: Inkl. Zun 3x den Mustersatz Strickschrift 1: (1 Zun), 32 M im Muster, (1 Zun) [= 36 M].
3 M rechts in Blau für die Schulter.
Rechtes VT: Inkl. Zun 1.–4 M des Mustersatzes Strickschrift 1: 1 Zun, 1 M im Muster, 1 M zus für den Ausschnitt aus dem I-Cord des Kragens aufn [= 4 M].

RR: (2. R der Strickschrift 1 von links nach rechts lesen)
Rechtes VT: Inkl. Zun: 9.–12. M des Mustersatzes str, 1x die 1. M des Mustersatzes str: 4 M im Muster (1 Zun) [= 5 M].
3 M links in Blau für die Schulter,
RT: Inkl. Zun: 1. M des Mustersatzes, 3x den Mustersatz, 12. M des Mustersatzes str: (1 Zun), 36 M im Muster, (1 Zun) [= 38 M].
3 M links in Blau für die Schulter,
Linkes VT: Inkl. Zun: 1. M des Mustersatzes, 12.–9. M des Mustersatzes: (1 Zun), 4 M im Muster [= 5 M].

Die Zun für die Schulter noch 13x (23x) str, die zusätzlichen Zun für den vorderen Ausschnitt noch 8x in jeder HR. Hierbei das Muster gemäß der Strickschrift 1 weiterführen. Das Muster endet hier nach den Schulterzunahmen nach der 3. (12.) M des Mustersatzes und nach den zusätzlichen Zun für den Ausschnitt jeweils mit einem kompletten Mustersatz plus 1 M, die hier in Blau gestrickt wird [VT = 27 (37) M, RT = 64 (84) M].

Nun wird der I-Cord des Kragens weitergeführt, dieser wird durchgehend in Weiß gestrickt.

Am Ende der letzten HR (rechte Kragenhälfte) die stillgelegten 3 I-Cord-M des Kragens wieder auf die linke Nd legen und rechts str.

Arbeit wenden, *die 1. + 2. M links abheben, aus der 3. M 2 M links herausstr, dabei den Faden fester anziehen, damit kein Loch entsteht. Arbeit wenden, 1 M abheben, 3 M rechts str*, Arbeit wenden und den Arbeitsschritt von * bis * noch 9x str = 10 M aufgenommen + 3 I-Cord-M.

Nachdem alle 10 M aufgenommen sind, werden die 3 I-Cord-M wie beschrieben gestrickt, dann 9 M in Weiß, 1 M in Blau glatt rechts mitgestrickt.

Die RR nun bis zum Ende str und die 3 liegengelassenen I-Cord-M der linken Kragenhälfte auf die linke Nadel legen und abstr, Arbeit wenden.

Die 10 zusätzlichen M für das linke VT wie zuvor beschrieben aufnehmen, hier jedoch rechte M str = 40 (50) M für die VT.

BLENDE STRICKEN, BEGINN DER ÄRMEL

Blende und Ärmel werden gemäß der Strickschrift 2 gestrickt.

Linkes VT: 3 M I-Cord in Weiß, 1x den Mustersatz der Strickschrift 2, 2 M Blau, 26 (36) M im Muster von Strickschrift 1 sinngemäß weiterstr.

Linker Ärmel: Die 3 M der Schulter gehen in die Ärmel-M über = inkl. Zun: 1 M in Blau, 4.–6. M des Mustersatzes, 1 M in Blau = (1 Zun) 1 M im Muster str, (1 Zun) [= 5 M].

RT: Inkl. Zun: 86 M das Muster der Strickschrift 1 sinngemäß weiterstr.

Rechter Ärmel: Die 3 M der Schulter gehen in die Ärmel-M über = inkl. Zun: 1 M in Blau, 4.–6.M des Mustersatzes, 1 M in Blau = (1 Zun) 1 M im Muster str, (1 Zun) [= 5 M].

Rechtes VT: 26 (36) M das Muster der Strickschrift 1 sinngemäß weiterstr, 2 M Blau, 1x den Mustersatz der Strickschrift 2 str (hier jedoch die 2.–9. M des Mustersatzes str), 1 M Blau, 3 M I-Cord in Weiß.

Die Zun für die Ärmel werden nun noch 11x in jeder R, 13x in jeder 2. R (HR) gestrickt, das Muster wird gemäß der Strickschrift 2 sinngemäß weitergeführt, rechts und links davon bleibt die 1 M in Blau bestehen.

Nun werden für die Achselbeuge zusätzlich Aufnahmen an VT und RT wie folgt gestrickt:

Alle M des linken VT mustergemäß str, 1 Zun (siehe Erklärung im Grundlagenteil Seite 15) im Muster, 1 M Blau, 1 Zun im Muster, die M des linken Ärmels mustergemäß bis zur letzten blauen M str, 1 zun im Muster, 1 M in Blau, 1 Zun im Muster, alle M des RT mustergemäß str. 1 Zun im Muster, 1 M in Blau,1 Zun im Muster, alle M des rechten Ärmels mustergemäß bis zur letzten blauen M str, 1 Zun im Muster, 1 M in Blau, 1 Zun im Muster, alle M des linken VT mustergemäß str.

Diese Zun werden für VT und RT noch 5x in jeder 2. R (HR), für die Ärmel in Größe S–M noch 3x, in Größe L–XL noch 5x gestrickt [pro VT = 46 (56) M, pro Ärmel 61 (65) M, RT 76 (86) M].

KÖRPER UND ÄRMEL TRENNEN

Die 46 (56) M des rechten VT mustergemäß str, 61 (65) Ärmel-M auf einem separaten Seil stilllegen, 8 (12) Achsel-M mit beiden Arbeitsfäden anschlagen, die 76 (84) M des RT mustergemäß str, die nächsten 61 (65) Ärmel-M auf einem separaten Seil stilllegen, 8 (12) Achsel-M mit beiden Arbeitsfäden neu anschlagen, 46 (56) M des linken VT mustergemäß str [= 184 (220) M].

28 cm im Muster weiterstr.

2 R in der folgenden Einteilung str: 3 M I-Cord, 9 M Blende, 158 (194) in Blau str, 9 M Blende, 3 M I-Cord, innerhalb der 158 (194) M gleichmäßig verteilt 3 M zun [= 187 (223) M].

Nun 6 R wie folgt str:

3 M I-Cord, 20 (24) x den Mustersatz der Strickschrift 2. à 9 M str, 1 M Blau, 3 M I-Cord, den Arbeitsfaden in Blau abschneiden.

Nun alle M mit einem I-Cord in Weiß bis zu dem Ende des RT abketten, die 3 M des I-Cords stilllegen.

Nun die I-Cord-M des rechten VT von der Rückseite her mit linken M abketten. Die I-Cord-M, die nun aufeinander treffen, im Maschenstich miteinander sauber verbinden.

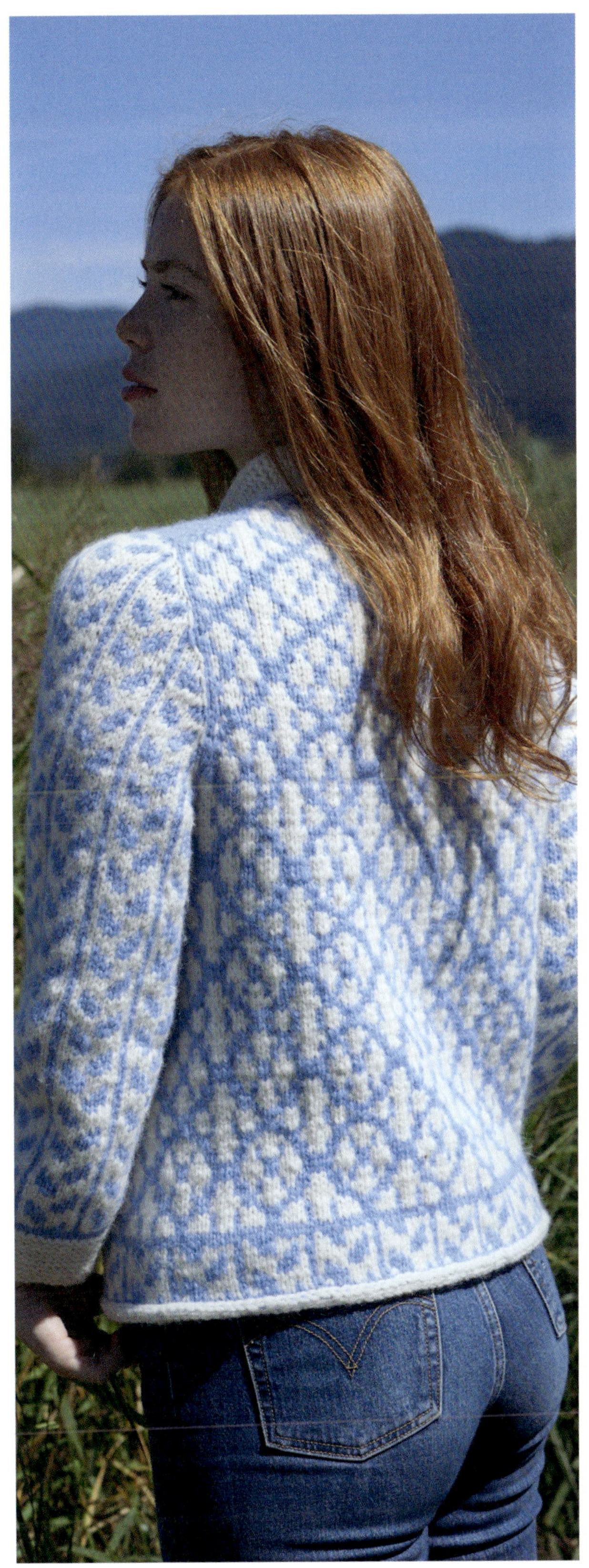

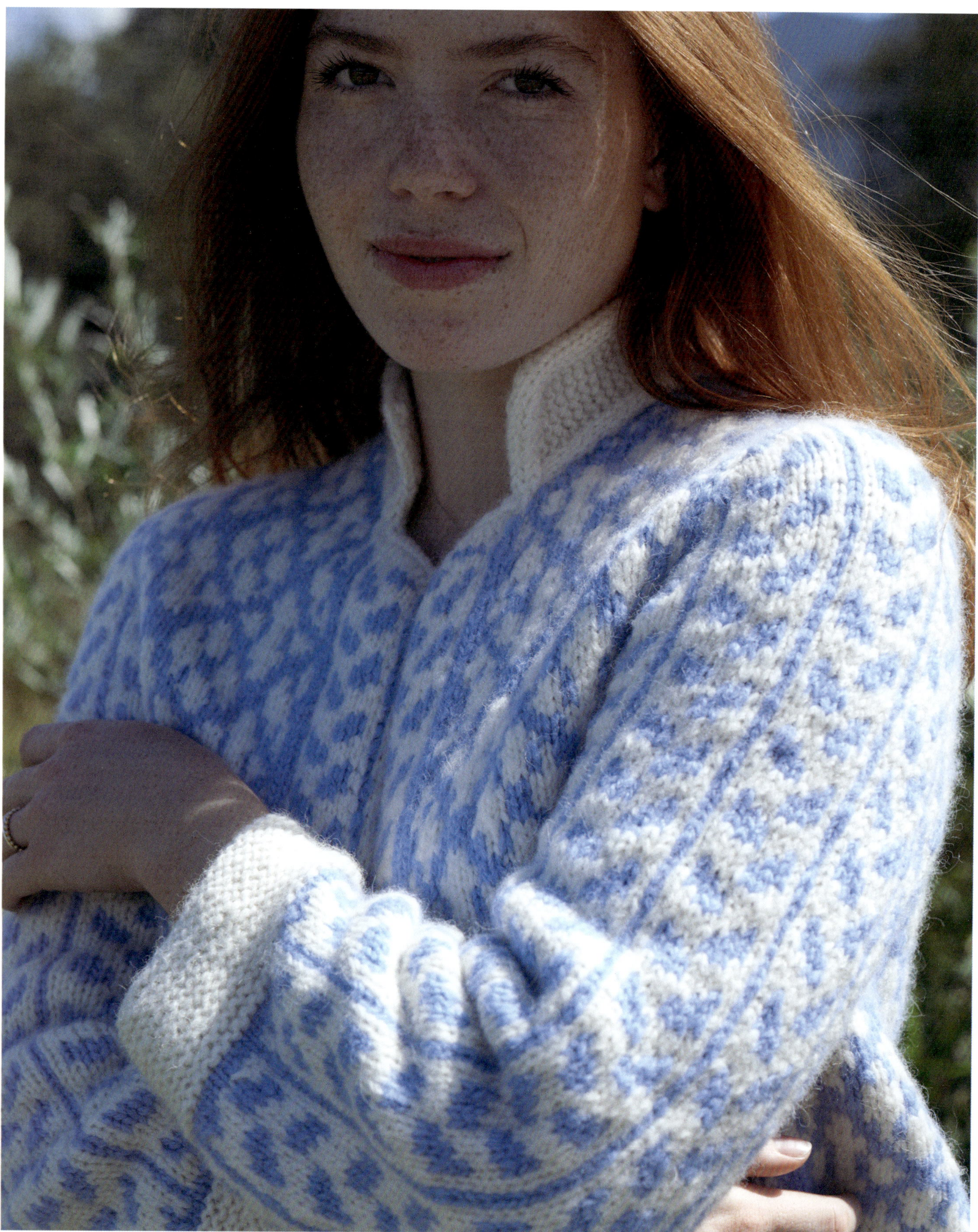

ÄRMEL

Die 61 (65) Ärmel-M wieder auf eine Rundstricknadel legen und direkt aus dem Achselrand des Körpers 9 (14) Achsel-M aufn (aus der Achselkante mehr M herausstr), dabei aus den Ecken jeweils eine weitere Achsel-M herausstr, MM mittig zur Rd-Bezeichnung setzen [= 72 (81) M].

Das Muster der Strickschrift 2 wird weitergeführt, die 1. und letzte M in Blau wird in das Muster integriert, die Achsel-M werden mustergemäß eingefügt.

Weiter 36 cm im Muster str, enden mit einer 6. R der Strickschrift.

2 Rd in Blau glatt rechts str, dabei in der letzten Rd 14 M gleichmäßig verteilt abn [= 58 (67) M].

20 Rd in Weiß kraus rechts str, anschließend alle M rechts abketten.

FERTIGSTELLEN

Alle Fäden sorgfältig vernähen. Den Cardigan gemäß den Herstellerangaben des Garns waschen und liegend trocknen lassen.

STRICKSCHRIFT 1

12	11	10	9	8	7	6	5	4	3	2	1	
■	□	□	□	■	□	□	■	□	□	□	■	14
■	■	□	□	■	□	□	■	□	□	■	■	13
□	■	■	■	□	□	□	□	■	■	■	□	12
□	□	■	■	□	□	□	□	■	■	□	□	11
□	■	□	■	■	□	□	■	■	□	■	□	10
■	□	□	□	■	■	■	■	□	□	□	■	9
■	□	□	□	■	■	■	■	□	□	□	■	8
■	□	□	□	■	■	■	■	□	□	□	■	7
□	■	□	■	■	□	□	■	■	□	■	□	6
□	■	□	■	■	□	□	■	■	□	■	□	5
□	□	■	■	□	□	□	□	■	■	□	□	3
□	■	■	■	□	□	□	□	■	■	■	□	2
■	■	□	□	■	□	□	■	□	□	■	■	1

STRICKSCHRIFT 2

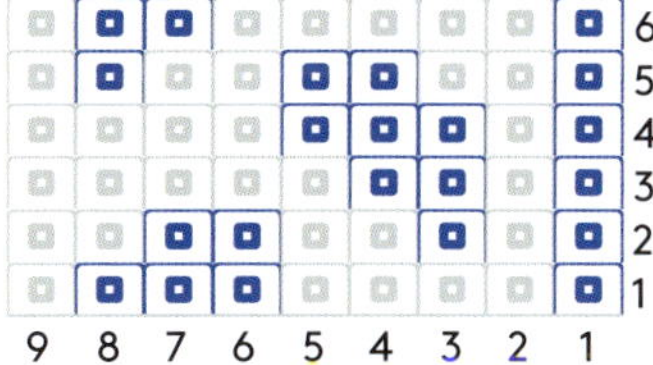

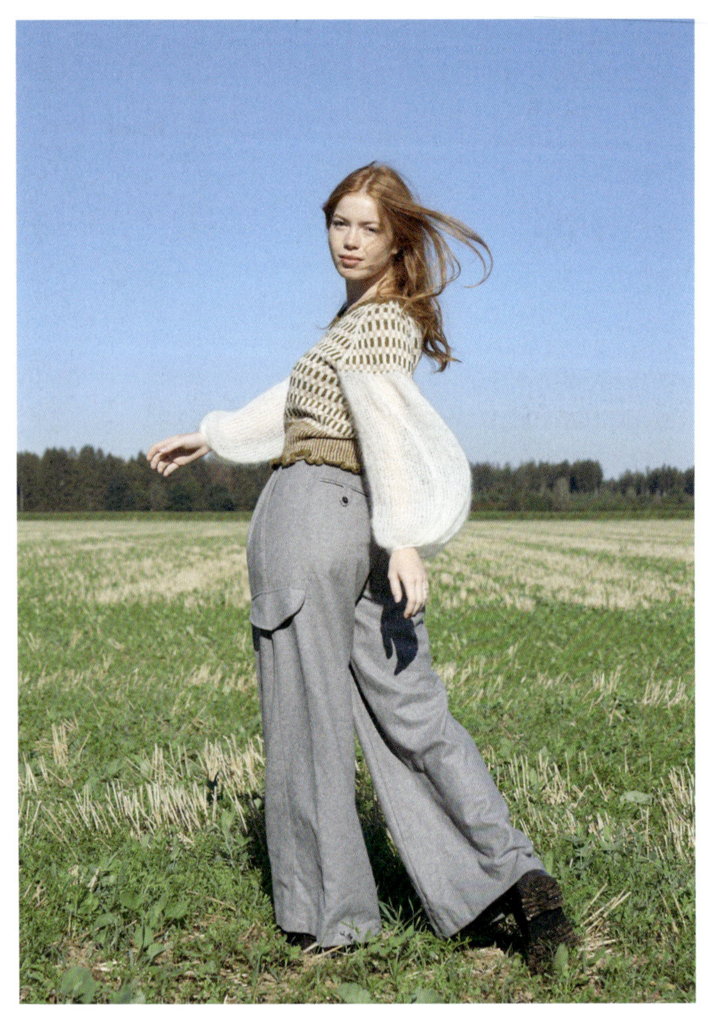
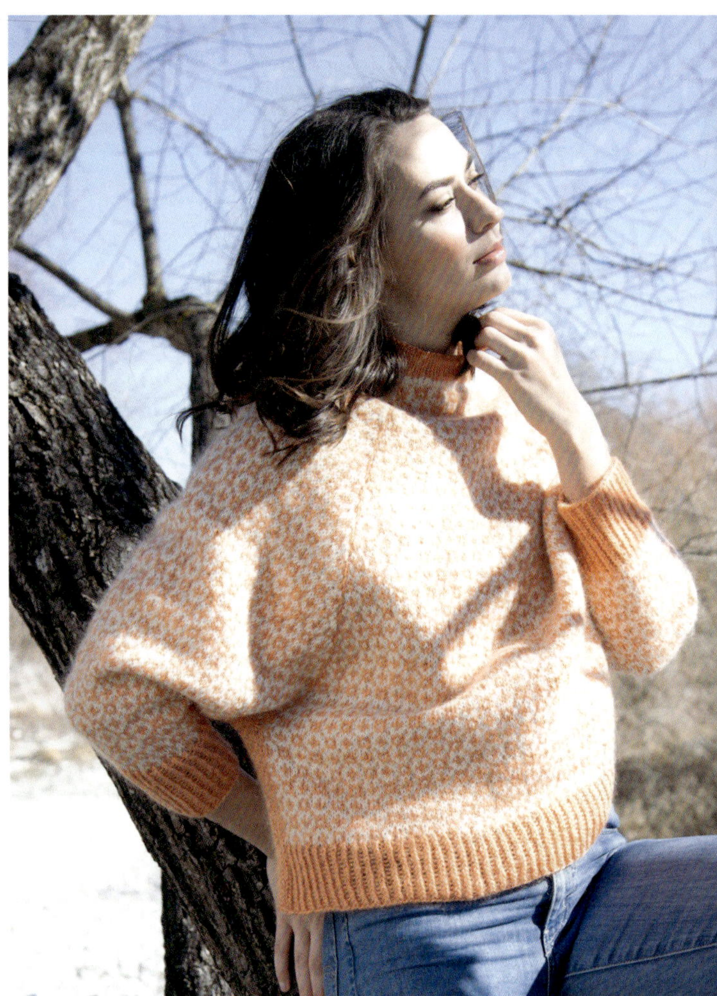
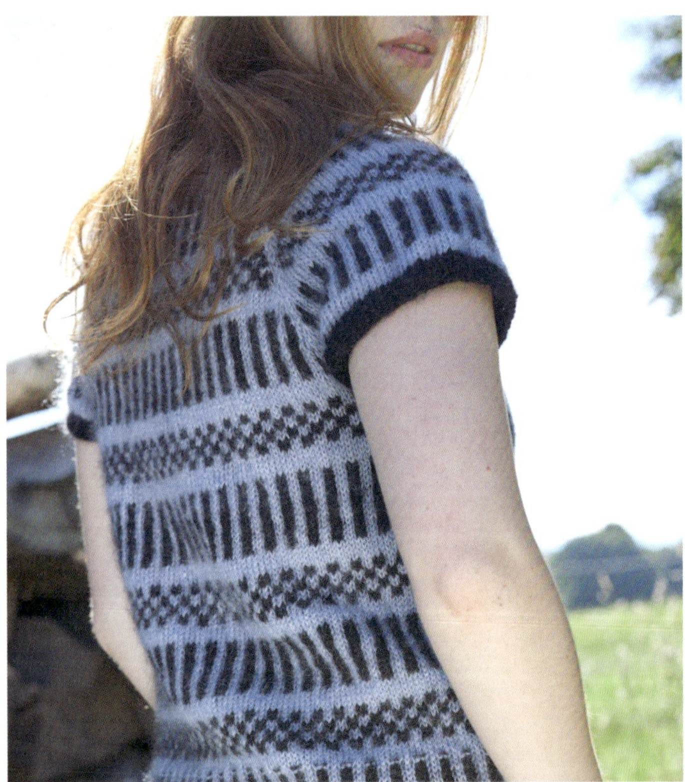
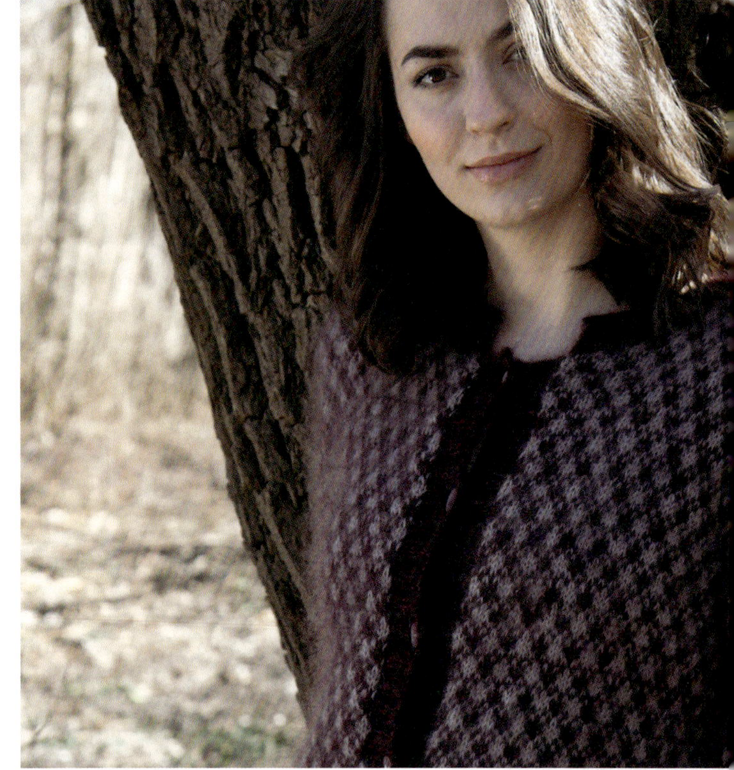

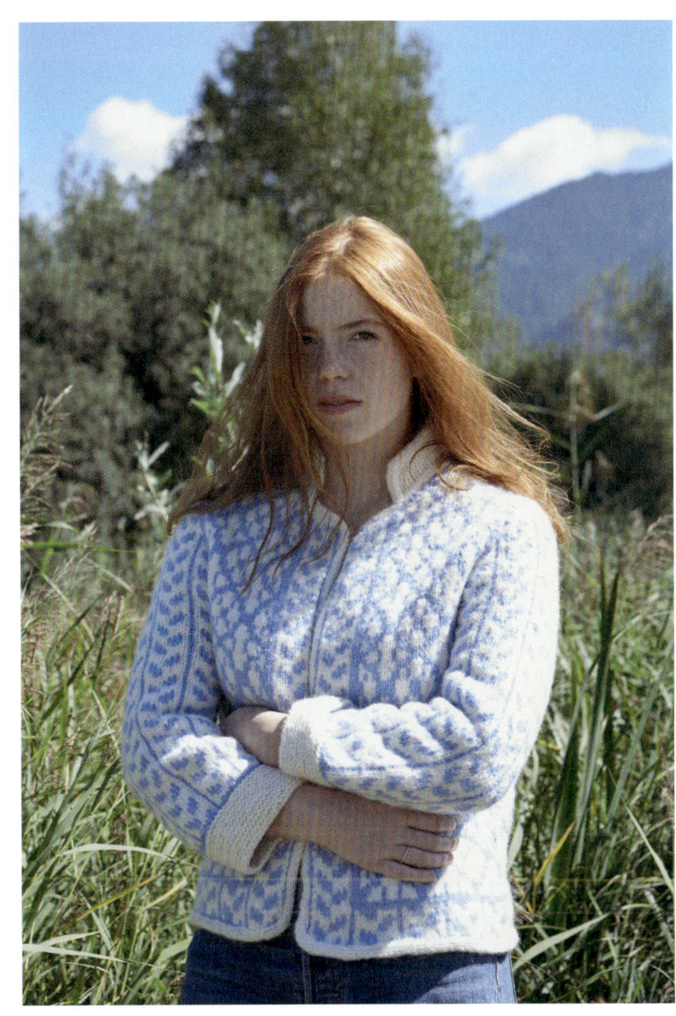

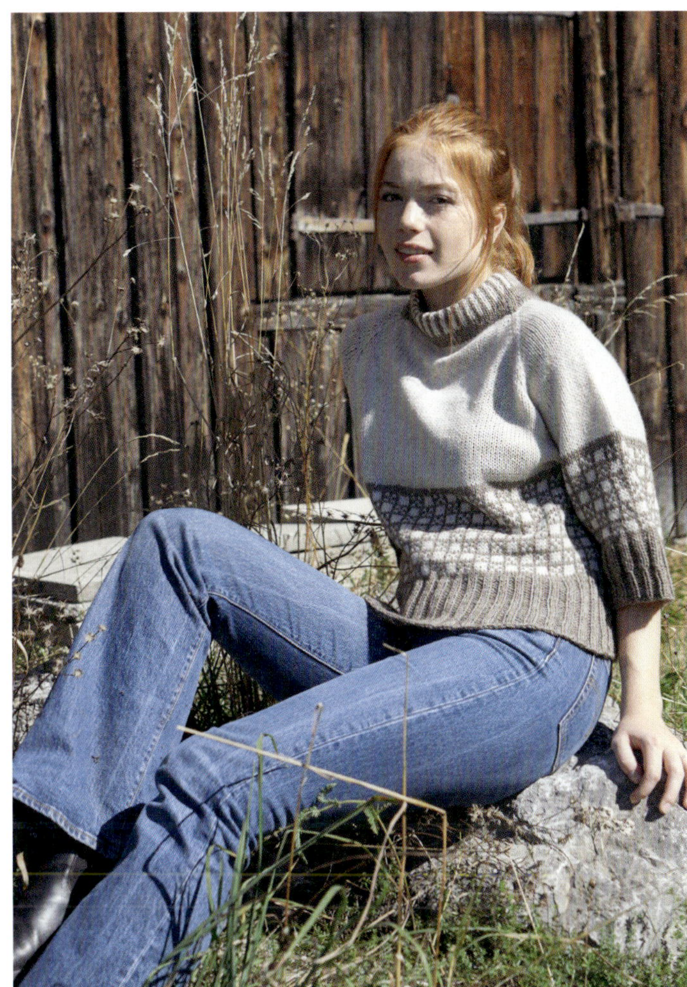

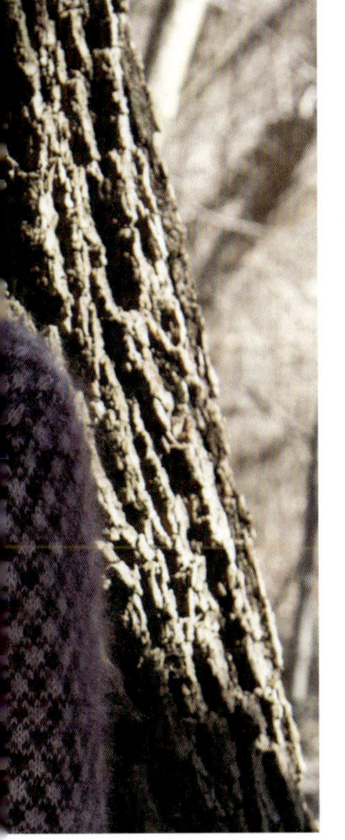

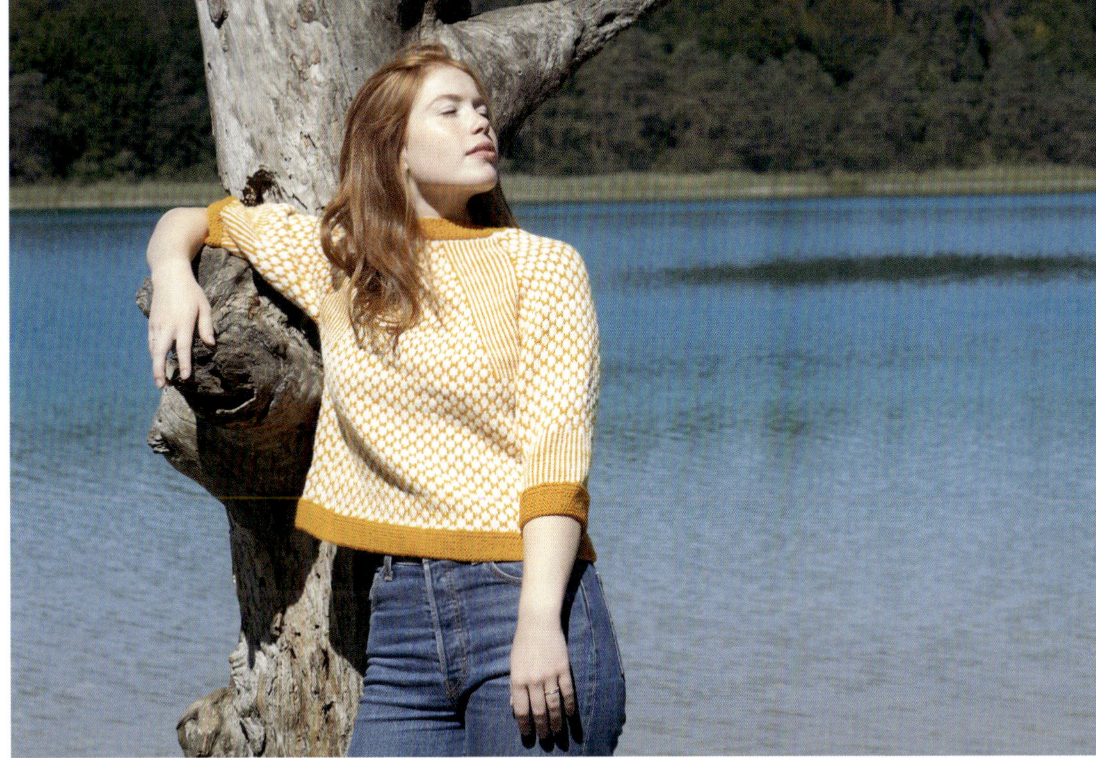

NOCH MEHR
schöne Bücher

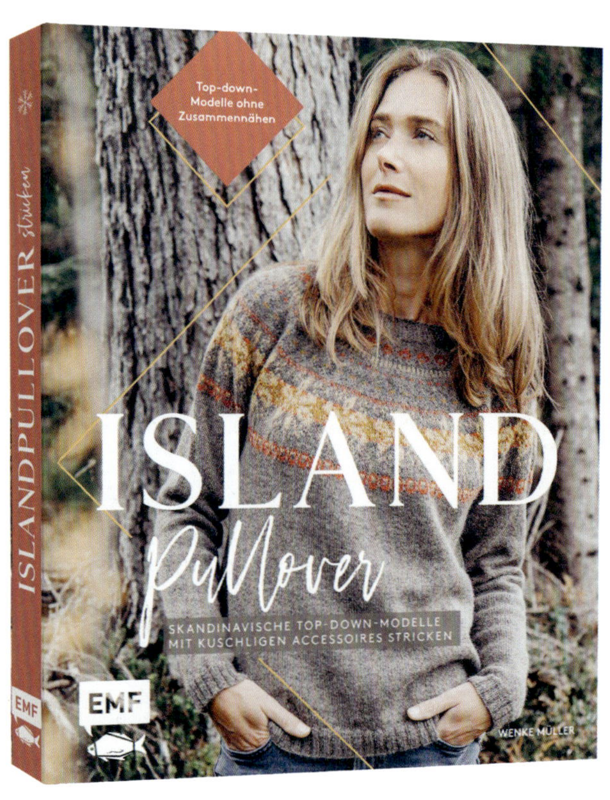

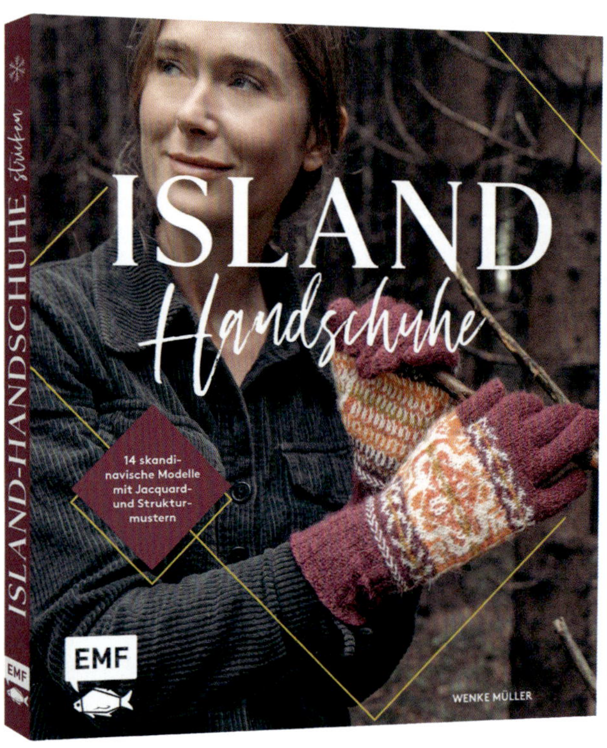

Islandpullover stricken

ISBN: 978-3-74**59-1196**-1

25,00 € (DE) / 25,70 € (AT)

Island-Handschuhe stricken

ISBN: 978-3-74**59-0050**-7

16,00 € (DE) / 16,50 € (AT)

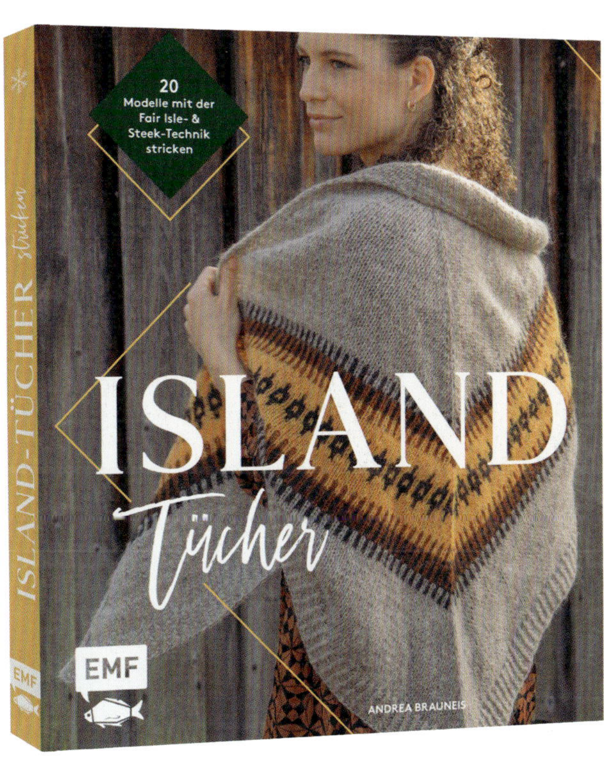

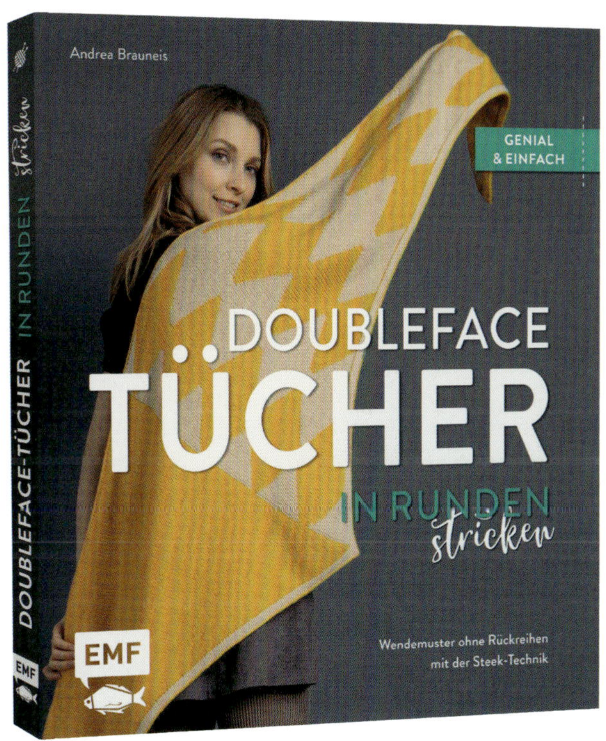

Island-Tücher stricken

ISBN: 978-3-74**59-0110**-8

20,00 € (DE) / 20,60 € (AT)

Doubleface-Tücher in Runden stricken

ISBN: 978-3-74**59-0041**-5

17,99 € (DE) / 18,50 € (AT)

ÜBER DIE *Autorin*

Schon als kleines Kind hat Andrea Brauneis ihre Leidenschaft für Wolle und Handarbeiten entdeckt. Schnell war klar, dass Stricken ihr Steckenpferd ist, und sie konnte ihr Hobby zum Beruf machen. Durch eine private Designausbildung mit praktischem Schwerpunkt sowie vielen Workshops – vornehmlich in Skandinavien und Schottland – konnte sie ihr Wissen ständig erweitern. Mittlerweile ist sie als freie Designerin tätig und lebt mit ihrer Familie in München.

Weitere Publikationen im EMF-Verlag: Tücher in Runden stricken, erschienen im Januar 2020, Double-face-Tücher in Runden stricken, erschienen im August 2020 und Island-Tücher stricken, erschienen im September 2021.

Mitschauen: www.instagram/andrea.brauneis

Eigene Strickzeit Modelle zeigen: www.instagram/strickzeit_modelle

Schicken Sie mir ihr Foto von Ihrem Pullover: andrea.brauneis@vodafone.de

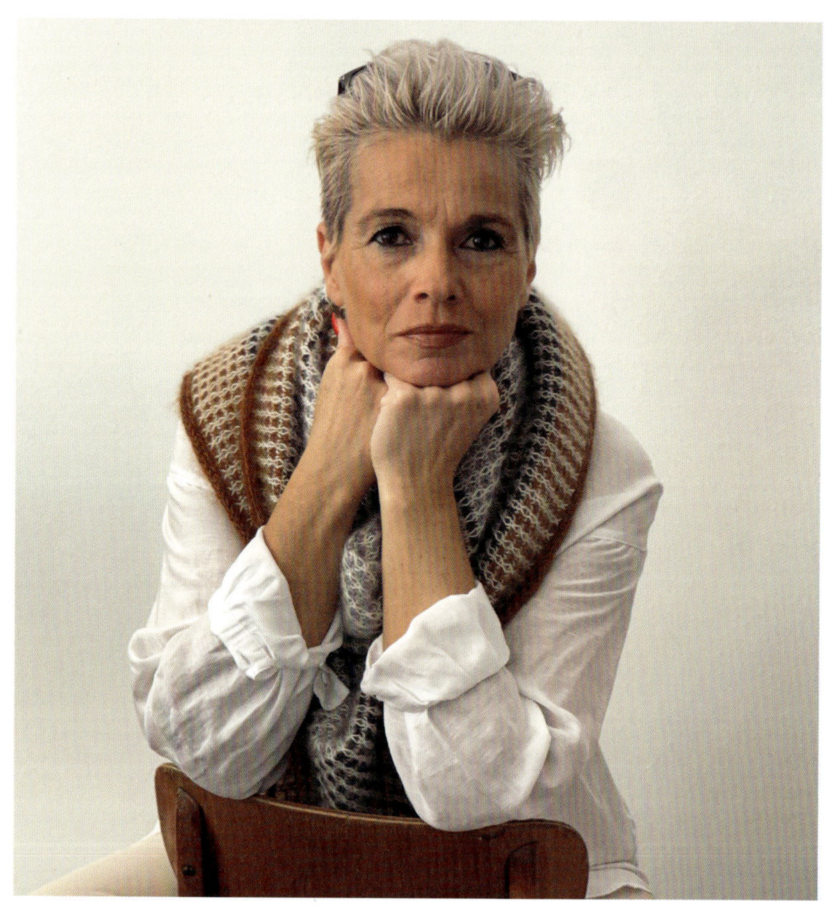

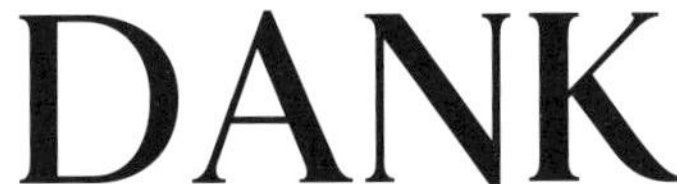

GARNSPONSOREN

Lang Yarns

Isager

Paul Pascuali

Rosy Green Wool

Holst Garne

Rauma Garn, zu beziehen über: Kari's Webstube in Schöppenstedt

Jamieson & Smith – Real Shetland Wool

Jim Knopf (Sponsoring der Knöpfe)

Herzlichen Dank für die großzügige Bereitstellung der wunderschönen Garne und Knöpfe, mit denen das Arbeiten und Stricken eine besondere Freude war!

MODELL- UND TESTSTRICKERINNEN

Herzlichen Dank für eure tolle Mitarbeit, eure Zeit und euer Können, ihr habt wunderschöne Modelle gestrickt und fantastische Arbeit geleistet:

Lila Winter, Regina Schürmann, Christine Mai, Lilly Mauer, Nora König, Nina Bühler und Luise Mayer.

IMPRESSUM

Bibliografische Information der Deutschen Bibliothek.

Die Deutsche Bibliothek verzeichnet diese Publikation in der Deutschen Nationalbibliografie.

Detaillierte bibliografische Daten sind im Internet über http://www.dnb.de/ abrufbar.

EIN BUCH DER EDITION MICHAEL FISCHER

1. Auflage 2023

Cover, Layout und Satz: Theresa Bull

Produktmanagement: Melanie Kowalski

Bilder: © Corinna Teresa Brix, München; Illustrationen Grundlagen: © Ina Langguth, Berlin; Bilder und Text zum italienischen Abketten in den Grundlagen: © Andrea Brauneis

ISBN 978-3-7459-1191-6

Gedruckt bei Polygraf Print, Čapajevova 44, 08001 Prešov, Slowakei

www.emf-verlag.de